U0336135

品牌经典系列

HOW BRANDS BECOME ICONS
The Principles of Cultural Branding

如何创建标志性品牌

从定位到品牌文化塑造

[美] 道格拉斯·B. 霍尔特（Douglas B. Holt）◎著
吴瑾◎译

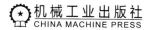

机械工业出版社
CHINA MACHINE PRESS

本书在对当今最主要的三种品牌塑造模型——心智占据品牌塑造模型、高感性品牌塑造模型和病毒式品牌塑造模型进行分析的基础上，为读者讲解了如何从目前根深蒂固的常规的品牌运作方式，发展到品牌文化塑造这种新的品牌塑造方式，帮助企业实现从品牌定位到品牌文化塑造方式的跃升。全书阐述了成功品牌之所以成为标志性品牌，依靠的并不是对产品特色和利益点的突出，而是在与时代同频中占据一个有推动性的、有价值的地位。品牌通过文化概念展现产品内涵，获取客户的价值认同，从而实现对品牌的认同。

北京市版权局著作权合同登记　图字：01-2021-2313 号。

图书在版编目（CIP）数据

如何创建标志性品牌：从定位到品牌文化塑造 /（美）道格拉斯·B. 霍尔特（Douglas B. Holt）著；吴瑾译 . -- 北京：机械工业出版社，2024.9. --（品牌经典系列）. -- ISBN 978-7-111-76689-6

I. F273.2

中国国家版本馆 CIP 数据核字第 2024VF3097 号

机械工业出版社（北京市百万庄大街 22 号　邮政编码 100037）

策划编辑：章集香	责任编辑：章集香　刘新艳	
责任校对：张勤思　王小童　景　飞	责任印制：李　昂	

河北宝昌佳彩印刷有限公司印刷

2025 年 1 月第 1 版第 1 次印刷

170mm × 230mm · 15.25 印张 · 1 插页 · 208 千字

标准书号：ISBN 978-7-111-76689-6

定价：79.00 元

电话服务　　　　　　　　　　　网络服务

客服电话：010-88361066　　　机　工　官　网：www.cmpbook.com

　　　　　010-88379833　　　机　工　官　博：weibo.com/cmp1952

　　　　　010-68326294　　　金　书　网：www.golden-book.com

封底无防伪标均为盗版　　　机工教育服务网：www.cmpedu.com

献给图巴！

　　我在伊利诺伊州的罗克福德长大，这是一座小型工业城市。20世纪70年代后期，它同密歇根州的弗林特市同为美国失业率最高的城市。尽管在宜居城市排行榜中，罗克福德排名为第297位（共300位），但对于还不急于找工作的青少年来说，这座城市是个不错的地方。

　　就像我认识的大多数人一样，我也喜欢摇滚。我买专辑、弹吉他、录制卡带，参加了几十场音乐会，拍了几百张音乐会的照片。当著名的芝加哥电台节目主持人史蒂夫·达尔（Steve Dahl）在棒球比赛前，在科米斯基公园球场炸毁了装满迪斯科唱片的垃圾箱时，我为此欢呼。我还是一名高中生时，喜欢很多乐队，起初是Boston and Kiss，后来是冥河乐队（Styx）、空中铁匠（Aerosmith）和Ted Nugent。但是我的心属于家乡的英雄——罗克福德自己的乐队廉价把戏（Cheap Trick）。

　　我心中的英雄是廉价把戏的主吉他手里克·尼尔森（Rick Nielsen），我甚至在万圣节派对上扮成他。尼尔森颠覆了人们对摇滚人的刻板印象。那时候，摇滚吉他手总是留长发，穿紧身裤，他们弹吉他的方式让人热血沸腾。然而，尼尔森看起来像个十几岁的书呆子。他穿着羊毛开衫，留短发，戴着棒球帽，在舞台上跳来跳去，像拉斯维加斯合唱团的姑娘一样把腿踢到空中，脸上的表情像卡通人物一样搞怪。然而，他的吉他声比那些玩重金属的还要阳刚有力，也更有创造力。他弹得更好，也不需要拼命展现男性魅力。我认为这很酷（但不知道为什么）。

廉价把戏在出了四张精彩的唱片（每个摇滚粉丝都知道）后，就像是被谁泄了气一样，乐队接下来推出的唱片都充斥着平庸、滥情的歌曲。我二十几年前就不再听他们的歌曲了，很多人都跟我一样。但是对于我来说，对于几百万美国青少年来说，廉价把戏在 20 世纪 70 年代末那宝贵的几年里意义非凡。

时光快进 25 年，我坐在一个办公室里。这个办公室面积很大，满是白色的家具，都可以做公司题材的电影片场了。透过一长排窗户，你可以看到纽约迷人的天际线。百事公司的代理广告公司 BBDO New York 的两位高管和我一起在这里讨论激浪（Mountain Dew）。在我们开始之前，他们中的一个人向我们展示了竞争品牌（健怡可乐）的新广告录像。该品牌刚刚推出一系列新广告，它们风格奇特，展示各种生活片段，并搭配明星旁白。

其中一个广告的中心是歌曲《我要你要我》（*I Want You to Want Me*）——廉价把戏 1979 年的排行榜冠军歌曲。广告场景似乎受到希区柯克（Hitchcock）的电影《后窗》（*Rear Window*）的启发。一个迷人的年轻女人（旁白来自蕾妮·齐薇格（Renee Zellweger））看着对面公寓里的一个相貌平平的年轻男人。"我看着这个男人在他的浴室里洗漱，准备去上班。"她说。画面转到这个男人的浴室，他正在用牙线洁牙，并自然而然地高声唱出廉价把戏的热门歌曲。这个看起来有点儿像书呆子的男人边唱边摆动身体，浑然忘我。"他不是我喜欢的类型，"她说，"他老在用牙线。但是他可以记住最经典的歌曲的歌词，所以我不能一点儿机会都不给他。"广告最后的画面是健怡可乐的新标语——"这了不起"（That certain something)。

　　这个广告打动了我的心，这个男人引起了我的共鸣。不是因为这是所谓的"消费者真相"：除非被逼迫，我绝对不会唱歌！也不是因为我曾经特别喜欢那首歌，它触动了我的情感。实际上，我并不是特别喜欢那首歌。我之所以能够忍耐它过于朗朗上口的旋律，只是因为它来自廉价把戏。我也不是因为怀旧情绪而被打动，我绝对不想回到在罗克福德的青少年时光。

　　实际上，这首歌之所以打动我是因为健怡可乐抓住了熟悉的文化素材，并运用这个素材讲述了一个关于男子气概的故事，一个我想去相信的故事。这个故事告诉我们，那些在肤浅的流行音乐熏陶中长大的男人沉浸在自己喜爱的音乐中时，就可以暂时跳脱最平凡的生活，享受属于自己的天马行空的一刻。这让我觉得很可爱，从某种程度上说，还有点儿酷。这个男人有点儿呆，唱歌还跑调，但在这一刻却闪闪发光，看着他的美丽女人甚至因为这一点而爱上了他。什么样的男人才有吸引力呢？蕾妮·齐薇格告诉我们：那些终日只知埋头赚钱，不懂得享受生活的人；那些过着程序化的生活，早上麻木地用牙线洁牙的人；那些精于个人形象管理，即使只是自己对着镜子也不会大声唱歌以避免尴尬的人……这些人的反面才是有吸引力的男人。

　　当你只有 17 岁，你会做这样的事情。（甚至会假装抱着吉他弹唱！）当你 40 岁时，你不应该再如此不稳重，除非你是做创意工作的；或者你拒绝了设计好的中产阶层生活，而选择了波希米亚式的生活。就像我的很多同事一样，我夹在这两个世界中间：我努力奋斗，希望取得职业上的成功；同时我又希望保持潜藏在内心的具有创造性的人文主义情感。健怡可乐的广告提供给我处理这种矛盾和挣扎的武器，鼓励我不要丧失追寻后者的能力。

廉价把戏的歌成为这个神话（myth）的素材，因为它是引领我和其他同辈人进入这个神话的捷径。而且这首歌选得很好，因为它让人们再次想起尼尔森及其乐队成员的形象。他们与我们常见的广告主角不同，这些卡通风格的摇滚明星颠覆了我们对有着强有力男子气概的摇滚人的刻板印象。如果换成空中铁匠的歌，肯定达不到这种效果。

这种认同感来自精心打造的、展现有意义的故事和神话的广告。它如同一剂解药，解决社会的文化矛盾。这种广告是品牌为顾客创造认同价值的最重要的手段。然而，当今的传统品牌塑造原则的主流仍然是我所谓的"心智占据"（mind-share）模式。采用这种品牌塑造原则的人会觉得该广告莫名其妙。（BBDO 的高管就是这么认为的，当然他的职责就是贬低竞争对手的作品。）健怡可乐的手法并非特例，其实，将这类认同神话作为塑造品牌核心的方法已经运用数十年了。但是基于心理学假设的传统品牌塑造模式，完全忽视了认同神话在品牌塑造中的重要作用。

挖掘文化品牌塑造的战略

半个世纪以来，本书是第一本对那些最具影响力的识别品牌进行系统性和实证性研究的书。这些品牌一般被称为标志性品牌（iconic brand）。我分析了这些品牌的进化史，发现了它们成功的原因——我称之为"文化品牌塑造"。研究中使用了社会科学中典型的理论构建研究的案例研究法以及人文科学中的文化分析技巧。

即使是最成功的文化品牌塑造案例，也并非由正式的战略计划引导。在我所做的研究里，我未曾在正式文本（如营销计划、品牌"圣经"和创意简报）中找到有关文化品牌战略的叙述。心智占据的语言占了主导，品牌经理、客户经理和广告公司的策划以及传统的市场研究人员尤其喜欢使用这类语言。战略文本里充满了描述品牌理性利益、情感利益、个性和用户联想的洋葱模型。刚拿到 MBA 学位的初级管理人员兴致勃勃地谈论着心智占据理论,因为商学院的教授就是这样教他们的。心智占据的概念说起来好听又有力,所以很多管理人员用心智占据解读最成功的文化品牌。

其实,塑造文化品牌的战略,潜藏在广告公司创意人员和品牌经理雇用的其他商业艺术家的直觉中。创意人员多年来一直在研究品牌,为品牌寻找一个最合适的点来打造品牌文化。在这一过程中,他们获得了很多实用的知识,用来发展强有力的认同神话。然而,即使创意人员一直试图用文化的手法塑造品牌,他们仍偏向于使用心智占据的语言来诠释他们的工作。因为在同客户打过很多次交道以后,他们意识到这种语言最容易打动客户,也容易向外界诠释其工作的有效性。

令人惊讶的是,文化品牌广告系列就在这种貌似充满矛盾的组织环境中发展起来了。标志性品牌在正式战略文本的指引下传递出充满力量的神话,尽管这些文本本来是要把品牌引向不同的方向的。品牌经理试图用心智占据的语言引领品牌并描述他们的做法,即使品牌活动同他们所说的原则相悖。这种矛盾的结果就是:即使是最成功的标志性品牌也会时不时地偏离原本有效的神话创造活动,有时候一偏离就是几十年。

于是,标志性品牌成了商业艺术家文化直觉的大杂烩,他们"偷偷"将文化内容带入品牌战略,因为他们必须将产品利益用有创意的、有趣的和容易被记住的方式表达出来。在这一过程中,客户也愿意随大流,从而给予艺术家更多的创作空间。不幸的是,大多数创意人员并不会把重点放在品牌和文化的关联上,他们只急于成为同行中最有创意的那一个。于是,大多数塑造文化品牌的尝试都失败了。本书试图寻找隐藏在最佳创意直觉后面的原则,它们是真正的文化直觉,而非偶然的创意,并运用这些原则创造用于塑造标志性品牌的战略语言。

　　本书的源头可以追溯到 20 世纪 80 年代末。那时，我在美国西北大学（Northwestern University）攻读博士学位。我之所以对品牌象征意义产生了好奇，是因为我们的系主任西德尼·利维（Sidney Levy）是该领域的先锋人物之一。后来，我又得到了我的导师、人类学家约翰·谢里（John Sherry）的指引，于是对这一领域的兴趣越发浓厚。

　　我在本书中提出的文化品牌塑造框架基于社会学、大众传播学、历史学、人类学和文化研究的理论。在本书写作过程中，我得到了太多人的帮助，在这里无法一一罗列。但是，我把对我产生重要影响的作者都列在了本书末尾的参考文献部分。

　　在营销领域，有两个人特别值得一提，因为他们督促我向正确的方向迈进。琳达·斯科特（Linda Scott）极富开创性的文章讲述了用文化的手法研究广告，它改变了我对广告的看法。她的文章启迪我从历史角度来研究品牌的优势。另外，我要特别感谢我的朋友及我的学术伙伴克雷格·汤普森（Craig Thompson），我们过去十年来持续进行的对话给了我很多灵感，许多对话变成了本书的内容。书中有关品牌如何挖掘美国社会对男子气概期望的讨论，就是我们讨论的直接产物。

　　我的研究助理迈克尔·吉内特（Michael Genett）为 ESPN 和哈雷 - 戴维森（Harley-Davidson）案例的研究挖掘了有价值的素材，并为本书提供了很大的编辑支持。同时我也要感谢许多对我的分析给予有用反馈的人，包括道格·卡梅伦（Doug Cameron）、艾尔·西尔克（Al Silk）和图巴·乌斯图纳（Tuba Ustuner），以及参与我介绍本书部分内容的研讨会的人。我的编辑柯尔斯滕·桑德伯格（Kirsten Sandberg）引导我用深入浅出的方法表达复杂的想法，还很有耐心地忍受我数次拖稿。

　　哈佛商学院在这个项目上给予了我慷慨的财务支持。我也非常感激安海斯－布希公司（Anheuser-Busch）、百事公司、恒美广告（芝加哥公司）、Goodby Silverstein & Partners 广告公司、Arnold Worldwide、BBDO New York 和 Kirshenbaum & Bond 广告公司的众多品牌经理，他们毫无保留地公开工作档案，同我讨论他们过去的工作。在这里，我要特别感谢戴夫·伯威克（Dave Burwick）、杰夫·古德比（Jeff Goodby）、兰斯·詹森（Lance Jensen）、鲍勃·拉奇基（Bob Lachky）、罗恩·劳纳（Ron Lawner）、泰德·桑恩（Ted Sann）、鲍勃·斯卡尔佩利（Bob Scarpelli）和史蒂夫·威尔希特（Steve Wilhite），尽管工作繁忙，他们还是慷慨地抽出时间给予我帮助。

contents **目 录**

前言

| **第 1 章** | **什么是标志性品牌** | 1 |

什么是品牌 3

认同价值和标志性品牌 4

文化品牌塑造的原理 6

本书的结构 11

| **第 2 章** | **文化品牌塑造有何不同** | 14 |

从心智占据品牌塑造到文化品牌塑造 15

从高感性品牌塑造到文化品牌塑造 22

从病毒式品牌塑造到文化品牌塑造 29

文化品牌塑造的康庄大道 37

| **第 3 章** | **瞄准神话市场** | 40 |

乡巴佬神话 41

红脖子神话   47

懒汉神话   51

神话市场的运作方式   58

| 第 4 章 | **编写文化简报**   63

文化简报的元素   64

恒美的波希米亚神话   66

心智占据品牌塑造模型埋没了标志性品牌   73

Arnold 的独立神话   76

联结创意和战略   93

| 第 5 章 | **利用品牌的文化权威和政治权威**   95

百威的品牌谱系   96

啤酒与反抗的男子气概神话交战   97

"这瓶百威是敬你的"   98

文化干扰：对裁员的愤世嫉俗   103

"蜥蜴"   106

"干吗呢？！"   112

管理文化权威与政治权威   123

| 第 6 章 | **像管理社会网络一样管理品牌忠诚度**   131

ESPN 的品牌谱系   131

ESPN 的行动派运动员神话   133

ESPN 的三大支持者   140

三大顾客群构成品牌忠诚度   150

跨顾客群品牌管理   151

| 第 7 章 | 共同创造品牌神话 | 154 |

哈雷 - 戴维森的品牌谱系 156

摩托车俱乐部创造的精神 156

阶段 1：文化文本赋予哈雷神话 160

阶段 2：把摩托车手重新包装为枪战能手 163

阶段 3：把枪战能手重新包装为行动派男人 168

哈雷再一次成为偶像 174

联合创造一个标志性品牌 180

| 第 8 章 | 推进神话 186

榨取神话的人气 186

追逐流行 189

推进品牌神话的四个原则 196

通过讲故事来塑造品牌 205

| 第 9 章 | 视品牌塑造为文化活动 206

四种文化知识 207

品牌经理变身为谱系学者 211

文化品牌塑造战略 212

品牌经理成为神话的创作者 216

文化活动家组织 216

附录　研究方法 219

注释 227

参考文献 228

什么是标志性品牌

从尼尔森·曼德拉（Nelson Mandela）到罗纳德·里根（Ronald Reagan），从史蒂夫·乔布斯（Steve Jobs）到山姆·沃尔顿（Sam Walton），从奥普拉·温弗瑞（Oprah Winfrey）到玛莎·斯图尔特（Martha Stewart），从迈克尔·乔丹（Michael Jordan）到穆罕默德·阿里（Muhammad Ali），从安迪·沃霍尔（Andy Warhol）到布鲁斯·斯普林斯汀（Bruce Springsteen），从约翰·韦恩（John Wayne）到伍迪·艾伦（Woody Allen），文化偶像统治着我们的世界。文化偶像也可以是虚拟人物：莱尔·艾布纳（Li'l Abner）、阿齐·邦克（Archie Bunker）、超人（Superman）、兰博（Rambo）都是美国偶像。文化偶像甚至不必是人，迪士尼和苹果这样的公司，绿色和平（Greenpeace）组织这样的非政府组织（NGO），以及哈佛和牛津这样的大学都是文化偶像。这一概念也同样适用于物体，例如吉普车、Zippo 打火机和可口可乐（Coke）在第二次世界大战（简称二战）期间成为文化偶像。一些地方也同样能够成为文化偶像，比如巴黎、纽约哈莱姆区、自由女神像和硅谷。

人们能够轻易辨识这些文化偶像，也在日常生活中对其产生了依赖。

偶像成为一个社会的罗盘——持续地为娱乐、新闻、政治和广告指引方向。

《牛津英语词典》对文化偶像的定义是："被认为具有代表性象征的人或事物，特别是一种文化或运动；被认为值得尊崇的人或机构。"[1] 笼统地说，文化偶像就是一种大众接受的典范的象征，是重要想法的简略表达。

成为偶像的最关键因素是：该人、事或物被广泛地认为是社会重要想法或价值的最有力的象征。詹姆斯·迪恩（James Dean）代表了美国在 20 世纪 50 年代反叛精神的精髓。他比当时任何人都更能够代表这种精神，即人应该根据自己的想法选择想要的生活，而非屈从于战后核心计划，即在公司找一份工作，在郊区组建一个家庭。

词典提供了有用的定义而非解释。我们是如何接受文化偶像作为具有价值想法的象征的呢？为了解决这个问题，我们必须首先了解偶像来源于哪里，然后再分析这些偶像到底做了什么，才在社会中赢得了神圣的地位。

文化偶像的概念同人类的文明一样古老，但是自 19 世纪中期以来，它们的产生方式发生了很大变化。在前现代时期，偶像（大多是宗教偶像）的传播大多是通过口头传述或者数量极其有限的书面记载这两种方式。20 世纪时，现代大众传播媒介出现，先是图书、杂志和报纸，30 年代有了电影，50 年代又多了电视。文化偶像越来越被广为流传，成为一项重要的经济活动。于是市场围绕文化偶像，生产出人们最重视的东西。今天，我们的文化产业，如电影、音乐、电视、新闻、杂志、体育、图书、广告和公共关系都在挖掘并变现文化偶像的价值。

文化偶像与文化产业生产的其他大量文化内容有什么区别呢？除了商学院，研究大众文化的学科，如人类学、社会学、历史学、大众传播学及电影评论，已经分析了为什么文化偶像对社会有如此重要和普遍的意义。研究一致指出：偶像代表的是某种特定的故事——一种认同神话，消费者使用该认同神话满足身份渴望和缓解身份焦虑。偶像之所以有超凡的价值，是因为它们为最忠诚的消费者承担了沉甸甸的象征意义。偶像尤其能展现社会在某个特定历史时刻特别需要的神话，并以充满魅力的方式展现。詹姆斯·迪恩的电影作品、私生活、个人风格和最后在车祸中的不幸身亡，这一切构成了一个反对社会传统的神秘故事。

我的研究证明，世界上最有价值的品牌都是依循类似的原则来发展的。由于并非所有品牌都能成为偶像，因此，我来界定一下本书中讨论的品牌类型。

什么是品牌

假设某家公司刚刚推出一款新产品。[2] 尽管这款产品有名字、商标标识、独特的包装以及其他独特的设计特点——也就是我们直觉上认为的品牌元素，但这时品牌还没有真正地形成。品牌名称、标志（logo）和设计是品牌的实体标识（marker）。但由于该产品还没有历史，所以这些标识是空洞的、没有意义的。现在，我们想想那些著名的品牌。它们都有上述的标识：品牌名称（麦当劳、IBM）、品牌标志（耐克的勾、旅行者集团的雨伞）、独特的产品设计（哈雷的发动机声），或者其他只同该产品联系在一起的独特设计元素。它们之间的区别在于后者的标识已经注入了消费者的体验。广告、电影和体育赛事把这些品牌当道具使用，杂志和报纸的文章评论这些品牌，人们的对话中也会出现这些品牌。随着时光流逝，人们对产品的认识日渐累积，赋予品牌标识意义。就这样，一个品牌成形了。

品牌的诞生归功于不同的"作者"讲述与这个品牌相关的故事。最主要的四类作者是：公司、文化产业、中间人（如评论家和销售人员）以及消费者（特别是当消费者形成社区时）。这些作者的影响力因产品所属品类的不同而不同。

品牌故事有情节和角色，通过隐喻与我们沟通，激发我们的想象力。这些故事同我们的日常社交生活产生碰撞，最终形成社会习俗。有时候，是一个普通的品牌故事成为社会共识，而在大多情况下，是几个不同的品牌故事在社会中广为流传。一旦大众对这些故事的集体理解在社会上深深扎根，品牌就诞生了。

营销人员经常将品牌理解为一种心理现象，认为它源于个体消费者对品牌的认知。但是一个品牌的影响力的来源，其实是大众对品牌形成的集体认知；品牌故事变成了约定俗成的认知，并在日常交流中作为一项事实，被持续地加强固化。[3]

认同价值和标志性品牌

消费者重视某些产品不仅因为它们的功能，也因为其象征意义。像可口可乐、百威（Budweiser）、耐克和杰克·丹尼（Jack Daniel's）这些品牌，消费者因为品牌所代表的认同价值而重视其品牌故事。品牌成为自我表达的工具，充满了消费者能够用来构建自我身份的有价值的故事。消费者对那些能够代表他们所尊崇的理想，能够帮助他们表达自己所向往的身份的品牌趋之若鹜。这些品牌中的佼佼者升华为标志性品牌（见图 1-1）。这些品牌跻身文化偶像的行列，被某些社会成员用于表达其珍视的价值观。

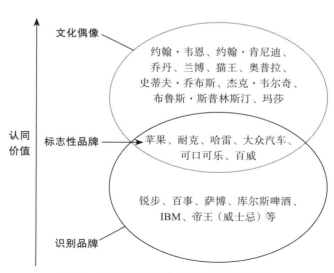

图 1-1　标志性品牌是升华为文化偶像的品牌

对于低介入（low-involvement）、B2B、关键服务提供和高科技领域的品牌来说，认同价值对于品牌没那么重要。但是即使是这些领域，认同价值仍然在品牌的成功方面发挥关键的作用。奥美广告（Ogilvy & Mather）为IBM 在全球做的系列广告和理查德·布兰森（Richard Branson）为维珍航空（Virgin Airways）做的公关工作就是很好的证明。

传统品牌塑造模型，大多忽视了品牌对消费者的身份所起的支撑作用。品牌经理把认同价值肤浅地当作徽章（badging），也就是说，他们认为消费者把品牌当作身份象征以赢取同龄人的羡慕。咨询公司和学术界也习以为常地宣扬放之四海而皆准的模型，试图把所有品牌种类都塞进同一个框架中。[4] 品牌分析师把李维斯（Levi's）和香奈儿（Chanel）这类由认同价值驱动的品牌，同高乐氏（Clorox）和西南航空（Southwest Airlines）这些消费者因为完全不同的原因（如质量和可靠性）而喜爱的品牌，都放进了一个组别里。这种笼统的分类显然是个错误。识别品牌创造消费者价值的方式与其他品牌完全不同，当然也应该使用不同的方法对它们进行管理。

哪些产品需要文化品牌塑造模型

在本书中，基于对最佳识别品牌研究的归纳总结，我开发了一种新的品牌塑造模型——文化品牌塑造模型。这些品牌构建了令人信服的神话，于是升华为文化偶像。当然，文化品牌塑造原则并非仅适用于那些最显而易见的识别品牌。它尤其适用于人们倾向于将产品视为自我表达的途径的品类，比如衣服、家居装饰、美容、休闲、娱乐、汽车、食品和饮料。营销人员通常把这些品类称为反映个人生活方式、形象或展现自我的产品。这些品类在其他消费者价值（质量口碑、信任和独特利益）上创造品牌优势的竞争非常激烈，而且效益也非常有限。但是竞争者很难复制深深植入到产品中的品牌神话。为产品创造出有价值的神话的能力，往往能够决定某反映生活方式的品牌是出类拔萃还是陷于平庸。[5]

文化品牌塑造原则同样适用于人们用来表达身份的其他营销主体。最明显的例子就是文化产品，如电影和电视明星、音乐人、小说或荧幕中的英雄，甚至是漫画人物。此外，非政府组织、观光胜地及其他地方（国家、城市、社区）、社会运动和政治人物都是文化品牌塑造模型的主要候选对象。

除了产品特征不同，适用文化品牌塑造原则的产品与不适用文化品牌塑造原则的产品之间没有清晰的界限。一般来说，品牌经理可以将文化品牌塑造模型的经验教训应用于任何人们经常使用的或幻想能够改善他们生活的产品。

当然，并非所有品牌都应该模仿耐克或者百威，但大多数消费者品牌需要一个文化战略，作为品牌塑造的工具之一。通常，品牌塑造需要混合式战略。比如，汽车行业的成功品牌宝马，将传统的战略重点（消费者利益和质量口碑）同文化品牌战略结合在一起；时尚行业的品牌，比如 Polo、李维斯和迪赛（Diesel），将文化品牌战略同典型技术元素结合在一起。在本书中，我对混合式品牌塑造模型不做讨论，而是将重点集中在文化品牌塑造模型是如何运作的这一议题。

对识别品牌善意的忽视主要源于心理学和经济学的主导影响，这两门学科塑造了我们对品牌运作方式的基本假设。基于这两门学科演绎出的模型帮助品牌经理了解到品牌的重要方面，比如品牌如何建立质量口碑以及品牌如何获得一定的品类利益。但是，这些模型也阻碍了品牌经理对品牌作为象征符号如何发挥作用的理解。标志性品牌之所以拥有如此大的价值，是因为它们同文化偶像一般运作，这一点我已经在本章开头阐述过。如果品牌经理试图建立一个标志性品牌，那么他们必须使用一种与众不同的战略。

文化品牌塑造的原理

为了解释标志性品牌如何进化发展并经久不衰，我使用了我在社会 – 文化分析方面的学术训练方法。我对六个美国标志性品牌进行了系统的历史研究。从研究中，我发现这些品牌遵从了一套隐性原则，即文化品牌塑造模型，而该模型与传统品牌塑造框架的原则完全不同。

文化品牌塑造模型建立在几个关键的原理上，我会在本章和第 2 章进行论述。本书的其余部分，我则以这几个原理为基础，详述文化品牌塑造的战略原则（见图 1-2）[6]。

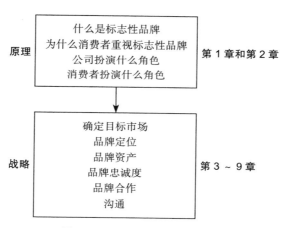

图 1-2　文化品牌塑造的战略原则

标志性品牌直指尖锐的社会矛盾

标志性品牌之所以拥有非凡的认同价值，是因为它们瞄准了一个国家的集体焦虑和渴望。[7]我们把自己的身份——我们的自我理解和梦想抱负——作为强烈的个人追求来体验。但是，当学者审视消费者的集体身份时，他们发现同身份联系在一起的渴望和焦虑，其实在一个国家的很多公民中广泛存在。之所以有这样的共同点，是因为人们自我身份的构建是同整个国家的重大历史变化息息相关的。

比如，百威在 20 世纪 80 年代成为美国最受欢迎的啤酒，是因为品牌瞄准了当时最尖锐的社会矛盾。罗纳德·里根大肆宣扬美国边疆神话，试图恢复国家的经济实力，工人阶层男性受到了里根战斗口号的鼓舞。70 年代的美国刚经历了经济与政治危机，随着女性越来越独立，工人们觉得他们失去了男子气概。里根的召唤给予了工人希望，他们认为很快就能重获失去的男子气概。然而，他们同时也开始意识到自己男子气概的主要来源——体力工作开始被淘汰：这些工作或者被高科技替代，或者被外包到海外。百威瞄准了这一尖锐的社会矛盾，即重新恢复男子气概的梦想和让这些梦想破碎的经济现实。

标志性品牌通过展现认同神话，满足渴望和缓解焦虑

大多数标志性品牌是通过大众媒体创建的，通常以电视广告的形式。几十年来，品牌经理一直认为，可以通过将品牌与令人向往的人物建立联结来创建识别品牌：英俊、富有且迷人的小伙子，喝着喜力（Heineken）啤酒，穿着汤美巴哈马（Tommy Bahama）服装，或者开着奔驰（Mercedes）汽车。很多平庸的品牌使用这种直接的身份诉求手段，然而标志性品牌从来不这样做。

来谈谈我将在本书中讨论的三个标志性品牌吧。在激浪具有突破性意义的广告中，爵士歌手梅尔·托梅（Mel Torme）从拉斯维加斯的一家赌场溜出来。大众汽车广告中具有开创性意义的一个镜头是步履蹒跚的老年非裔美国人从养老院走出来。20世纪90年代末，让百威啤酒东山再起的广告展示的是：沼泽旁的树上两只机械蜥蜴互相安慰的情形。上述的三个广告都跟"向往"这个词的传统意义没有任何关系。

品牌若想升华为标志性品牌，必须创造认同神话：借助遥远的、想象的世界（而非消费者每日的生活场景），缓解文化焦虑的简单故事。神话中表达的渴望是人们所向往的身份，而这种表达是一种想象的、非真实的表达。

认同神话是非常有用的虚构故事，可以用来修补国家文化结构上的破坏性裂痕。人们在日常生活中经历了这些裂痕，将它们转化为个人焦虑。神话能够安抚人们的紧张情绪，帮助人们创造生活的目标。在人们备感压力时，神话鼓励人们不要放弃对自己所向往的身份的追求。

学术研究已经证实最成功的文化产品的无与伦比的吸引力来自其展现的神话。比如，19世纪霍雷肖·阿尔杰（Horatio Alger）讲述穷孩子获得财富的通俗小说，大萧条期间秀兰·邓波儿（Shirley Temple）的电影，约翰·韦恩的战后西部片，禾林（Harlequin）的浪漫爱情小说，以及布鲁斯·威利斯（Bruce Willis）、施瓦辛格（Schwarzenegger）和史泰龙（Stallone）的动作冒险片。[8]这些文化产品同标志性品牌的运作方式是一样的。

认同神话根植于品牌，消费者通过"朝圣"行为体验和分享神话

品牌持续地向大众传达它的神话，随着时间的推移，大众最终会意识到神话根植于品牌标识（如品牌名称、标志和设计元素）。品牌成为一种象征，成为神话的具体化身。所以当消费者使用产品时，他们就亲身体验了神话的一部分。人类学家记录了每个人类社会的宗教仪式，而消费者的行为就像是宗教仪式的现代世俗版本。与宗教神话不同的是，现代社会最具影响力的神话解决人们的认同感问题。

消费者把标志性品牌视为象征性的慰藉。他们在使用产品的同时，也紧紧抓住神话，以减轻自己的认同焦虑。伟大的神话给予消费者顿悟一刻，在这一刻，他们将画面、声音和感觉投射到几乎无法感知的欲望上，形成瞬间的认同感。消费者利用品牌神话获得认同感，从而同品牌建立了紧密的情感联系。

认同神话源于平民世界

认同神话通常源于平民世界（populist world）：这个世界不仅同大众的日常生活割裂，同时也远离商业和精英控制的领域。生活在平民世界的人有着独特的精神，这种精神为他们的行为提供内在动力。通常，平民世界存在于社会的边缘。让平民世界的人们团结一心的关键是：他们行事的原因是他们想要这么做，并非受到金钱、地位或权力的诱惑。

万宝路（Marlboro）的平民世界是西部边疆，科罗娜（Corona）啤酒的

平民世界则是墨西哥海滩，哈雷描绘的是飞车党，耐克借用了住着非裔美国人的贫民区，激浪选择的则是阿巴拉契亚山区。标志性品牌展现的神话从平民世界中提取素材，扎根于遵从信念的真实人物的生活，于是，神话具有了可信度和真实性。

标志性品牌是引领文化潮流的活动家

标志性品牌就像文化活动家一样，鼓励人们以不同的方式思考自我。最强大的标志性品牌具有前瞻性，指向文化变革的潮流前沿。这些品牌不仅激起人们对利益、个性或情感的联想，更重要的是，它们的品牌神话促使人们重新思考社会对他们的成见。神话的价值不在于神话本身，而在于它呼应了社会潜在的对于身份认同的渴望。

《逍遥骑士》（*Easy Rider*）在 1969 年上映后，成为标志性电影，原因是"嬉皮式的"西部风格为当时的美国男性提供了男子气概的新配方，因为男子气概的典范已在战后瓦解。如果该电影在五年前上映，可能无法被人理解；如果是在五年后上映，则可能成为"鸡肋"。同样，品牌神话创造的认同价值完全取决于它是否能够贴合特定的历史背景。

突破性表现而非持续性沟通造就标志性品牌

标志性品牌能够获得大众的欢迎，靠的是几次巧夺天工的表达，而非大量的持续性平庸沟通。这些品牌通常使用商业媒体把它们的故事编织进文化里。总的来说，大多数沟通都激不起水花。即使是耐克，这个拥有非凡营销历史的公司，其广告往往也只是对之前理念的补充和延伸。

凝聚一个民族的集体想象，将品牌推升至标志性地位的关键在于为数不多却高明的表达。当可口可乐在 1971 年让一群来自世界各地的漂亮年轻人站在山顶，呼吁全世界共同引吭高歌时，美国人意识到他们必须战胜分裂主义，团结在一起。而当海滩小桌上震动不止的传呼机像石头一样被抛进水里时，科罗娜精准地抓住了 20 世纪 90 年代人们对双薪和加班带来的无休止的压力的愤怒。大多数广告在播出几个星期后，其绝大部分内容就会被遗忘。那些能够在几年后甚至几十年后，仍然留在消费者脑海里的广告绝对是凤毛麟角，而它们成功的原因是它们精确地诠释了神话。

标志性品牌的文化光环效应

当品牌传递了一个消费者可以用来巩固他们的认同感的强大神话时，品牌的认同价值就如同光环一样照亮品牌的其他方面。杰出的神话能够强化品牌的质量口碑、独特的产品利益和地位价值。比如当百威的"蜥蜴"系列广告为品牌创造了一个具有诱惑力的新神话，喝百威的人认为百威比以前更好喝了。

本书的结构

在第 2 章，我进一步阐释了这些原理，将它们同一些想当然的假设进行比较。这些假设支撑了当今最主要的三个品牌塑造模型——我把它们叫作心智占据品牌塑造模型、高感性品牌塑造模型和病毒式品牌塑造模型。第 2 章为读者描绘了一条从目前根深蒂固的品牌运作方式的惯例，到文化品牌塑造这个陌生世界的道路。我知道，挑战主流思想必定会遭到反驳，在这一过程中，我对这些反驳做出了回应。我使用了三个品牌——可口可乐、科罗娜和 Snapple 的简短谱系来进行比较。

本书的其余部分讨论从这些原理衍生出的品牌战略（见图 1-2）。为了达到这个目的，我反向构建了引领五个品牌（激浪、大众汽车、百威、ESPN 和哈雷）取得成功的战略原则。我不得不进行侦探式的研究，因为文化品牌塑造迄今为止仍然是种隐性操作。广告公司的创意人员凭着自己的直觉，偶尔会塑造出标志性品牌，即使品牌战略与此相悖。在本书里，我分析了这些隐性操作，并把它们归纳为一个系统性模型，说明标志性品牌是如何形成的。

在第 3 章，我讨论了所有品牌战略的第一个阶段：细分和确定目标市场。我使用激浪的案例说明标志性品牌争夺的不是产品市场，而是神话市场。在第 4 章，我使用大众汽车的案例，用文化分析的方法，对传统定位陈述进行拓展，我称之为文化简报（cultural brief）。在第 5 章我使用了百威的案例，从文化的角度展示品牌资产，说明品牌资产源于品牌在文化和政治方面的权威。

第 6 章概述了对 ESPN 用户的人类学研究，描述了标志性品牌的三大要素以及独特的品牌忠诚度网络模型。第 7 章使用了哈雷的案例，研究品牌的创造者（文化产业和平民世界）如何协助品牌神话的发展。同时，我也解释了对哈雷的成功的传统解释是错误的。第 8 章回顾了激浪和百威的案例，深入探讨了持续管理品牌神话的具体细节。最后，第 9 章为想要打造成功的标志性品牌的公司制订了一个计划。

贯穿本书的目标是使读者形成谱系思维——将品牌视为历史实体，其意义和价值取决于品牌神话如何设法解决社会某个特定的矛盾。为了达到这一目标，本书包含了一系列详细的历史案例研究，所有这些研究都基于品牌谱系，这也是我为了这项研究开发的一种新方法，我将在附录中进行说明。

关键词汇表

品牌谱系（brand genealogy）：理解品牌如何创造认同价值的历史研究方法（详见附录）。

文化品牌塑造（cultural branding）：指导品牌演化为文化偶像的一套原理和战略原则。

文化光环效应（cultural halo effect）：高水平的认同价值对于传统品牌衡量标准产生的积极影响，比如质量感知和关键品类利益联想。

文化偶像（cultural icon）：被认为是一种象征的人或事物，尤其是作为一种文化或运动的象征；被认为值得尊崇的人或机构等。

谱系思维（genealogical mind-set）：在识别品牌管理上必须具备的管理世界观。

标志性品牌（iconic brand）：接近文化偶像的认同价值的识别品牌。

认同神话（identity myth）：解决文化矛盾的简单故事；成为标志性品牌的前提。

认同价值（identity value）：基于品牌对自我表达的贡献而产生的品牌价值。

识别品牌（identity brand）：对于消费者（和品牌资产）来说，价值主要来自认同价值的品牌。

平民世界（populist worlds）：具有自治色彩的世界，人们的行为由内在价值观而非金钱或者权力所决定；平民世界为认同神话的构建提供文化素材。

"朝圣"行为（ritual action）：标志性品牌的消费者体验该品牌所创造的认同神话的过程。

文化品牌塑造有何不同

　　标志性品牌的塑造，以一套战略原则为指南，我称之为文化品牌塑造模型。这些原则与传统品牌塑造方案完全不同。实际上，文化品牌塑造颠覆了几十年来品牌经理笃信的真理。要了解文化品牌塑造的运作方式，需要摒弃传统思维并培养新思维。为了培养这种新思维，我从三个简短的案例研究开始，将文化品牌塑造与当今主导商业实践的三种品牌塑造模型进行对比。

　　自 20 世纪 70 年代以来，品牌经理过于依赖一套品牌塑造的认知模型，即我所谓的心智占据品牌塑造。90 年代，一些专家扩展了心智占据品牌塑造模型，他们认为这种模型忽略了品牌的感性和关系方面。这些专家推动了我所谓的高感性品牌塑造模型的形成。随着互联网的普及，另一个概念也变得很流行，即病毒式品牌塑造。

　　这三种品牌塑造模型涵盖了品牌所有者、广告商和品牌咨询公司当今进行的几乎所有的品牌活动。当品牌经理寻求建立品牌的认同价值时，他们会采用这三种方法的某种组合。表 2-1 中比较了这三种模型同文化品牌塑造模型的主要特征。

表 2-1　四种品牌塑造模型原理的比较

	文化品牌塑造	心智占据品牌塑造	高感性品牌塑造	病毒式品牌塑造
关键词	文化偶像、标志性品牌	DNA、品牌精髓、基因代码、独特卖点利益、洋葱模型	品牌个性、体验型品牌、品牌宗教（brand religion）、体验经济	隐性营销、猎酷、文化基因、草根、传染、植入营销、传播扩散、口碑
品牌定义	认同神话的展现者和拥有者	一系列抽象的联想	亲密伙伴	一个沟通单元
品牌塑造定义	展现神话	拥有联想	同消费者互动并建立关系	通过领先的消费者扩散"病毒"
成功的条件	展现一个解决社会尖锐矛盾的神话	持续一致的联想表达	深厚的人际关系	"病毒"的广泛传播
最适合使用的品类	识别品类	功能性品类、低介入品类、复杂的产品	服务业、零售业、特色商品	新时尚、新技术
公司的角色	创作者	管家：在所有的品牌活动中持续一致地表达品牌 DNA	好朋友	隐藏的木偶提线人：激发合适的消费者为品牌做宣传
消费者价值的来源	支持身份认同	简化做决策的过程	与品牌的亲密关系	感觉很酷、很时尚
消费者的角色	• 个性化品牌神话，以符合自己的经历 • 使用产品时体验品牌神话，享受其带来的仪式感	• 保证产品利益在不断重复中变得突出 • 当购买和使用产品时，能够感知产品利益	• 同品牌的互动 • 建立亲密关系	• "发现"品牌，好像是自己的一样，DIY • 口碑营销

　　我的研究表明，尽管这些常规模型可能适用于其他类型品牌的塑造，但它们无法塑造出标志性品牌。在本章中，我将探讨经常被拿来作为传统品牌战略典范的品牌——科罗娜（心智占据）、可口可乐（高感性）和 Snapple（病毒式），证明实际上是隐性的文化品牌塑造战略创造了这些标志性品牌。

从心智占据品牌塑造到文化品牌塑造

　　心智占据品牌塑造这一做法可以追溯到 20 世纪 50 年代，那时热衷于硬推销的广告商推崇一种独特的销售主张，即就产品的一种独特利益不断地与消费者进行沟通。这种想法是从 20 世纪 70 年代早期开始流行的，当时艾·里斯（Al Ries）和杰克·特劳特（Jack Trout）在《广告年代》（*Ad Age*）这本商业杂志上发表了他们著名的有关定位的文章。后来他们扩展了该想法，并写进了他们的畅销书《定位：争夺用户心智的战争》。[1] 他们的论点非常简单：在这个信息爆炸的大众传媒时代，品牌如果想取得成功，就必须拥有一个简单、聚焦的定位，并被消费者记住，这一定位通常与产品所在品类的利益相关。

自 20 世纪 70 年代以来，他们描绘的这幅极具诱导性的画面（各品牌争夺宝贵的消费者心智资产）一直在品牌塑造领域最具影响力。[2] 学者和营销大师告诉整整一代市场营销人员，所有品牌的运作都应遵循这些原则。

每个学过营销课的人都见过无处不在的品牌洋葱模型。坚实、持久、客观的营销实体，即产品或服务，存在于洋葱的核心。依附于核心的是消费者基于产品所产生的各种主观联想：产品利益、用户属性、情感、人格特质等。品牌的力量就存在于这些抽象的联想中：消费者不仅获得品牌提供的基本功能利益，还将软性的价值观、想法和感觉同品牌相联系。目前，著名的学者，如科特勒（Kotler）、阿克（Aaker）、萨尔特曼（Zaltman）和凯勒（Keller），以及营销大师，如塞尔希奥·齐曼（Sergio Zyman）都认同这一心智占据的理论。[3]

宝洁利用牙医的建议，说服美国人相信佳洁士具有独特的抗蛀成分；联合利华反复告诉消费者，多芬香皂对敏感肌肤很温和，因为每块香皂含 1/4 乳霜成分，从而成功地将多芬香皂打造为高端品牌。如果你听过以上这两个著名的故事，那么就会熟悉心智占据这个概念。许多成功且长久的品牌，都是通过反复强调独特利益（如防蛀、温和），并辅以理性论点（如牙医推荐、1/4 乳霜）和情感诉求而建立的。

如今，在几乎所有全球知名品牌的战略文件中都能发现心智占据这一概念的变体。尽管叫法不同（如品牌精髓、品牌 DNA、品牌识别、基因代码和品牌灵魂），但自 70 年代提出以来，心智占据这一概念一直没有变过。

在心智占据品牌塑造模型中，品牌战略的制定，始于从消费者的头脑中识别出品牌所代表的独特的抽象概念。品牌经理必须确保带有品牌标志的一切活动可以让消费者联想到品牌精髓，并随着时间的流逝保持一致。专家鼓励品牌经理担任品牌永恒身份的管家。

科罗娜的品牌谱系

墨西哥啤酒科罗娜是 20 世纪 90 年代美国最成功的标志性品牌之一。现在科罗娜是美国市场上销量遥遥领先的进口啤酒，其销量远远超过第二大进口啤酒喜力。[4]

倡导心智占据概念的业内人士认为，如果想建立一个强势品牌，首先应该强调一个与产品所在品类有关的独特主张，这个主张竞争品牌没有，然后在很长一段时间内，持续地向消费者传递品牌精髓，然而科罗娜没有执行以上任何一个步骤。

科罗娜第一次攀升至标志性品牌地位是在 80 年代中期，并在 1988 年达到巅峰。那时，科罗娜是墨西哥最便宜的啤酒之一，是墨西哥大型啤酒厂 Cerveceria Modelo 的平价品牌。它在美国的销售范围主要限于西南地区，因为墨西哥裔美国人多居住在这里，墨西哥文化也影响着该地区的欧裔白人。

80 年代，享乐主义春假的想法在美国大学盛行，并在媒体上广为流传。来自全国各地的学生席卷佛罗里达州的代托纳海滩和得克萨斯州的南帕诸岛等，而最受学生欢迎的则是墨西哥的海滩度假地。这些假期简直是无节制的狂欢节。

科罗娜每箱约 4 美元的价格当然对学生极具吸引力。此外，由于以下两个原因，科罗娜比其他墨西哥啤酒更有优势。首先，它具有独特的包装设计，其传达的内涵非常恰当。瓶子透明且可回收，瓶子上的品牌标识印刷粗糙（漆质），比起较贵的墨西哥啤酒惯常使用的铝箔标签和颜色鲜艳的瓶子，这种包装使其被认为是正宗的墨西哥啤酒（解读：来自工业化程度较低的国家的另类非主流产品）。其次，不知从何起，美国学生开始把青柠

放进他们的科罗娜。这像是一种最流行的派对仪式：舔点儿盐，把龙舌兰
一饮而尽，再吮吸一角青柠。

当大学生回到校园，谈论着阳光沙滩上的纵情玩乐时，科罗娜自然成
了回忆的主角。随着大学生在主要的大都市开始他们的职业生涯，科罗娜
的分销网络也在这些地区发展开来，特别是在得克萨斯州、加利福尼亚州
和亚利桑那州等地，因为这些地区有大批的大学生前往墨西哥过春假。随
着科罗娜的阳光海滩和纵情酒色的品牌神话广为流传，科罗娜很快成为全
美国年轻职场人士的首选饮品。于是，科罗娜成了酒吧和俱乐部派对夜的
经典啤酒。

倡导心智占据概念的人士解释说，科罗娜的成功是因为它拥有了啤
酒品类的派对联想以及与之相对应的用户画像。这个解释并不准确。在
科罗娜大受欢迎的同时，百威淡啤（Bud Light）使用了一只名为 Spuds
McKenzie 的牛头梗犬为自己代言，并在系列广告中把它包装成"官方派对
动物"（"the official party animal"），销量随之大幅攀升。很显然，百威淡
啤也拥有派对的联想。其他啤酒品牌也曾试图向大众表达品牌的派对联想，
但并不是很成功。

喝啤酒的人并不在乎啤酒品牌是不是同派对联系在一起，只有当品牌
讲述了在美国文化中最能引起共鸣的派对故事时，才会吸引他们的注意力。
80 年代，科罗娜和百威淡啤同时拥有最吸引人的派对神话，其他品牌则没
有。派对是啤酒商可利用的品类利益之一，它们在此基础上创造了文化神
话。科罗娜的成功源于它成了墨西哥春假神话中最关键和最真实的部分。
科罗娜之所以大获成功，是因为它代表了最能让人们产生共鸣的以派对为
中心的神话，该神话之后在美国文化中广为流传。[5]

接下来发生的事，很好地说明了当消费者成为品牌神话的主要创造者，
通常会发生什么。随着科罗娜的流行，科罗娜神话最早的传播者——那些
引领潮流的消费者，慢慢地不再觉得喝科罗娜是件很酷的事情。科罗娜的
品牌故事失去了光环，消费者也开始转向其他啤酒。

由于科罗娜的美国分销商并未投放广告进一步推进科罗娜的神话，因此当老顾客"移情别恋"，品牌的神话随之消逝。科罗娜成为流行一时的品牌。1990 年，科罗娜的销量暴跌，下降到 1987 年前的水平。此后的五年里，科罗娜一直试图恢复增长，但屡屡遭挫。其他啤酒品牌已取代科罗娜，成为更受年轻人欢迎的派对饮品。科罗娜沦为"曾经很酷"的墨西哥啤酒品牌。

科罗娜的下一步行动直接违背了心智占据的原则。品牌团队抛弃了品牌应有的派对品牌精髓，炮制了主题为"改变你的纬度"（Change Your Latitude）的系列广告。广告描绘了一个诗情画意的海滩（美国人将其理解为墨西哥海滩）场景，一对情侣在海滩享受闲暇时光。广告几乎没有动作，也没有音乐，时间暂停了，把观众慢慢带入一个简单的环境：海滩、闲适的情侣和科罗娜。

该系列广告的一支突破性广告是《传呼机》（Pager）。广告开头是蓝色海洋的长镜头，温柔的海浪冲刷着白色的沙滩，耳边传来熟悉的大海的声音（海鸥、海风和海浪）。然后，一块石头被扔进水里。摄像机往后拉，我们看到一个女人在沙滩上的桌子旁休憩。桌子上放着一瓶科罗娜、一块男式手表、六块碟形的小石头和一个传呼机。她的男性同伴的手臂进入到画面中，他抓起一块石头扔进海里。传呼机响起，男人继续扔石头。传呼机震动，在桌子上弹起。他的手臂犹豫了一下，改变了方向，抓起传呼机扔进翻滚的海浪中，就像扔石头一样。女人平静地向后拢了一下头发，凝视着大海。广告标语出现：远离日常。随着系列广告的发展，广告标语换成了"改变你的纬度"。

科罗娜的销量立即攀升，很快远远超过了其 80 年代的销量巅峰。与之前的短暂走红不同，十年来[⊖]科罗娜一直保持非凡的销量增长，成为美国最受欢迎的进口啤酒。

我们如何解释科罗娜的成功？倡导心智占据的人认为，科罗娜的成功是因为该品牌拥有休闲放松这一品类利益。同样，科罗娜与休闲的关联并

⊖　本书英文原书出版于 2004 年。——编者注

不能解释它的成功。早在科罗娜在美国大受欢迎之前，休闲放松就已经成为啤酒品类的主要利益点。百威早在50年代就一直强调休闲主题，其他啤酒品牌也效仿了百威。既然其他啤酒和科罗娜共同拥有休闲放松这一品牌联想，那么，是什么让科罗娜的表达比其他品牌更能引起大众的共鸣？

当科罗娜的美国消费者花7美元购买6瓶装的廉价啤酒时，他们其实买的是一个体验的机会：灌下一大口这种黄色液体，暂时沉浸在对在宁静海滩度假的遐想中。新系列广告紧紧抓住了科罗娜宝贵而一直未被好好利用的文化资产——墨西哥海滩，并开发了一个独特且更有意义的神话。科罗娜凭借自己是工人阶层的墨西哥啤酒品牌的根源，以及春假良伴的声誉，铭刻在美国人的集体想象中，成为冬日海滩度假的重要组成部分。然而，这一文化资产一直未得到充分利用。

科罗娜的品牌经理还发展出了墨西哥海滩的另一种含义。坐在海滩上喝啤酒或玛格丽塔酒放松已成为最典型的逃离现状的美国梦之一。这个梦就是逃离到欠发达国家的海滩上放松，逃离到一个时间放慢的地方，远离竞争激烈的公司生活的地方，这对工作过于繁忙的美国人极具吸引力。为了利用这个文化机会，科罗娜创作了一个令人回味的神话，利用墨西哥海滩故事给予了其啤酒逃离一成不变的生活的内涵。

科罗娜的新系列广告之所以引起如此强烈的共鸣，是因为美国的劳动力市场刚刚经历了深刻的变革。曾经稳定的白领工种受到了工艺流程技术和外包的影响。这是20世纪以来中产阶层第一次遭遇裁员和解雇。工作充满了激烈的竞争，与工作相关的压力主宰了人们的日常生活。在这种环境中，放松又有了一种新的、特定的历史意义。放松不再意味着一天的工作结束后，安静地喝一杯冰镇啤酒——这是百威、施利茨（Schlitz）和柏斯特（Pabst）在50年代至70年代讲的故事。现在人们回到家还得加班，所以上述故事失去了意义。放松意味着更加彻底的逃离。职业人士，无论男女，都需要逃离到另外一个地方，远离"你死我活"的竞争。

在短短30秒的影片中，科罗娜凭借自己的声望代表了墨西哥海滩，告诉人们科罗娜就是帮助他们从忙碌的工作生活中逃离的挪亚方舟。即使是忙碌了一整天的周三晚上，即使你只是坐在家里，科罗娜仍然是你可以大口喝下去的完美解药。

为了达到这一效果，科罗娜的品牌塑造违背了心智占据的原则，将其品牌精髓从狂野派对转变为宁静放松。消费者似乎并未生气，相反，这个故事把品牌和消费者联结在了一起。科罗娜成为美国文化中最有力的放松表达之一。科罗娜不代表一般意义上的放松，并非词典中对于放松的没有内涵的抽象解释。科罗娜在美国文化中拥有能够唤起人们情感共鸣的放松内涵：在遥远的墨西哥海滩上什么也不做。

为什么心智占据品牌塑造模型无法打造标志性品牌

科罗娜的标志性价值在于其独特的品牌神话的细节，并非心智占据倡导者强调的抽象利益。此外，科罗娜之所以取得成功，是因为它彻底改变了其品牌神话，即从墨西哥春假派对故事变成了在静谧海滩享受闲暇时光的故事。科罗娜的成功是因为品牌经理回应了社会历史变迁，并对品牌神话做出了合适的调整，让品牌神话同美国社会的矛盾更好地匹配；并非像心智占据倡导者所建议的那样，要不惜一切代价保持品牌的一致性。

对于实用性高、介入低的品牌（如多芬和佳洁士）来说，心智占据品牌塑造方法可能会有效。因为将产品浓缩成几个关键的利益点可以简化消费者的决策过程。但是与此同时，将品牌缩减为几个抽象的概念这一做法永远无法塑造出标志性品牌。[6]

但为什么直到今天心智占据仍然是主流的品牌塑造方法？品牌经理们坚持使用心智占据品牌塑造模型，是因为它能让品牌塑造任务更容易地合理化。如果品牌是一个永恒的抽象实体，那么制定品牌战略就是一个轻松的过程。一旦掌握，则一劳永逸。而且，如果品牌管理任务是通过一切品牌活动表达品牌精髓，那么品牌经理就可以根据手中的品牌"圣经"，对备选的品牌活动是否符合战略快速做出决策，而衡量品牌成功的标准也自然而然从这些假设中演化而来。通常，心智占据品牌塑造方法对于品牌经理来说很有吸引力，因为这种方法能让他们很好地在公司内部以及与商业伙伴协调和掌控品牌战略。

正如我们将在接下来的章节中所读到的，将心智占据原则应用于识别品牌的问题在于：用抽象的术语解读品牌，并专注于保持这些抽象元素的一致性，必然会忽略识别品牌对消费者最有价值的部分。认同价值存在于细节中，而遵循心智占据原则的品牌经理通常认为这些细节是无关紧要的执行问题。在如此大幅度地简化品牌后，品牌经理往往将品牌最珍贵的资产视为同品牌战略不相关的东西。

从高感性品牌塑造到文化品牌塑造

最近，营销大师们把他们所谓革命性的新品牌塑造模型（我称之为高感性品牌塑造模型）丢入了管理类图书市场。然而，高感性品牌塑造并不是一个新的模型，它只是心智占据品牌塑造模型的延伸而已。在塑造高感性品牌时，基本的心智占据的假设（品牌由一系列抽象概念构成，并且这些概念应该在所有品牌活动中保持一致）仍然适用。但是顾名思义，塑造高感性品牌强调如何向消费者传达品牌精髓：品牌经理应在其品牌塑造工作中建立情感方面的诉求，借此激发与核心消费者的情感联结。

打情感牌似乎行得通。想想营销大师们写的书，例如马克·戈拜（Marc Gobe）的《情感化的品牌》（*Emotional Branding*），或星巴克前高管史考特·贝德立（Scott Bedbury）的《新品牌世界》（*A New Brand World*）。[7] 戈拜希望品牌所做的一切都充满情感和个性特征，给消费者带来丰富的感官体验。虽然贝德立抛弃了看似过时的术语，例如定位，并用更流行的词汇取而代之，如基因代码和品牌精髓，但他的论点仍然属于心智占据的范畴。但是他主张采取一种更加感性和以体验为基础的方法，代替过去几十年流行的硬性的、认知性的方法。品牌经理应继续突出品牌独特的联想，并通过与品牌有关的所有活动持续地向消费者阐明这些联想。当然，品牌必须强调其个性并打造同消费者的亲密关系。

　　再进一步看，今天的一些专家指出，整个组织应该通过内部品牌塑造的合力，一致地表达品牌精神。组织应该向内看，真正地了解自己的身份认同，然后反复灌输品牌精神，这样组织才能在做的每一件事上都表达这种精神。同样，有效的沟通应该在品牌和消费者之间建立情感联结。一些营销大师甚至认为，公司必须努力让雇员和消费者把品牌视为一种宗教。当品牌以异常强烈的情感与消费者沟通时，它与消费者之间的深厚关系就会形成。[8]

可口可乐的品牌谱系

　　可口可乐是高感性品牌塑造最具代表性的例子。品牌经理们眼红可口可乐与消费者之间深厚的关系，尤其是 20 世纪 50 年代到 80 年代，可口可乐在美国经历了太平盛世。但是可口可乐是如何建立并维系这些情感纽带的呢？

　　在美国，可口可乐最初是通过心智占据的技巧推出的，它被称为一种治疗头痛和宿醉的药水，并且是"脑力劳动者"的提神佳品。二战期间，可口可乐通过创新的广告和公关活动，很快变身为强大的标志性品牌。

　　可口可乐公司将可乐运送到前线，并用大量平面广告赞颂美国士兵的贡献和牺牲。媒体报道说，士兵从前线写信回家，描述他们对可口可乐的渴望。罗伯特·斯科特（Robert Scott）将这一现象写进了他的战时畅销书《上帝是我的副驾驶》（*God Is My Co-Pilot*）。他在书中说"美国、民主和可口可乐"的想法给予了他动力，击落了第一架日本战机。[9]士兵们在宗教般的狂热中喝下稀缺的可口可乐，民族自豪感油然而生。

　　喝下一瓶可口可乐，消费者就可以沉浸在民族团结的集体情感中，二战为这一情感更增添了戏剧化的色彩。

　　毫无疑问，可口可乐的消费者在此期间与可口可乐形成了重要的情感联结，这种联结一直持续到 80 年代。但关键的战略问题是：是什么催生了这一联结？一瞥可口可乐在这个时期的历史就可以知道，消费者与该品牌之间的情感关系源于品牌的认同神话。可口可乐通过宣传和广告将神话注入每一瓶可口可乐。我们从可口可乐战后的成功中学到的经验很简单：用具有说服力的认同神话武装品牌，那么消费者和品牌之间强有力的情感纽带就会随之产生。

在战后的岁月里，可口可乐稳坐桂冠。随着战后美国经济实力的提升，以及"冷战"遏制政策的推动，民族主义情绪高涨，而可口可乐成为这些情绪的最佳载体。同时，美国人开始在大公司工作，并搬到有政府补贴的郊区生活，可口可乐用令人兴奋的方式倡导新的郊区核心生活。在可口可乐的广告中，清一色的满面笑容的美国女孩畅饮可口可乐，既谦逊质朴又性感热辣，广告标语"享受清凉一刻"充满对新的美国生活方式的爱国主义歌颂。美国人只要在闲暇时光分享一杯可口可乐，就可以体验民族团结的一刻。

60 年代末，可口可乐对美国公共福利的歌颂越来越少。民权抗议、不再对公司和中产生活抱持幻想的青年文化的兴起，以及民众对越南战争的厌倦，都在撕裂着这个国家。可口可乐的郊区核心家庭神话变得幼稚和过时。可口可乐尝试通过各种经过精心设计的美国式想象同消费者重建联结，但均以失败告终。[10]

在这里我们看到了标志性品牌的共同特征。由于这些品牌的价值来自其神话如何回应本国文化中的矛盾，因此当文化发生剧烈变革时，原来的品牌神话就失去了活力。我称这些变革为文化干扰（cultural disruption）。当文化干扰袭来时，标志性品牌必须重新构建神话，否则将会丧失相关性。

最终，可口可乐及其广告公司推出了引起广泛共鸣的新神话[11]。《山顶》（Hilltop）广告在意大利的一个山坡上拍摄。画面是从两个清新自然的短发女孩开始的，她们唱道，"我想给这个世界买一个家，并用爱装饰它……"摄像机开始移动，我们看到她们身边还有其他青年男女，他们的面部特征和着装显示他们来自不同的国家，当摄像机聚焦在他们脸上时，他们也加入了合唱。最后，我们听到许多人在唱"我想教世人同欢唱，唱出完美的和谐"。一首民谣变成了和平颂歌，并将可口可乐作为支点："我想给世界买瓶可口可乐，并与之做伴。"每个人都像握着旗帜般拿着可乐瓶，眼睛微微向上看，唱歌时带着坚定的信念和乐观的情绪，让人联想到教堂唱诗班。然后摄像机从直升机上俯拍山坡，我们看到数百个年轻人聚集在山顶，心怀至高的理想歌唱。"这是地道的真东西。当今世界想要的是真实的东西。可口可乐。"

可口可乐再次创造了一个神话，为众多美国人提供用来修补公民身份的象征性资源。此外，该神话的认同价值重建了可口可乐与其核心消费者之间的情感联结。

可口可乐重新诠释了该产品的清爽利益点——"享受清凉一刻"，展示了美国团结的新神话。可口可乐利用大众传媒对嬉皮士反主流文化与和平运动的形象，用象征性的方法解决时代冲突：对理解和宽容的人文主义呼吁。品牌用唱诗班的方式演绎了一首渴求种族和民族之间的友谊与谅解的民谣，这好比品牌进行了乌托邦式的布道，像约翰·列侬（John Lennon）一样，呼吁用爱来解决世界上的所有问题。品牌神话告诉消费者，像分享可口可乐一样简单的举动可以弥合看似难以跨越的社会鸿沟。可口可乐被诠释为带来社会和谐的灵丹妙药。与朋友或陌生人一起喝可口可乐是弥合种族、政治和性别鸿沟的象征性行为。

美国人马上做出了回应。这支广告最早在欧洲播出，反应不温不火，但是在美国立马迎来了热烈的反馈。许多人打电话到电台点播主题歌，于是对歌曲进行了修改，删去了提到可口可乐的歌词，并作为单曲发行。它迅速登顶音乐排行榜。[12] 可口可乐新的品牌神话象征性地化解了撕裂美国社会的严重文化矛盾，于是可口可乐与美国人的情感联结得到了大大加强。

10 年后，可口可乐及其广告公司再次转移了可口可乐神话的焦点，并再次建立了该品牌和消费者的情感联结。[13] 在《可怕的乔·格林》（*Mean*

Joe Greene）这个广告中，一个小男孩（白人）在比赛后离开赛场时遇到了匹兹堡钢人队（Pittsburgh Steelers）的乔·格林（黑人）。格林入选过名人堂，当时已接近职业生涯的尾声，他是有史以来最让对手惧怕的专业橄榄球运动员之一。就像他的绰号（"可怕的乔"）所暗示的那样，格林将球赛视为战役，而他通常会赢了这些战役。他是一位非常魁梧且有天赋的后卫，以能够击败进攻型前锋并压制四分卫而闻名。在可口可乐的广告中，一个小男孩拦住威猛的格林说："格林先生？"格林刚刚结束一场苦战，缓慢地穿行于通道中。高大的格林转向那个小男孩，回答："怎么了？"小男孩问："你需要帮助吗？"格林摇摇头，继续走向更衣室。小男孩并没有被球星的严肃姿态吓退，继续问："你……想……要我的可口可乐吗？""不，不。"格林说。"说真的，你喝吧！"小男孩说。最终格林不再拒绝小男孩，其实比赛让他焦渴难耐，他接过可口可乐一饮而尽。那个热心的、胆怯的小男孩并不期望任何回报，默默走开了。但格林对他喊道："嘿，孩子！"小男孩转过身，格林回赠了他一件礼物：把他的球衣扔给了小男孩。"哇，谢谢，可怕的乔！"孩子说。格林的脸庞刹那间仿佛被点亮，灿烂的笑容显示出了勇士人性的一面，以及在那一刻，他与小男孩的情感纽带。广告结尾的广告标语是"喝杯可口可乐，笑一笑"（Have a Coke and a smile）。

20 世纪 70 年代后期，美国的越南战争创伤开始逐渐愈合，青年文化也不再具有威胁性，但是种族冲突继续恶化。轧棉机的出现导致大批非裔美国人失去了工作，他们只好离开家园，寻找对技术要求不高的制造业工作，于是北方工业城市中形成了高度隔离的非裔美国人社区。70 年代，美国制造业开始裁员，非裔美国工人首当其冲。同时工厂开始从城市搬向郊区、不受工会管辖的南方甚至海外，城市黑人贫民区的失业率越来越高，这里孤立于主流社会之外，缺乏家庭温暖，缺少公共投资。70 年代，以流氓团伙和毒品为主导的新的地下经济形成，贫民区的暴力问题越来越严重。[14]

贫民区成为美国最严重的社会问题。美国大众媒体充斥着有关抢劫团伙和所谓的"福利妈妈"（welfare mothers）等让人恐慌的故事。住在郊区的白人想象着来自贫民区的威胁，惶惶不可终日。

可口可乐又一次提供了"享受清凉一刻"的乌托邦式的治愈瞬间。可乐好像是一种神奇的药，象征性地弥合了美国社会的种族鸿沟。阴暗地道中的相遇让占人口大多数的白人想起了日趋恶化的贫民区噩梦：令人生畏的高大黑人威胁一个无辜的白人孩子。但是观众很快就知道格林令人生畏的外表只是他的假象，实际上他是个非常可爱的人，对这个白人小孩表现出真挚的感情。广告向一个无法化解种族冲突的国家，展示了一个种族治愈的故事。通过这种方式，可口可乐再次帮助美国暂时忘却了正在摧毁各城市的真正问题。

在大获成功的 20 年里，可口可乐公司及其众多的广告公司未能再次成功推出另一个意义非凡的神话。他们同好莱坞经纪公司合作，希望通过娱乐节目进一步扩大品牌的知名度。他们聘请了业内最前卫的创意公司，制作能吸引年轻一代的广告。在此过程中，可口可乐公司播出了许多有趣的广告，以及许多没有什么记忆点的广告，但这些广告都没能点燃 80 年代后成年的几代人对可口可乐的热情。实际上，考虑到可口可乐的巨大品牌资产和媒体影响力，可口可乐的一些广告甚至可以说是业内最无效的广告。为什么会这样呢？

自从《可怕的乔·格林》广告播出以来，可口可乐公司已成为心智占据和高感性品牌塑造的主要倡导者。该公司的战略重点是推进可口可乐的抽象联想（清爽、真实和联结社会的纽带），并与消费者建立情感联结。可口可乐公司能够用它庞大的资源购买到最有趣、最让人心动的沟通内容。然而，在它的黄金年代，可口可乐所做的绝不仅仅是将文案同斯皮尔伯格的电影技巧相结合。

可口可乐的产品利益就如一个平台，在该平台上，可口可乐建立了强大的认同神话，体现了美国理想。在这些神话中，美国精神消除了原本存在的分歧。通过分享一瓶可口可乐，来自不同种族和阶层的美国人重拾了他们对共同道德宪章的承诺。可口可乐将其追随者带入一个世界，在这个世界中，美国精神克服了看似棘手的社会问题。随着社会挑战的改变，可口可乐的神话也随之改变。

和其他品牌相比，可口可乐拥有不二的售卖乌托邦幻想的权威。在这个乌托邦中，美国公民团结起来，解决威胁到大众福祉的社会问题。然而，自 20 世纪 80 年代以来，可口可乐却不再关注最困扰消费者的社会问题。今天的美国是一个麻烦缠身的国家，饱受全世界人民的非议，这无疑为可口可乐提供了编写神话的有力文化素材，但可口可乐的品牌经理仍然执迷于心智占据和高感性品牌塑造的逻辑，一次次地错失良机。

让人心痛的证据表明：可口可乐公司误解了其多年来播出的广告所积累的品牌价值。可口可乐的品牌经理迫切希望重获《可怕的乔·格林》的魔力，于是他们委托广告公司拍摄了续集。但这一次，广告主角是著名的巴尔的摩金莺队（Baltimore Orioles）游击手小卡尔·瑞普肯（Cal Ripken Jr.）。在棒球场上，他的儿子递给他一瓶可口可乐。这个广告说明可口可乐的品牌经理将《可怕的乔·格林》简单理解为著名体育明星和孩子之间的情感纽带，并非种族冲突的象征性解决方案。他们错失了广告的象征意义，因为他们无视广告故事的背景，把广告从其特定的历史文化背景中剥离出来。

如今的可口可乐被认为是一个怀旧的品牌，让人们不断回味其攀登标志性地位巅峰的那一天。可口可乐现在代表的是 20 世纪 50 年代的美国。所以，让人毫不吃惊的是，可口可乐公司恢复了其经典的玻璃瓶设计，并模仿它重新设计了塑料瓶，鼓励消费者陶醉于可口可乐的旧时神话，这一举动成为可口可乐近年来为数不多的营销亮点之一。

为什么高感性品牌塑造模型无法打造出标志性品牌

从 20 世纪 40 年代到 80 年代，在建立同消费者深厚的情感联结方面，没有哪个品牌比可口可乐做得好。但是，记录了这种强大的情感纽带的少量文本并没有解释背后的原因。高感性品牌塑造的专家鼓励品牌经理给予其品牌一种个性，在品牌沟通活动中注入情感内容，并且强调品牌的情感利益。这些建议对于一些品类是适用的，但是对于识别品牌，这些建议具有误导性。[15] 观察家曾断言，品牌和消费者之间的情感联结是高感性品牌塑造工作的结果。这个结论让很多品牌都误入歧途，比如品牌试图通过激起顾客的情感反应，来建立认同价值。[16]

相反，我们经常看到的标志性品牌和它们的核心消费者之间的情感联结，是品牌编撰出的认同神话所起的作用。可口可乐并没有通过播放平庸的高感性广告来强迫消费者同它形成情感联结，就像很多煽情的广告希望通过夸张的手法拨动受众的心弦，但是可口可乐与其他标志性品牌一样，同消费者自然而然地结成了情感纽带。适当的认同神话，若执行得好的话，会给消费者提供顿悟一刻，即将影像、声音和感觉投射到几乎觉察不到的渴望上，消费者得到认同的一刻。如果消费者从一个品牌上发现这种认同价值，那么就会同这个品牌形成一种坚实的情感联结。所以，这种情感依附是伟大的品牌神话的结果。

从病毒式品牌塑造到文化品牌塑造

心智占据品牌塑造概念最近面临一个新的挑战者，即所谓的病毒式品牌塑造（有些作者和品牌经理把这一概念称为草根营销或者口碑营销），它同文化品牌塑造也大相径庭。[17] 从名字就可以看出来，病毒式品牌塑造是把重点放在公共影响力的路径上：与品牌无利益关系的各方影响消费者，引起消费者对品牌的关注。病毒式营销源于大众影响力的传统理念——新事物的传播、口碑和公共关系，它是对 20 世纪 90 年代两大变革——对大众营销的批判和互联网的兴起的回应。

病毒式品牌塑造认为消费者，而非公司，在品牌塑造上具有最大的影响力。愤世嫉俗的消费者不再理会大众营销传达的信息，而是坚持自己"发现"品牌。互联网提供了发现品牌的捷径。所以，过去营销人员认为能够刺激消费者的重要过程，现在已经没有任何意义了。

除此之外，现今许多专家建议采用"神秘低调"（below-the-radar）的营销方法，即把品牌"播种"在最具影响力的人身上。这种方法的基本原理是：如果公司能够说服他们把品牌作为自己的，并针对品牌进行内容创作（即制作"病毒"），让品牌更具话题度，那么这些有影响力的人就会通过社交网络，迅速地向其他人传播自己对该品牌的兴趣，就像传播病毒一样。在这个新经济时代的开始，道格拉斯·洛西科夫（Douglas Rushkoff）曾警告世人，注意他所谓的媒体病毒。然而，品牌经理迅速扭转了局面，认为病毒式营销是通往品牌天堂最快、成本最低的方式，整个过程进行得越快，品牌的宣传效果就越好。

《纽约客》撰稿人马尔科姆·格拉德威尔（Malcolm Gladwell）提出了一个相关的概念，叫作猎酷（coolhunt）。[18] 他的观点是，品牌不再由公司发起的营销活动引领，而是由使用品牌的街头潮人赋予品牌意义和价值，给予品牌威望，他们是真正的意见领袖。于是，消费品公司派出文化侦探，潜伏于酷区街头，比如城市贫民区的游乐场或者地下俱乐部，搜寻新趋势。这场竞争的目的是在最新的、最酷的文化变成大众文化之前，以最快的速度抓住它。

在病毒式品牌塑造领域，品牌塑造的核心变成了一种隐秘的公共关系模式，比如广告公司恒美（DDB）把创造品牌的"谈论价值"（talk value）作为自己的核心能力。很多大的广告公司和咨询公司建立了特别的团队，比如扬罗必凯（Young & Rubicam）创建了品牌口碑营销部门，向客户推销病毒式品牌塑造计划。像 Sputnik 这样的街头研究咨询公司的商业模式是同合适的、引领潮流的人闲逛聊天，然后向跨国公司提交报告。[19]

总的来说，病毒式品牌塑造的方法认为消费者（而非营销人员）创造认同价值。所以，识别品牌塑造就变成了这样一项任务：悄悄地在对的消费者身上播下品牌的种子，让消费者接管品牌并发展其价值。在创造品牌意义这件事上，公司应该把前排位置让给消费者。

从下面的 Snapple 案例中我们可以看到，尽管病毒式品牌塑造对于品牌传播来说非常重要，但是病毒式品牌塑造本身并非塑造标志性品牌的切实可行的方法。Snapple 的认同价值主要来自公司的营销活动，而非消费者。就像科罗娜和可口可乐一样，Snapple 的广告宣传创造了一个有力的认同神话。

Snapple 的品牌谱系

Snapple 经常被当作病毒式品牌塑造的典范。[20]20 世纪 90 年代早期，Snapple 在纽约及周边地区的专业人士之间口口相传，并最终覆盖全美。实际上，Snapple 之所以攀升至标志性品牌地位，是因为其拥有与众不同的文化品牌塑造战略。品牌的口耳相传的病毒式传播特征，品牌与地下酷文化的联系，以及其庞大的粉丝社区，都源于品牌神话引起的共鸣，而装在广口瓶里的果汁和茶饮是品牌神话的载体。

茶饮和果汁品牌 Snapple 是三个来自布鲁克林的创业者创立的。在随性地经营这家小公司的过程中，他们无意间建立起品牌神话。通过新产品、广告、宣传、分销甚至消费者服务，创始人们编写了一个堂吉诃德式的脚本，告诉大众 Snapple 是一个另类的、由外行人经营的公司；他们同消费者一样，对大公司的经营之道嗤之以鼻。

这家公司做的每一件事，都与可口可乐、百事和富有经验的营销巨头的营销理念背道而驰。Snapple 的产品没有通过连锁零售店和连锁快餐店销售，而是放在餐厅、熟食店、街头餐车和家庭经营的小型杂货店里销售。在产品方面，创始人不断地推出怪异的、看似考虑不周的混合饮料，但是其中一些产品居然大卖。在产品和包装方面，他们依赖于最忠实的消费者，甚至胆大到连市场调研的焦点小组都不组织，就把那些稀奇古怪的需求迅速送上生产线。比如，有个叫拉尔夫·奥罗菲诺（Ralph Orofino）的消费者非常喜欢蜜瓜，于是诞生了拉尔夫蜜瓜鸡尾酒（Ralph's Cantaloupe Cocktail）这款饮品，拉尔夫的脸还被印在了品牌标签上。消费者很爱尝试这些古怪的饮品，包括那些味道很糟糕的。和历史上不凡的营销案例相比，Snapple 带给了消费者惊喜。

在广告方面，公司雇用了他们喜欢且负担得起的"名人"。广告制作粗糙、内容怪诞，然而却成为纽约 Snapple 粉丝为之狂热的经典作品。比如，在一个广告中，不那么有魅力的捷克裔网球选手伊万·伦德尔（Ivan Lendl）用他浓重的口音把品牌的名称错误地念成"Schnahpple"。另外一个广告的主角是瑞奇·山伯拉（Richie Sambora），他是邦·乔维（Bon Jovi）摇滚乐队唯一一位稍有名气的吉他手，选用他的唯一原因是公司某个创始人是他的粉丝。

Snapple 迅速崛起的一个关键原因是，公司聘请了总是"语不惊人死不休"的广播脱口秀名嘴拉什·林博（Rush Limbaugh）和霍华德·斯特恩（Howard Stern）作为品牌的代言人。这两个人由衷地热爱 Snapple，除了收取费用的赞助活动，他们还在广播中即兴为品牌做宣传。想找到两个如此迥异的代言人不是一件简单的事：林博是极右派的发声人，拥有一群愤怒的白人追随者，他们总是猛烈攻击具有自由主义倾向的华盛顿政客（希拉里·克林顿是他们最偏爱的攻击目标），逆政治潮流而动。相反，斯特恩是个带有喜剧色彩的、偏执的无政府主义代言人。他因为其虚无主义的人生态度而闻名：凡是被文明社会认为没有品位的事情，他都大加赞赏；凡是社会认为重要的事情，他都表示鄙夷。斯特恩喜欢在节目里极尽其能地使用具有性暗示的语言，揭穿美国社会虚张声势的禁欲倾向。尽管两个广播名嘴在政治倾向和品位上大相径庭，他们却拥有一个共同点：他们都是美国最具有煽动性的平民主义之声，总是抨击美国精英的特权与品位。

Snapple 被视为绝对的营销门外汉，因为三个创始人完全不了解专业营销，也毫无兴趣去学习。他们经营公司的原则是找到看起来有意义且好玩的事情。他们并不比 Snapple 的消费者懂得多，消费者也因为这一点而喜爱他们。

后来，私人投资者从创始人那里购买了 Snapple 的大部分股份，并希望将品牌的魔力扩张到全美，但是他们遇到一个很大的风险：如何将专业营销运用到一个以业余营销吸引大量粉丝的品牌上？新的品牌拥有者雇用了一个年轻的广告公司文案人员来管理整个营销部门，避免对品牌进行循规蹈矩的管理。这位文案人员则聘请了一个新近崛起的纽约广告代理商——Kirshenbaum & Bond，为 Snapple 创立全国性的品牌塑造平台。

这个非传统的品牌团队没有试图将 Snapple 简化为一组形容品牌精髓的词汇、寻找消费者真相，或探索 Snapple 铁杆粉丝同品牌之间的情感联结。相反，他们寻求进一步扩展 Snapple 古怪、业余的形象。那时候，Snapple 的粉丝深爱品牌，粉丝的信件如同洪水般涌入 Snapple 小小的办公室。在一周内，Snapple 能收到两千多封信件，更别提还有粉丝原创的赞颂 Snapple 的视频、歌曲和艺术作品等。

品牌团队在温蒂（Wendy）身上发现一个大有可为的故事。温蒂是 Snapple 的一名员工，负责回复粉丝信件，她非常敬业。团队将"温蒂，Snapple 女士"这个读信人的形象放进了很多电视广告。广告一开始，温蒂坐在 Snapple 的前台（实景），用自然而友好的声音说"Snapple 向你问好！"观众可以清楚地看到这个胖胖的、喜欢聊天的温蒂是个真实存在的人物，并非好莱坞的演员。接着她会读一封来自消费者的信，信中是关于 Snapple 产品的一个问题。这个问题有些小题大做，显然只有铁杆粉丝才会关心这种问题。

温蒂回答了问题之后，广告镜头切换到消费者的家中，摄像团队像拍纪录片一样，捕捉消费者的反应。这些镜头事先都没有脚本，最终在电视台播放的视频也没有经过剪辑，观众可以看到很多失误。品牌理念"100% 天然"指 Snapple 不仅是纯天然的产品，更重要的是，它是一家由善意的门外汉经营的透明的公司。公司由一些古怪的经营者来经营，他们同品牌粉丝一样，喜欢肤浅的乐趣，而不是由工商管理硕士根据电子表格和市场研究结果来经营。

为了让广告效果更佳，Snapple 赞助了很多活动，但这些活动并非可口可乐或者百事经常赞助的重磅体育赛事、音乐会和名人秀。相反，Snapple 赞助的活动像是对大公司营销手段的嘲弄。明尼苏达州的吐樱桃比赛、纽约的溜溜球比赛和新泽西州的甲壳小姐比赛都是 Snapple 认可的赞助活动。

公司创始人先是摸着石头过河，然后品牌团队敏捷地放大了认同神话，回应美国正在激化的社会矛盾。如果想了解为什么 Snapple 能够同美国一部分民众产生如此深刻的联结，那么我们必须把 Snapple 的业余品牌表现手法放在社会矛盾这一背景里进行理解。该社会矛盾在 20 世纪 90 年代早期开始变得十分尖锐。在 80 年代，大多数美国人，特别是男性，都响应了里根的战斗号召，要成为像西部拓荒者一样的硬汉，重振国家的经济和政治。雄心勃勃的企业家、更严格的商业惯例，以及令人痛苦却必须进行的企业重组，构成了当时美国的社会现实，而里根向美国人民承诺，美国会再次主导世界。80 年代末，美国经济重整旗鼓，美国成为一个更加有活力、竞争更加残酷的经济体，同时，其劳动力市场一直饱受公司规模缩减和流程再造的威胁。利润飙升的同时，国家在传奇的企业家（如泰德·特纳和比尔·盖茨）和运动员（如迈克尔·乔丹）中，发现了一组英雄，他们展现了"想做就做"（Just do it）的精神。但是，尽管公司和社会精英赚得盆满钵满，持续的企业重组却让很多美国工人陷入困境，被迫接受服务业麦当劳式的工作（McJob），即没有晋升前景的低薪工作。

显然，涓滴经济学并没有惠及贫困的底层人民，这种不和谐反映在流行文化和政治上。90 年代早期的平民主义反击在政治上得到充分表达，大批共和党人与民主党人变节脱党，转而支持平民候选人，如罗斯·佩罗（Ross Perot）、帕特·布坎南（Pat Buchanan）、杰西·杰克逊（Jessie Jackson）和杰里·布朗（Jerry Brown）。美国人突然对里根的美国理想的反面，即愤世嫉俗和虚无的观点，产生极大的兴趣。《辛普森一家》（*The Simpsons*）和《瘪四与大头蛋》（*Beavis and Butthead*）这样的电视节目大获成功。《反斗智多星》（*Wayne's World*）、涅槃乐队（Nirvana）和漫画《呆伯特》（*Dilbert*）也都描绘出回应社会张力的文化先锋神话。

Snapple（以及激浪，我们后面会谈到）跳进这波表达不满的洪流中，并且策划了一次很棒的驳斥。公司通过营销活动创造了一个神话，暗示大公司和那些报酬高得过头的精英管理层只会把事情弄得更糟。在 Snapple 创造的乌托邦里，当门外汉管理公司时，比起为股东创造利润，他们更在乎能不能和消费者一起玩儿，享受乐趣。这些门外汉启发他们的消费者通过畅饮激发最疯狂的梦想，而他们则戏耍于产品和宣传活动之间，不管这有多疯狂。业余人士胜过官僚精英，这个颠覆世界的神话被注入一瓶瓶的含糖茶饮。消费者只要痛饮一瓶饮料，就可以体验这一幻想，暂时忘记自己所面临的认同焦虑。[21]

由于 Snapple 的神话同社会的不满情绪密切相连，其销售额从 1987 年的不到 5000 万美元一跃升至 1992 年的 2 亿美元以上。一大批铁杆粉丝受到 Snapple "荒野之声"（voice in the wilderness）的鼓舞。接着，从 1992 年到 1994 年，大众文化的回应将平民式的反抗推升到了极度狂热的程度，从韦恩（Wayne）和加斯（Garth）到科特·柯本（Kurt Cobain），所有人都加入了这股力量，Snapple 的销售额飙升，1994 年接近 7 亿美元。

桂格麦片公司（The Quaker Oats Company，简称"桂格"）在这个关键时期收购了 Snapple，认为其专业的营销操作可以进一步扩大 Snapple 品牌的影响力。公司执行了基于传统的心智占据和高感性品牌塑造的新战略。桂格的管理层完全没有弄清楚到底是什么造就了 Snapple 非凡的认同价值：它的反企业、门外汉领导的神话。他们与林博和斯特恩解约，抛弃了温蒂和"100% 天然"的系列广告，改用更专业和传统的做法，并制定了一个更加理性的产品开发流程。公司认为，他们运用其在心智占据品牌塑造方面的专长，可以进一步增加 Snapple 的价值。事与愿违，桂格扼杀了 Snapple 的神话。很快，Snapple 丧失了自己的标志性品牌地位。由于桂格的营销人员未能掌握文化品牌塑造的原则，Snapple 的销量一落千丈，桂格不得不贱卖 Snapple 品牌，并亏损了 14 亿美元。[22]

标志性品牌与潮流和时尚品牌

实际上，病毒式品牌塑造模型是一个时尚品牌塑造模型。[23]该模型依赖于创造趋势的时尚领袖，他们使用和谈论品牌会刺激大众"必须拥有"的欲望，所以病毒式品牌塑造的重点在于影响这些时尚领袖。虽然很多潮流和时尚品牌都是通过病毒式营销造就的，但标志性品牌的运作却远高于时尚循环。实际上，陷入时尚循环会毁掉标志性品牌。曾经贵为标志性品牌的服装零售商 Gap，当年因为为其经典的卡其裤做了一个创新广告，跌入了时尚循环，品牌被推升至 1997～1998 年摇摆乐的中心。在享受了两年的盛名和天价股价后，Gap 因为没能推出新的时尚卖点而惨遭滑铁卢。与此同时，年轻的新客群给品牌增加了酷元素，再加上 Gap 开始推出时尚热卖产品，这吓跑了该品牌长期积累的标志性顾客。

通过病毒式营销方式打造的识别品牌有致命缺陷——创作者不详。公司把品牌的控制权让给了消费者和文化领袖，但问题是，这些人总是在寻找下一个潜力股，希望开创下一波潮流。一旦品牌有了名气，他们就往新的目标迈进。潮流品牌总是被前卫的时尚领袖抛弃，科罗娜首次昙花一现式的成功就证明了这一点。

如果能够妥善管理的话，标志性品牌比起潮流和时尚品牌要长久得多。标志性品牌并非随着时尚的潮起潮落而兴衰，因为它们试图解决持续多年的尖锐的社会矛盾。

为什么病毒式品牌塑造模型无法打造出标志性品牌

到 1994 年，Snapple 已经创造了很多话题，很多人认为它是一个引领趋势的酷品牌，它甚至吸引了一批粉丝创立了 Snapple 社群。但是这些病毒式传播效应是品牌成功的结果，而非原因。Snapple 之所以拥有其他品牌艳羡的特质，是因为它创造了一个具有说服力的新认同神话。Snapple 这个由门外汉管理的公司，宣扬一种不可思议的平民主义梦想，用来回应大众对新经济劳动力市场和建立该市场的政府与企业精英的厌恶。消费者喜爱 Snapple 的作风，他们谈论这个品牌，认为比起其他传统软饮来说，Snapple 领先于时代。他们甚至愿意和有同样感受的人时不时地聚聚。

Snapple 的高话题度来自品牌神话的力量。只是让人们谈论某件事，比如一句朗朗上口的广告语，并非什么值得关注的事。大多数这样的讨论都会快速地被人们遗忘，或者转变成同故事原本的意义完全脱节的话题。实际上，留存在人们记忆中的、经久不衰的是那些激发人们思考在这个世界上如何看待自己的故事。病毒式品牌塑造模型的问题在于它认为无论什么样的沟通，只要能被消费者不断地转述，都是好的。然而，更重要的问题其实是，消费者到底能记住些什么，并且在他们的日常生活中象征性地去使用。Snapple 并不只是激发人们去讨论它，相反，该品牌就像一个典范、一个荒诞的典范，在 90 年代初对企业进行了荒诞却有意义的批判。

文化品牌塑造的康庄大道

所有的标志性品牌都拥有传统品牌塑造模型所描述的强势品牌的特征，比如独特、有益的品牌联想和高话题度，而且它们的核心客群和品牌建立了深厚的情感联结，但是这些特征是成功的品牌神话的结果，并非原因。根植于品牌的认同神话，引导顾客把产品同品类利益联系起来，通过口碑营销的方式传播品牌神话，抒发对品牌强烈的感情，形成粉丝社群。所以，上述这些行为是评估认同价值时的有用指标，但是在指引公司如何塑造标志性品牌上，它们却提供不了战略性帮助。[24]

如果品牌经理想塑造出标志性品牌，他们必须应用造就了科罗娜、可口可乐和 Snapple 等成功品牌的隐性文化战略。一开始，公司可能难以接受这些原则，因为它们与传统的品牌理念截然不同。下一章将更加详细地说明文化品牌塑造战略，在此之前，让我重申从本章三个案例研究中归纳出的三个最难的思维模式转变。

从说服到神话制造

传统的品牌塑造模型对于品牌沟通抱有一种功能性的看法。这些模型认为广告的目的是影响消费者对品牌的认知（如对质量、利益、品牌个性，以及用户画像的联想）。沟通应该使用可以最好地说服消费者的创意内容。但是说到底，这些内容是塑造认知的功能性说辞，并非认知本身。消费者一旦知道了品牌沟通试图让他们相信什么，就会摒弃这些说辞。

文化品牌塑造颠覆了沟通的方法。在文化品牌塑造过程中，沟通是顾客价值的中心。顾客购买产品是为了体验故事。产品只是顾客借以体验品牌故事的一个渠道。当消费者喝可口可乐、科罗娜或 Snapple 时，他们喝的不仅是饮料，还有根植在这些饮料中的认同神话。有效的文化战略会创造出一种有故事的产品，即一种具有鲜明品牌特征（符号、设计等）的产品。顾客可以通过该产品体验认同神话。

从抽象联想到文化表达

传统品牌塑造模型认为品牌是由一系列抽象的联想构成的。[25] 所以，品牌经理的心思都用在了品牌应该拥有的抽象概念上。品牌经理对于哪些形容词最适合品牌争论不休，战略会议持续了几个月也没有结果。同时，他们通过跟踪调查细致地衡量消费者是否会将这些词语同品牌联系在一起。

相反，在文化品牌塑造过程中，品牌价值存在于品牌的文化表达细节中：品牌神话的特定文化内容和这些内容在沟通中的特定表达。比如，科罗娜品牌存在于墨西哥海滩和它"风轻云淡"的广告风格中。对于 20 世纪 70 年代的可口可乐来说，品牌存在于蕴含着和平与种族和谐的嬉皮士反主流文化中。对于 Snapple 来说，品牌的核心是温蒂大谈 Snapple 粉丝的滑稽故事，以及斯特恩和林博尖酸刻薄的政治评论。如果将这三个品牌的文化表达抽象化为平淡无奇的特质，如休闲、友谊和古怪，就剥夺了这些品牌最宝贵的资产。

用心智占据原则不可能塑造出标志性品牌。心智占据原则需要高度抽象化。品牌经理系统地净化他们的战略，将品牌从其社会和历史的复杂背景中剥离，寻求品牌最纯净的精髓。品牌经理、广告企划和市场研究人员对品牌战略进行无休止的争论，最后做出妥协，产生了由平平无奇的蒙太奇词语组成的战略文件。心智占据理念的背后是量化逻辑，即简化这个世界，这样就可以对世界进行测量。与能否记住有特定文化内涵的故事不同，能否记住形容词可以通过衡量标准进行量化和检验。

然而，经过净化的心智占据战略却对识别品牌无效，因为它否认了品牌在社会中扮演的历史角色。心智占据战略不停地努力将抽象的品牌精髓植入消费者的头脑，却未能认识到认同价值是在特定的历史背景下创造和进化的。为了创造认同价值，品牌经理必须详细说明品牌在文化和社会转型中的作用，以及品牌用来实现这些转型所使用的特定文化表达。

从一致性到顺应历史变化

传统的品牌塑造模型认为，管理品牌是一门在面临组织压力和竞争压力时坚持一致性的艺术。品牌管理是做品牌的管家：找到品牌的真正精髓，且无论遇到什么困难，都要捍卫这一领地。

然而，科罗娜和可口可乐都成功地摆脱了它们最初的品牌设定，即当时认为的品牌精髓，转而应对美国社会的变化。在我研究过的拥有十多年历史的标志性品牌中，所有品牌都不得不做出重大转变，以保持其标志性地位。这些对品牌神话的修正是必要的，因为神话要产生认同价值，就必须涉及当今社会面临的具有挑战性的问题。可口可乐在二战中庆祝美国战胜纳粹德国，在 20 世纪 70 年代初转向以戏剧化的方式化解战争引发的内部冲突，然后在 80 年代初再次关注种族分裂。科罗娜最初是一个代表大学生享乐主义的品牌，在 90 年代演变成网络自由工作者用来对抗压力和焦虑的解药。

心智占据理论假设品牌是存在于历史之外的超然实体，因此，管理心智占据品牌需要保持一致性，远离文化和社会的变革。标志性品牌恰恰采用了相反的理念：品牌是一个历史实体，它被消费者渴望是因为它缔造的品牌神话。这些神话旨在解决国家最重要的社会矛盾。对于识别品牌而言，成功取决于如何对品牌神话进行调整，以呼应历史的紧要关头，而不是在面对历史变化时保持一致性。[26]

第 3 章 chapter 3

瞄准神话市场

　　识别品牌在神话市场而非产品市场上进行竞争。对于品牌经理和经济学家来说，这个概念很难理解。市场通常是围绕具体的、实质性的产品特性建立的。经济学家从可替代性角度来定义市场：市场由消费者认为在功能上可以互相替代的产品组成。比如，一台电视同其他电视竞争是基于它可以显示清晰的画面，有可靠的质量、相似的功能等。

　　识别品牌却不同。它们同其他文化产品竞争，竞争内容是解决文化矛盾的神话。识别品牌参与神话市场，同电影、音乐、电视、体育和书籍竞争与合作。

　　任何品牌战略的首要任务都是精准地描述其特定市场的目标群体。在心智占据品牌塑造中，产品细分是根据产品利益或目标用户心理变数确定的。然而，在文化品牌的塑造中，品牌经理必须辨识出最合适的神话市场。

　　锁定神话市场是个复杂的任务，因为神话市场并非静止的。事实上，神话市场总是因为文化干扰而发生变动：文化地震席卷整个社会，粉碎现有神话的价值，并刺激新神话的创造。标志性品牌不仅锁定最合适的神话市场，它们对文化干扰也非常敏感，能够在机会来临时改变目标。成功的标志性品牌能够破译因文化干扰而诞生的新神话市场，并锁定新目标，从而在文化干扰中敏捷跃进。

激浪是一个相当灵活的标志性品牌。它毫不费力地赢得了可乐大战，它的销量在 20 世纪 80 年代到 90 年代比其他任何碳酸饮料都要高。如今，百事每年卖出 47 亿美元的这种黄色甜水。这样一来，激浪已经超越了七喜（7 UP）、轻怡百事可乐（Diet Pepsi）、胡椒博士（Dr. Pepper）、雪碧（Sprite）和健怡可乐（Diet Coke）。只有可口可乐和百事可乐的销量比它更高。

在前进的征程中，激浪从来没有安于现状。在面对巨大的文化干扰时，激浪进行了两次品牌重塑，以瞄准美国大众文化中出现的新的神话市场。这些变革为品牌的惊人增长发挥了关键作用。

乡巴佬神话

激浪最早是在 20 世纪 40 年代末推出的，之后由于同分销商之间的竞争冲突而退出市场。1960 年，田纳西州的一家小公司开始在大西洋中部各州推出我们今天所熟知的激浪。尽管与可口可乐和百事等公司直接竞争，但激浪还是在该区域脱颖而出，于是百事于 1964 年收购了激浪。激浪的迅速成功源于其创始人的战略。他们用软饮创造了一个认同神话，瞄准了当时最尖锐的社会矛盾之一。

国家意识形态：科学挂帅的官僚主义

美国在 20 世纪 50 年代到 60 年代的意识形态深受二战和"冷战"的影响。美国赢得了军事上的成功，美国人认为这源于军队理性、等级分明的管理所形成的精准度，美国新的大型制造公司迅速备战的能力，以及为了在研制原子弹的竞赛中获胜而进行的大规模科学努力，这让美国人认为新时代已来临。国家意识形态推崇科学知识和官僚组织，认为大型、制度化和专业化的官僚机构将释放科学的力量。流行文化拥抱着创造美好未来的技术梦想。

在这种意识形态中，顽强的个人主义旧观念已经过时了。工作中，那些成熟的、让个人主义服从于公司智慧的员工大受褒奖。在工作场所之外，新意识形态在好莱坞和麦迪逊大道兜售的新型现代生活中得到了有力的体现，并由新建郊区的核心家庭进行实践。美国的电视节目和广告描绘郊区生活，展示了欣赏新的生活方式并与新的生活方式步调一致的男人。广告中的父亲形象看起来能够完美地控制自己的情绪和冲动。

文化矛盾：服从主义抹去顽强的个人主义

新的意识形态给美国社会制造了一系列矛盾。男人们觉得，如果把新意识形态的原则同美国顽强的个人主义相比较，就显得具有强迫性，并缺少阳刚气概。威廉·怀特（William Whyte）的《组织人》（*Organization Man*）和大卫·理斯曼（David Riesman）的《孤独的人群》（*Lonely Crowd*）成为畅销书，这两本书都对美国公司倡导的服从性进行了谴责。不久，一个新的神话市场出现了，以解决这些矛盾。

美国大众文化利用平民世界讲述故事来支持（肯定的神话）和挑战（反抗的神话）国家意识形态。从 20 世纪 50 年代中期到 60 年代中期，美国出现了最具影响力的雄性神话，它们源自五个平民世界：牛仔的西部新边疆（the cowboy's Western frontier）、摇滚乐新世界（the new world of rock-and-roll）、"垮掉的一代"的波希米亚风（the Beats' bohemia）、摩托车帮会亚文化（the subculture of the outlaw biker）和乡巴佬的生活方式（the hillbilly way of life）。

乡巴佬神话市场

尽管美国工业化迅速发展，但一些地区却被远远甩在了后面，尤其是阿巴拉契亚地区和美国南部。于是，美国的其他地区视这些地区如毒瘤。

阿巴拉契亚家庭（在当时被蔑称为乡巴佬）被认为过着落后的乡村生活。于是许多美国城市人把这些人视为必须消除的民族尴尬，认为他们是叛逆的甚至是危险的。城市人把动物的各种特质投射在这些人身上，而这些特质绝对是企业界所忌讳的。乡巴佬的象征拥有如此大的文化力量，为创造神话提供了极好的素材。

乡巴佬被用来创造神话，既支持又挑战国家意识形态。这样的神话嘲弄乡村人"落后"的生活，这种生活是美国想要抛弃的。乡巴佬也成为严肃的、家长式的政策讨论的中心。迈克尔·哈灵顿（Michael Harrington）的1962年最畅销的政策书《另一个美国》（*The Other America*）"发现"了阿巴拉契亚贫穷的采矿社区。哈灵顿在书中描述了一个之前隐藏的、美国这个新贵国家无法容忍的"毒瘤"。但城市中产阶层却认为哈灵顿报道的是一个神秘的落后部落，和他们世界里的果珍与速溶咖啡毫无干系。

但是，乡巴佬的形象也被用作推翻新兴意识形态的平民主义的武器。阿尔·卡普（Al Capp）在他的连环讽刺漫画《莱尔·艾布纳》（*Li'l Abner*）中夸大了乡巴佬缺乏修养的形象，对20世纪30年代的社会进行了辛辣讽刺。猫王埃尔维斯·普雷斯利（Elvis Presley）是密西西比州（后来是田纳西州）一个贫穷的乡巴佬，他把黑人音乐带给了白人听众。他的音乐洋溢着一种原始的性冲动，煽动着年轻女性，并促使年轻男性疯狂寻找摇滚唱片。猫王这个神话形象凭着不羁的腔调和令人陶醉的嗓音，隐晦地告诉人们：只有在乡下，只有远离没有阳刚气息的郊区新生活，才能找到真正的男人。[1]

1962年，哥伦比亚广播公司（CBS）推出了《贝弗利山人》（*The Beverly Hillbillies*），该片一举成为60年代第二受欢迎的电视剧。故事围绕着克兰佩特（Clampett）一家与社会精英，尤其是他们的银行家——暴躁又爱搞阴谋的米尔本·德赖斯代尔（Milburn Drysdale）的交往展开。他们之间的互动形成了鲜明对比，克兰佩特的老实巴交、真实单纯和粗鄙无礼一览无余。该剧最让人觉得有趣的是：生活在财富中心的克兰佩特一家对于别人的指指点点毫不在意。他们继续穿旧衣服；祖母仍然喜爱制作小零食和饮料；比起男人，艾丽·梅（Ellie May）更关心小动物。尽管杰德（Jed）和他的家人既不时尚，也不会花言巧语，但他们一次又一次地证明，他们比贝弗利山庄的商业大亨们更有尊严、更有谋略，而且更聪明。《贝弗利山人》是一个平民主义寓言，宣扬实用知识强过书本知识，真实品性胜过自我展示，传统的殷勤好客优于表面的彬彬有礼。

激浪的乡巴佬神话

激浪的创始人从一首古老的阿巴拉契亚民歌中挑了这个品牌名称，这首歌讲述了私酿烈酒带来的欢愉，而私酿烈酒的委婉语为"激浪"（mountain dew）。他们精心制作了这种饮料，用咖啡因和糖让人热血沸腾。饮料呈亮黄色，气泡较少，很容易一饮而尽。然后，他们创造了一个乡巴佬喜剧角色——威利（Willy），他通过喝激浪来"爽一把"。这个品牌塑造是通过广告、包装甚至灌装厂的位置来实现的。

瓶子的标签上是赤脚的威利举起他的来复枪对准远处逃跑的邻居，以唤起世人对阿巴拉契亚人的刻板印象，例如有世仇的哈特菲尔德（Hatfields）和麦考伊斯（McCoys）。威利的臀部系着一个粗陶壶，这种壶通常装着自酿酒。平面广告上出现了同样的粗陶壶（标着"激浪"），它在威利的手中爆炸了，壶的软木塞把他的帽子戳破了一个洞。广告标语为"Yahoo! 激浪！""每一瓶里都有一个大爆炸"（"Thar's a bang in ever' bottle"）或"它会挑逗你的欲望"（"It'll tickle yer innards"）。每个瓶子的标签上都印有虚构的非法酿酒者的名字，例如"由玛丽（Mary）和凯西（Kathy）装瓶"。

1964 年，百事收购该品牌时，保留了品牌乡巴佬的角色，并将人物重命名为克莱姆（Clem），并制作了动画广告。一个名为《美丽的萨尔》（Beautiful Sal）的广告展示了几个生活在乡下的赤脚人物。两个美国南方乡下男子向身材丰腴、一头红发的萨尔（Sal）求爱。萨尔拒绝了这两个乡巴佬的花，拉下他们的帽子遮住他们的脸，然后不屑地走开了。接着克莱姆登场。克莱姆的身高只有萨尔的一半，看起来他的机会渺茫。但是克莱姆脱掉他的宽边高顶帽，露出了一瓶高高的激浪。萨尔从克莱姆的头上拿下激浪，大口畅饮。当克莱姆满怀爱慕地凝视着萨尔时，萨尔大声喊道："Yahoo, 激浪！"她的长发突然在头的两边卷起。如果观众不明白为什么激浪有立即改变萨尔态度的力量，那么萨尔的耳朵里突然冒出的枪火就解释了一切。她像豹子一样咆哮着，抱住克莱姆，并用一个令人意乱情迷的吻让他无法呼吸。然后，画面切换成一个只剩一颗牙的老人，他把手伸到头后面，然后手指穿过帽子上的弹孔说："激浪，每一瓶里都有一个大爆炸。"

激浪创造了一种虚构的男子气概，它反对压抑的情绪和办公室的乏味生活。它赞美弗洛伊德所谓的"本我"，以及罗伯特·布莱（Robert Bly）在他的畅销书《铁约翰》（*Iron John*）中提到的野人——人的原始动物本性。激浪的乡巴佬是一个喜欢恶作剧的少年，他的眼睛里闪烁着邪恶的光芒，号召围观者释放自己内在的野人。

20 世纪 60 年代，激浪的销售量在美国东南部、肯塔基州和田纳西州、五大湖区以及明尼苏达州北部平原和南达科他州一路飙升，主要消费者为蓝领白人。该品牌传播的独特之处在于，它就像安了雷达一样，绕过了每个主要的人口密集的中心城市。激浪的神话在美国以白人为主的小城市、城镇和乡村引起了巨大共鸣。百事公司的品牌经理称这些地区为纳斯卡（NASCAR）赛车带，因为赛车运动恰巧在这些地区非常流行。当激浪的顾客痛饮黄色甜水时，品牌给予他们这样的想象：他们是这个由城市精英掌控的世界中不拘一格的快乐野人。

文化干扰毁灭了乡巴佬神话

不幸的是，对于百事公司而言，一系列灾难性的国家失败埋葬了那些作为激浪神话精华的意识形态。大规模的城市骚乱凸显了"伟大社会"（Great Society）计划的局限性，日本公司的表现说明美国公司绝对不是世界领导者，阿拉伯石油大亨则证明了美国经济的脆弱性，而水门事件削弱了美国人对其政治制度的信心。从 1967 年夏季开始，嬉皮士反主流文化占据了电台。除了和平运动和民权抗议，媒体特别有兴趣向美国人讲述一种新的文化现象，这种文化现象的中心是旧金山的海特 – 阿什伯里区（Haight-Ashbury）。"爱之夏"（"Summer of Love"）占据了流行文化，*Laugh-In* 成了收视率最高的电视节目，大众甲壳虫成为美国最受欢迎的汽车，皮奥里亚（Peoria）的孩子们穿着印有美国国旗的喇叭裤。受到最激进的平民主义的启发，美国试验了各种新的意识形态：黑人权力运动、和平运动、嬉皮士反主流文化运动和女性运动。

在这样的背景下，乡巴佬对野人的赞颂渐渐地失去了与现实的相关性。相反，人们开始把乡巴佬同美国政治中的极端保守派联系在一起：他们被视为反对种族和性别平等的南方白人（正如 1972 年的电影《生死狂澜》所描述的那样）。

以乡巴佬为主角的电视节目如《贝弗利山人》和《嘻哈》（*Hee Haw*）惨遭下架。激浪销量下跌。各种新的品牌活动都未能阻止这种趋势。于是激浪抛弃了乡巴佬神话，进行了一系列新的创意，比如把激浪的"大爆炸"放在各种显示当前趋势的现代场景中，但是这些新创意并没有对销量起到任何作用。进入 20 世纪 70 年代，激浪品牌陷入困境。百事将激浪塑造成一个强大的民族品牌的计划似乎是个白日梦。

穿越文化干扰

通常，人们认为文化总是处于动态变化中，与之相反，意识形态必须保持相对稳定，这样社会才能有效运行。国家意识形态的运行类似于斯蒂芬·杰伊·古尔德（Stephen Jay Gould）的"间断平衡"思想：长期的相对稳定偶尔会被短暂的剧变打破。当公民对国家意识形态失去信心时，随之而来的是社会试验，历史元素被重新设计，社会最终达成新的共识。当意识形态发生这种转变时，人们被迫调整自我理解和渴望。

新的神话市场围绕着这些新的渴望成长。将新神话表现得最成功的文化产业文本成为文化偶像。具有前瞻性并充满魅力的品牌，在这样一个对身份认同最为渴望的时代，为大众提供了文化领导。

百事利用意识形态的干扰提升了激浪的认同价值，跨越文化鸿沟，避免了品牌遭到中伤。但是激浪未能在一夜之间恢复元气。在国家试验新意识形态的同时，激浪也进行了尝试，尽管收效甚微。最终，激浪在 20 世纪 70 年代后期发现了一个新的文化立足点。

红脖子神话

20 世纪 70 年代后期，一种新的意识形态——"华尔街新边疆"（Wall Street Frontier）开始形成，它创造了一个新的神话市场，该市场与激浪之前的品牌故事高度吻合。经过大量的试验，百事最终重塑了激浪的广告，以展示红脖子神话。比起之前的乡巴佬神话，这个神话为该品牌的顾客创造了更大的认同价值。

国家意识形态：华尔街新边疆

罗纳德·里根用一种新的意识形态激发了美国的热情，这种意识形态复兴了西奥多·罗斯福（Theodore Roosevelt）于世纪之交树立的美国愿景：美国应该团结在西部边疆价值观的周围来扩大其在全球的实力。里根宣扬西部边疆的牛仔为美国经济的新英雄。他宣称，如果推行这一价值观，美国经济可免受他国威胁。为此，他请他的许多在电影中扮演过牛仔和动作英雄的演员朋友帮忙，如约翰·韦恩、克林特·伊斯特伍德、查尔顿·赫斯顿、阿诺德·施瓦辛格和西尔维斯特·史泰龙。比如，史泰龙的第二部兰博电影《第一滴血 2》讲述了叛逆的越南战争老兵对抗无效的政府官僚，拯救在行动中失踪的士兵的故事，这部电影成为里根从政期间的标志性电影。

里根大肆宣扬对过去的有效隐喻，同时大众媒体很快对这些隐喻进行了改造，以解释美国经济正在衰退的原因。至少在大众的想象中，经济转型是由新的马基雅维利式企业高管领导的，代表人物是华尔街的精英，如唐纳德·特朗普（Donald Trump）、伊凡·博斯基（Ivan Boesky）和电视剧《达拉斯》（*Dallas*）中的 J.R. 尤因（J. R.Ewing）。美国似乎需要新型的、有进取心的、以不择手段的诡计来追逐财富和权力的经理人，才能恢复经济活力。城市专业人士迅速意识到自己就是经济界的新牛仔。20 世纪 80 年代中期，这些城市专业人士穿着牛仔靴，在周末前往城市的牛仔酒吧。媒体赞扬这些有 MBA 学位的经理人和律师，他们每周工作 80 个小时，顶着巨大压力策划价值数十亿美元的杠杆收购。

文化矛盾：雅皮士并非英雄

自 1978 年以来，工人阶层处于自大萧条以来赚钱能力下降最为迅速的时期。对于激浪的顾客来说，他们陷入失业率上升、实际工资下降以及福利消失的困境。工人们年轻时对美好生活、稳定工作、升职加薪的梦想接连破灭。男人们再也无法想象自己是成功的养家者；越来越多的妇女不得不找兼职工作来维持家庭的收支平衡。美国北方大部分地区成了"铁锈地带"。在密歇根州的弗林特等地，失业率接近 20%。

从里根到汽车企业高管李·艾柯卡（Lee Iacocca），领导者对这场危机的反应都是呼吁工人们在需要的时候做出牺牲来支持国家。这一召唤唤醒了一种父权旧秩序——"像个男人一样地承受"，并得到了广泛的回应。爱国成了最重要的事。汽车保险杠上开始出现"买美国货"的贴纸。总的来说，男性工人接受了这一挑战，将其视为美国公民的一项责任，并在 1980 年和 1984 年的美国总统选举中历史性地改变了党派倾向，站在了里根一边。但是这些工人很难理解那些被媒体称颂为新边疆英雄的人。这些雅皮士不是爱国者（他们对于将蓝领工作外包到海外没有意见），他们缺乏男子气概（他们吃乳蛋饼和低脂精益菜，喜欢慢跑）。更糟的是，他们努力工作是为了开宝马、戴劳力士，而不是像一个男人一样，为了他的国家、社区和家庭而奋斗。

红脖子神话市场

相反，许多工人阶层男性认同源于红脖子平民世界的新反抗神话，也就是乡巴佬神话的"续集"。红脖子是一股反动力量，反对 20 世纪 60 年代美国的文化变革和去工业化过程中的经济变化。

在城市中产阶层丰富的想象中，南方的农村是一个由红脖子组成的与世隔绝、落后的社会。红脖子被鄙夷，被认为拥有同乡巴佬一样有问题的价值观。城市中产阶层认为红脖子狭隘、粗鲁和懒惰。红脖子都是些落后的人，他们抵制中产阶层所支持的诸如种族、性别平等和环境保护等社会改革。

非城市工人阶层扭转了对红脖子的侮辱，并遵循乡巴佬的模式，把这个绰号变成了荣誉勋章。联邦旗成为他们的战袍，大量的红脖子神话出现。南方摇滚作为一种新流派兴起，代表乐队包括 Lynyrd Skynyrd、the Charlie Daniels Band、the Outlaws 和 Black Oak Arkansas。 到 了 70 年 代 中 期，Lynyrd Skynyrd 的《阿拉巴马的甜蜜之家》(*Sweet Home Alabama*) 等歌曲成为电台的热门歌曲，它们以自豪的口吻赞扬那些艰苦谋生、充满男子气概的男人。

1978 年，一部新的电视剧——《正义前锋》(*The Dukes of Hazzard*) 迅速在大都会以外的地区蹿红。电视剧中的杜克一家是居住在佐治亚州农村的一个大家庭。高大威猛的堂兄弟波（Bo）和卢克（Luke）用废车场的零件组装了一辆汽车，取名为"李将军"（General Lee），并在车顶画了一面联邦旗。波和卢克喜欢超速危险的驾驶，他们大部分时间都在惊险的飙车中度过。为了躲避腐败的警长，他们不惜冒着生命危险跳车。这部剧持续地传递着同样的神话：那些一直在冒险、寻求刺激的人（而不是献身于企业工作的人）性感又有英雄气概。

激浪的红脖子神话

20 世纪 60 年代，百事和 BBDO 更换了激浪的乡巴佬形象，转而表达红脖子对里根的华尔街新边疆的看法。品牌团队直接借鉴了其他红脖子神话，特别是《正义前锋》。比如，广告《抛绳》(*Rope Toss*, 1981) 展示了一群青少年在郁郁葱葱的丘陵地带远足，其中一个肌肉发达的年轻人只穿着短裤和跑鞋站在远高于河面的礁石上。他和伙伴们等待着最佳时机，像人猿泰山一样，抓住打结的绳子荡到河对岸。在河对岸，四个女孩荡出另一根空绳子，在半途与他会合。在慢镜头拍摄下，男孩完美地完成了这一跳跃。他轻盈灵活的身体收放自如，从容地松开第一根绳子去抓第二根绳子，安全地荡到了对岸。热情的女孩们为他欢呼，兴奋地跳跃着迎接他。然后镜头切换，我们看到了主角的特写，他大汗淋漓，咕咚咕咚地把一瓶冰镇激浪倒入嘴中。在广告结尾，他一口气喝光了整瓶激浪。他像拉布拉多猎犬一样抖落头发上的水，面对着镜头，眼睛紧闭，嘴巴却张得大大的。当他似乎大喊一声"啊！"时，广告戛然而止。

在整个80年代，激浪推出一个又一个广告，都是围绕着这个新版野人，情景的中心是农村的河流。广告的经典桥段是男孩向女孩炫耀他惊险的跳水动作。

80年代中期，当企业高管们穿上牛仔服，认为这是时尚时，激浪的回应更为果断，它推出了名为"乡村酷"（Doin'It Country Cool）的新系列广告。英俊、衣着暴露的年轻男子仍是进行大秀身材的表演，以吸引排队观看他们的年轻女子。但这一次，他们戴上了牛仔帽。在冒险游戏中，他们显得比企业高管要聪明、灵活得多。《滑马》(*Horse Ski*) 广告的开始是一群戴着牛仔帽的赤膊男子骑马沿河岸而下（至少观众是这么认为的）。一群年轻女子聚集在岸边，其中一名男子向另一名漂浮在水面上的男子抛去一个套索。一匹马被抽了一鞭子，嘶鸣"呀呼！"，随之沿着河床向下跑。水中的男子（布拉德·皮特刚出道时扮演的角色之一）跳到滑水板上，用套索套住马，马带着他滑行。公司还制作了一系列类似的迷你剧，这些迷你剧展示了一个强有力的新红脖子神话。剧中的人物并不是把牛仔当作一种时尚，不像雅皮士那样用昂贵的玩意儿来打造牛仔形象。他们是真正的牛仔，他们有足够的创造力，能够用自己拥有的为数不多的东西创造乐趣。这些迷你剧，如《抛绳》，都在赞颂红脖子平民主义者的男子气概，同时暗讽华尔街模仿牛仔的精英们。激浪通过这些展示神话的迷你剧含蓄地指出，硬汉活着就是为了玩危险的游戏，而不是为了工作流汗。

文化干扰摧毁红脖子神话

只要美国的意识形态仍然视华尔街精英为英雄，那么激浪的故事，即阳刚健壮的蓝领拥有软弱无力、沉溺声色的华尔街雅皮士所缺乏的男子气概，就对社会有吸引力。但是，到了 1987 年，随着里根下台，华尔街丑闻不断，股市崩盘，美国人对华尔街失去了幻想。人们发现囤积居奇的贪欲同华尔街新边疆精神相违背；与华尔街新边疆精神相违背的还有拥有特权的内部人士，他们才是经济界的真正大腕，而非里根宣称的富有冒险精神的企业家。于是，像《门口的野蛮人》（*Barbarians at the Gate*）和《华尔街》（*Wall Street*）这样抨击套利者贪婪和放纵的书籍和电影开始盛行，标志着这个时代的终结。随着一种新的、更激进的、更加个人主义的边疆思潮的盛行，激浪的红脖子神话被视为幼稚，同之前的乡巴佬神话一样变得不合时宜。

懒汉神话

为了应对文化干扰，百事抛弃了激浪的红脖子神话，与 BBDO 合作尝试制作新的广告。经过三年的反复试验，终于产生了一个新的神话，展示了激浪消费者面临的新矛盾。

国家意识形态：自由工作者新边疆

20 世纪 80 年代末，华尔街结束了对大企业集团的拆分。一种新的组织形式——网络化公司开始成形。这些结构特别灵活的公司不仅继续在全球进行生产外包，还积极地把其他非核心业务的功能外包出去，它们大手笔地进行科技投资以取代劳动力，并使用工艺流程技术对白领工作进行标准化改革。那时，各行各业的人面临的是一个霍布斯式的赢家通吃的劳动力市场。公司职位被最有才华和最顽强的员工占有，因为公司抛弃了论资排辈的系统，转而采用以绩效驱动的唯才是举制度。

随着这种新经济现象的出现，一个增强版本的里根新边疆神话开始生根发芽，这一神话赞颂英雄式的个人成就。华尔街的精英们一去不复返了，取而代之的是最成功的冒险家、企业家和运动员。美国歌颂英雄式的个人成就，赞扬征服新领域的探险家，以及在最激烈的竞争中胜利的运动员。迈克尔·乔丹和他"当着你的面上篮"（in-your-face）的 NBA 篮球联赛是那个时代的标志性英雄。专业人士不再沉迷于昂贵餐饮和劳力士。现在，他们锻炼身体，迎接激烈的竞争；他们走进荒野，接受大自然对他们意志的考验。SUV 车型大受欢迎，蒙大拿州的牧场成了新边疆梦想。福特汽车抓住时机，将它的一款 SUV 命名为"探险者"（Explorer），并告诉大众生活无疆界。一个男人的男子气概体现在处理极端困难甚至是危险的挑战上，而这需要强健的身体和顽强的意志。

文化矛盾：从工作中寻找男子气概是个笑话

新版本的边疆神话激励了高层管理者和专业人士，以及想达到这一层次的人。但是，许多工人被迫进入了低工资、无保障的次级劳动力市场，或者被迫进入服务业，从事流水线般令人窒息的细微式管理的麦当劳式工作。中产阶层的底层职务也受到这些因素的影响。持续的裁员和重组把工人的挫败感从车间带到了办公室。大学不再是职业生涯的保证。努力工作以追求稳定的事业越来越像抽奖这种赢的概率很低的游戏，而且游戏的赢家和输家的距离每年都在扩大。

自由工作者新边疆同工作现实之间的矛盾显而易见。当许多年轻人开始从事电话销售和零售工作时，大众文化却称赞那些在一周内就征服了市场、技术、惊涛骇浪和悬崖峭壁的高管。更糟糕的是，在美国的家庭里，父母给孩子施加更多的压力，希望孩子能够全身心地投入到激烈竞争的就业市场中去。

像《罗斯安家庭生活》（*Roseanne*）和《辛普森一家》这样的流行电视节目向工作和企业表达了新的嘲讽。讽刺挖苦麦当劳式工作的连环漫画《呆伯特》成为美国人民的最爱。拉什·林博、帕特·布坎南、杰里·布朗、霍华德·斯特恩和罗斯·佩罗等人对社会展开平民主义的抨击，吸引了数百万粉丝。

家长们的不安全感催生了一个新的绰号：懒汉（slacker）。他们用这个词来形容像彼得·潘一样的年轻人：他们追求堂吉诃德式的文化活动，拒绝长大，拒绝认真对待自己的事业。懒汉被形容为没有方向的行尸走肉，不具备接受成人世界挑战的成熟性。

这个绰号对缺乏良好职业前景的年轻人来说是一个双重打击。首先，这个国家赞颂企业高管和名人，认为他们拥有充沛的体力和过人的胆量，而这两个特质以前是用来形容工人阶层的。其次，被称为懒汉让人很不舒服。年轻人减少在工作和教育上的投入，是对经济形势下行的理性应对，然而社会却告诉他们这样做是不道德的。这些社会张力制造出对神话产品的巨大需求，以调和这些矛盾。

懒汉神话市场

一个巨大的神话市场顺势而生来应对这些焦虑，把懒汉塑造成某种英雄。道格拉斯·库普兰（Douglas Coupland）在他的《X 一代》（*Generation X*）一书中，提供了一个具有讽刺意味的懒汉"词典"（如"麦当劳式工作"就收录其中），认为拒绝社会所提倡的新工作精神的人才是英雄。同年，理查德·林克莱特（Richard Linklater）的纪录片《都市浪人》（*Slacker*）讲述了一个引人入胜的故事，一群古怪而迷人的人由于对追求美国梦缺乏兴趣而走到一起。像福克斯（Fox）、MTV 和 ESPN2 这样的电视网很快抓住了懒汉精神，推出了一些节目，描述了可能会成为关键原则的特质：DIY（自己动手）、戏剧化的反传统、极端男子气概以及循环利用流行文化。

DIY：与 NBA 等职业团体运动联盟中那种受规则约束的主流比赛不同，懒汉文化更喜欢 DIY、即兴运动和新体育运动，也就是把商业的影响降到最低。例如，滑板爱好者偏好的户外空间（水泥楼梯、堤岸、高高的马路牙子、坡道、喷泉和雕塑）会让许多不玩滑板的人觉得很危险。他们寻找公共空间（进入公共空间是免费的，但通常是被禁止的），从楼梯扶手上滑下去，或者从城镇广场的雕塑上翻下来。

这种 DIY 的精神也被应用到了音乐和其他娱乐上。摇滚乐一直都是 DIY 式的。冲浪音乐一开始就被认为是叛逆之乐，就像 20 世纪 50 年代的乡村摇滚和 60 年代的迷幻音乐一样。但这些一度被边缘化的音乐很快就成为大众文化和主流商业的一部分。直到 70 年代，由美国的雷蒙斯乐队（Ramones）和英国的性手枪乐队（Sex Pistols）引发的朋克运动（punk movement），才让我们看到 DIY 运动的核心精神是抵制大众市场商品化。

这一精神在 80 年代的美国独立音乐领域生根发芽，并随着 90 年代早期涅槃乐队的迅速成功受到全美的关注。DIY 美学认为，比起听珍妮·杰克逊（Janet Jackson）的 CD，年轻人更应该去做自己的音乐。懒汉文化在城区非裔美国人的嘻哈音乐中找到了共鸣。在嘻哈音乐领域里，任何人只要有一台唱机和一些旧唱片，就可以制作出充满活力的音乐；任何人都可以成为音乐家。

戏剧化的反传统：懒汉文化撕裂了美国意识形态中最珍贵的价值观和规范。《辛普森一家》开创了一个新流派，成为 90 年代青少年电视节目的主流。其他同类型节目还包括《瘪四与大头蛋》《反斗智多星》《南方公园》(*South Park*)、《蠢蛋搞怪秀》(*Jackass*) 以及杰里·施普林格（Jerry Springer）和珍妮·琼斯（Jenny Jones）主持的八卦脱口秀。当时，严重违反中产阶层社会的规范成了快乐的来源。60 年代的反主流文化曾拿很多新的规范做实验，而"懒汉"则采取了一种更加虚无的策略，讥讽却不变革中产阶层所谓的文明。

极端男子气概："懒汉"接受了新美国意识形态的阳刚一面——在最艰难的竞争中竞争，愿意承担风险，肾上腺素飙升到极值。所谓的极限运动变得很流行，MTV 和 ESPN 推崇的"运动"是人们无所畏惧地冒着身体受伤的风险去表演疯狂的、从未尝试过的特技。全明星阵容的摔跤节目"*WWF Smackdown!*"成为当时最受欢迎的娱乐节目，而极端暴力的电子游戏则让男人沉浸于对男子气概的幻想，无法自拔。

循环利用流行文化：这是电视、时尚和音乐领域的一种风格，被营销人员称为复古消费，它源于 DIY 的启发。70 年代末，DIY 反主流文化主义者开始在战后文化产品里翻找，寻找庸俗的衣物、奇怪的家装和古怪的音乐类型这些被市场营销人员忽略的东西。后来，懒汉们又把电视节目和晦涩难懂的电影类型加入了他们的清单。无论这些东西的风格如何，它们潜在的美学都是相同的。懒汉反主流文化主义者不接受企业营销的商品，反而把被抛弃的一文不值的东西找出来重新利用。懒汉的终极绝招是向企业展示，他们可以凭借创造力和想象力，把一文不值的东西变成有价值的东西："我们不需要营销，谢谢。"1993 年的大热电影《反斗智多星》把这种概念从地下带入主流青年文化，它嘲讽营销，认为 DIY 是更高一等的行为。与此同时，摇滚乐队涅槃以一首"*Smells Like Teen Spirit*"讽刺企业对青少年进行营销，结果一举成名。在这首嘲弄营销人员和大众媒体的热门歌里，科特·柯本（Kurt Cobain）唱道："我们来了，娱乐我们吧。"最后却让他们走开："哦，谢了，不用，没关系。"

激浪的懒汉神话

激浪再度把红脖子神话的"公式"套用到懒汉上，从懒汉的新平民世界内部发声。其中有一个大获成功的系列广告，广告标语为"快喝激浪"（Do the Dew），充分利用了懒汉神话市场丰富的文化素材。一个名为《做过了》（*Done That*）的广告是第一个突破。该广告以一个令人毛骨悚然的镜头开场：一个男子从悬崖上跳下，朝着狭窄的峡谷河底自由落体。背景音乐是快节奏的金属摇滚乐，镜头一直紧跟在他脚后，惊心动魄。突然，音乐暂停，镜头切换到四个站在莫哈韦沙漠（Mojave Desert）的年轻人，他们看起来像经常去廉价健身房的健身狂人。他们勾肩搭背，仿佛经常一起晃荡在街头。四个家伙对着镜头，对刚刚看到的跳伞特技表演依次发表评论："做过了。""干过了。""玩过了。""试过了。"

镜头又回到运动实景，跟拍一位运动员从 20 英尺[⊖]高的瀑布上用冲浪板滑下，他的腹部趴在冲浪板上在急流中"冲浪"。镜头再次回到这四个人，他们仍然站在莫哈韦沙漠的仙人掌丛中，他们马上表示自己对这种高风险运动早就感到厌倦了。除了轻蔑的言语，他们傲慢的肢体语言也充分表达了他们的感受：每个人都尽量向摄像机前倾，确保自己的意思不被误解。他们嘲讽那些被男性荷尔蒙支配的男性在商界争权夺利，为了追求惊险刺激铤而走险。

当镜头切换到丛林中的激浪自动售卖机时，嘈杂的背景音乐又突然响起，就像之前突然中断一样。"哇！""从来没做过。""从来没喝过。"激浪罐子像炮弹一样从售卖机的输送槽中发射出来。每个人都从空中抓住一罐，在沙漠烈日下咕咚咕咚猛灌下去。喝足之后，他们快速地一个接一个说道："做过了。""做到了。""很喜欢。""超爱。"

在接下来的三个续集广告中，特技变得越来越离奇和荒诞：在北极，跟在直升机后面滑水穿越冰山；在埃及，穿着直排轮滑滑过狮身人面像；在亚马孙河，与鳄鱼摔跤；在伦敦，从大本钟塔顶往下跳。当特技看起来不那么酷炫时，这些家伙开始吹毛求疵。一名滑雪者从悬崖上跳了下来，他看不到着陆点，于是来了个前空翻，打开了降落伞。这些家伙又出现在了烈日当空的沙丘前，对这个动作表示鄙夷："玩腻了。""过时了。""好吧。""老掉牙。"一个攀岩者头朝下，用绳索向下攀爬；一个山地自行车手跳过一面火墙；一个冲浪者滑过沙漠的沙丘；一个潜水员亲手喂食贪婪的鲨鱼；一

⊖　1 英尺 =0.3048 米。

个滑雪者从一个陡坡翻滚下来……这些家伙都显得十分漠然："平淡。""无聊。""乏味。""真是个懦夫！"

为什么这些广告有这么大的震慑力？广告用夸张的动作片的拍摄手法来拍摄极限运动，但之前的激浪广告也是这样做的，却收效甚微。其实成功的关键在于广告如何呈现这些大胆的特技。在这些广告中，激浪的红脖子精神被改编成懒汉的版本。三个懒汉元素交织在一起，产生了与众不同的效果。

首先，极限运动是作为 DIY 任务而不是竞赛来呈现的。最让大家仰慕的主角并不是最健壮、最有竞争力的运动员，而是那些最富有创造力的人。他们对危险的追求，已经成了一种荒诞的艺术。在激浪的世界里，这些家伙玩着一种愚蠢的、显得自己技高一筹的游戏。在这个游戏中，除了发明最疯狂和最致命的特技，什么都不重要。广告暗示，专业人士做了点儿改变世界的创新，并在周末来点儿挑战者游戏，就自认为是英雄，但其实他们把自己看得太重要了，而且他们缺乏想象力。激浪家伙们为了强调这一点，甚至将公司大楼作为他们的游乐场。

其次，激浪家伙们不仅勇于面对遇到的危险情况，还主动寻求疯狂的冒险，远远超出了当时的意识形态。他们为可能危及生命的壮举带来的肾上腺素飙升而活。这种姿态把冒险的赌注提高到了荒谬的程度，这使"男子气概与这些壮举有关"的想法成为笑柄。

最后，这些广告的终极英雄不是极限运动的狂热者，甚至也不是懒汉中的极端主义者。在激浪反常的世界观中，真正有权力的人是坚持特殊品位的消费者。激浪家伙们并不是特别擅长运动，但作为极限运动的鉴赏家，他们对独门绝技有着不同的看法。他们如奥运会裁判一般，严格地执行评判标准。懒汉没有作为工人的权力，但他们可以发表意见，向公司及其管理者宣告自己的意志。激浪以讽刺的口吻宣告它对男子气概的新看法：那些在新劳动力市场上碰壁的人仍然具有影响力，因为他们可以凭借自己异常挑剔的品位来把关，他们可以迫使公司对他们的每一个突发奇想做出回应。

神话市场的运作方式

百事和 BBDO 通过激浪获得了巨大的经济回报，因为它们两次重塑了激浪品牌的神话。每当美国的意识形态发生转变，这个品牌就会瞄准给它的消费者带来焦虑的新文化矛盾：从推崇男性的服从性，到歌颂雅皮士为美国英雄，再到将糟糕的劳动力市场上的极度好斗视为男子气概。神话市场围绕着这些社会张力形成，并从平民世界得到滋养（先是乡巴佬，接着是红脖子，然后是懒汉）。文化产业挖掘平民世界可利用的元素，创造认同神话。激浪的做法也不例外（见图 3-1）。

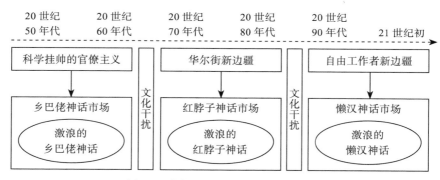

图 3-1　激浪通过三个神话市场创造神话

文化战略的第一步是找到当前流行文化中所有的神话市场，并瞄准最适合品牌的神话市场。[2] 要做到这一点，品牌经理需要了解神话市场的三个基本组成部分：国家意识形态、文化矛盾和平民世界。

国家意识形态

国家的运作需要一种道德共识。公民必须认同国家，接受国家的制度，并为创造国家更美好的未来而努力。国家的建立基于一套定义什么是善良和正义的价值观。这些道德要求推动人们在追求国家目标的同时，努力使自己符合社会对成功的定义和获得尊重。这就是国家意识形态，一种把日常生活（即个人、家庭和社区）的愿望同国家的愿望联系起来的思想体系。然而，不能让人们被迫接受国家意识形态，也不能让人们从教科书中习得。如果想让它有效，必须让人们深深地感受到，并理所当然地视其为真理。国家意识形态通常是消费者对神话需求最重要的根源，尽管国家意识形态经常与其他族群认同（特别是宗教和种族认同）相互交织和竞争。

意识形态从来不会像声明一样被直接表达出来。相反，意识形态通过神话来传达。各种各样的美国神话对国家的运作起到至关重要的作用。毫无疑问，最重要的神话是关于公民如何与国家建设这个大工程紧密联系：作为独立个体的美国人，如何将自己作为团队的一分子，共同构建国家的经济和政治力量。这些神话通常是围绕着个人成功和男子气概（如何才能成为一个真正的男人）建立的。神话在不断演化，直指当代社会问题，追踪它们的演变是掌握神话市场的核心。

文化矛盾

美国人并不会仅仅因为自己的国民身份而接受国家的意识形态。建立国家认同需要花许多功夫。而个人的现实生活状况会影响建立国家认同的难易程度。许多人追求国家理想，但不知道如何将他们的生活同国家理想接轨。

意识形态和个人生活体验之间的矛盾带来了强烈的渴望和焦虑，催生了对象征性解决方案的需求，以化解这种矛盾。国家意识形态创造了理想的生活模式。这种模式与个人日常生活之间的距离就像一个文化引擎，创造了对处理这些差异的神话的需求。

当国家意识形态发生转变时，这种矛盾尤其尖锐。[3]文化融合时期会催生无数的矛盾，这些矛盾又反过来制造了消费者强烈的渴望和焦虑，这些情绪在整个社会中蔓延（见图 3-2）。

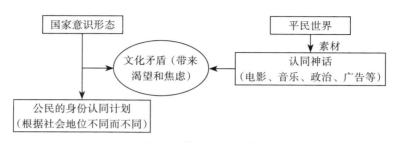

图 3-2　神话市场的结构

平民世界

神话依赖于平民世界，平民世界为神话提供素材。就像这个时代的其他文化产品一样，激浪利用了乡巴佬、红脖子和懒汉等平民世界。平民世界是通过行为表达独特的意识形态的群体。它们是强有力的文化据点，因为公众认为平民世界的意识形态才是真实的。这种真实性源于三个特征：

1.平民世界被视为"民间文化"——他们的精神是参与者集体自发创造出来的，绝非强加于他们。

2.平民世界内的活动对参与者具有内在价值，他们参加这些活动并非出于商业或政治利益的考虑。

3.平民世界往往远离商业和政治中心，于是平民主义认知得到了进一步的强化。在已经商业化的世界（体育和音乐是很好的例子）中，维持这些认知很难，因为参与者必须抵制商业属性。

公众认为，在平民世界里，人们的行为是由信念而不是利益驱动的。只要一个地方拥有最真实的平民主义，就可以为美国神话提供原始素材。只要人们的行为源于自己的信念而非社会制度，那么平民主义就会在这些地方蓬勃发展，如新边疆、波希米亚社区、落后的农村地区、移民和非裔美国人社区以及青年亚文化群体。近年来，童年已成为最具影响力的平民世界之一，被用来编写品牌神话。

平民世界为标志性品牌提供了创造神话的素材。消费这些神话的人很少生活在平民世界，神话只是为他们提供了一种与那个世界联结的想象。

平民世界的真实性给予了神话可信性。因为神话根植于平民世界，它的消费者相信它并不完全是虚构的。他们坚定地认为："世界上确实有人这样生活，所以我可以把他们的一些价值观带到我自己的生活中来。"

神话市场

国家意识形态中的矛盾创造了神话市场。各种各样的文化产品竞相提供最具有说服力的神话，即提供象征性支持来化解矛盾的故事。在美国社会的任何特定时刻，都存在着许多尖锐的文化矛盾。每一个矛盾都催生了一个独特的神话市场。

我们可以把神话市场看作围绕国家意识形态展开的隐性公共对话。各种各样持不同观点的竞争者对这个意识形态以它们的方式进行回应。我所谓的竞争者是指各种形式的流行文化：电影、电视节目、音乐、书籍、杂志、报纸、体育、政治、广播谈话节目、电子游戏以及本书特别关注的品牌。我们通常认为流行文化是轻松娱乐和对时事的记录，尽管它有重要的经济价值，却不具备什么文化意义。在大多数时候，这种论断是正确的。但是，神话远不止娱乐或新闻那么简单，它们是我们参与国家文化的主要媒介。与其他文化产品一样，品牌通过相关的故事，主要以广告的形式，来演绎神话。然后，当顾客习惯性地消费产品时，他们就会重温这些故事。

标志性品牌很少直接使用原始素材塑造神话，这些品牌通常借用和融合其他文化产品传播的现有神话。一般来说，一个标志性品牌很少与其他文化产品（如电影、电视等）进行正面竞争。就神话的演绎而言，品牌永远无法与电影、政治家或音乐家竞争。即使是最好的 60 秒广告（比如耐克的《革命》或苹果的《1984》），也无法与约翰·韦恩的电影、罗纳德·里根的演讲或科特·柯本的歌曲和音乐会相提并论。

但与这些人物相比，品牌有一个优势，那就是它们提供了与神话的物质联结。因为品牌将神话注入消费者每天使用的产品，品牌可以为消费者提供"朝圣"的机会（通过自己的行动体验神话的能力），这是挂在卧室的海报或偶尔参加的集会和音乐会无法给予的。

除了少数品牌（大众汽车和耐克脱颖而出），大部分品牌并没有创造新的表达文化，而是循环利用其他媒介（如电影、电视、音乐、新闻、书籍）使用的素材。激浪的乡巴佬神话借鉴了《莱尔·艾布纳》漫画（例如，喝私酿酒和赤脚跑步的刻板印象），并受到了其他同时代神话（如《贝弗利山人》）的启发。同样，激浪的红脖子神话也受到了电视节目《正义前锋》的巨大影响，它的懒汉神话则是深受《反斗智多星》和MTV对极限运动的描述的影响。标志性品牌通常在其他大众文化产品的引领下进入新兴的神话市场。第4章将解释标志性品牌不只是模仿，它们在循环利用这些文化素材的过程中形成了独特的观点和审美。

当文化干扰来袭时，神话市场最终会崩溃。因此，只有停用旧的神话，发明新版本以适合新的神话市场，标志性品牌才能保持其标志性地位。激浪之所以能在美国文化演变的不同时期一直保持标志性影响力，就是因为当这个国家的意识形态经历科学挂帅的官僚主义、华尔街新边疆、自由工作者新边疆的转变时，激浪也在不断重造它的品牌神话，以瞄准每种意识形态所制造的社会新矛盾。

编写文化简报

一个品牌要成为偶像，不仅要瞄准社会上最有利的矛盾，而且要以正确的方式演绎正确的神话。在心智占据和高感性品牌塑造中，讲故事是执行层面上的事情，留给创意人员就可以了。在病毒式品牌塑造中，有影响力的顾客负责讲述品牌的故事。在文化品牌塑造中，故事本身必须是战略的核心，因为神话的质量（而非一组抽象概念）驱动品牌的认同价值。品牌战略要想给市场带来影响，必须引导品牌讲述什么样的故事，以及如何讲述故事。

按照惯例，定位陈述（positioning statement）是品牌战略的核心。定位陈述通常定义品牌应该拥有的一系列联想（如利益、质量、用户画像等），以及对这些联想的支持，或许还有品牌应该使用什么样的调性或者个性与潜在顾客沟通。出于广告的目的，品牌的定位陈述被扩展为创意简报（creative brief），但内容大致相同。总的来说，定位陈述是对品牌相对于同品类其他品牌的特色的描述，基于抽象联想。例如，百事在 20 世纪 90 年代使用的激浪的定位陈述，也是创意简报的核心：

对 18 岁左右，追求刺激、冒险和乐趣的男性来说，激浪是最好喝的碳酸饮料；而且比起其他饮料，激浪最能让他们振奋，因为激浪能提神、解渴，并且有独一无二的柑橘口味。[1]

该定位陈述从年龄和心理统计学的角度定义了目标顾客，然后指导创意人员与目标顾客沟通一系列产品利益：它令人振奋和提神的效果、它的解渴能力，以及它独特的柑橘口味。将该陈述与第 3 章描述的激浪懒汉神话相比，你就会发现到底遗漏了什么。定位陈述的重点是产品利益和产品体验，没有包含任何引导创意人员编写激浪神话的内容。

因此，该定位陈述提供的指导缺乏战略价值。当然，"快喝激浪"的整体系列广告符合这些指导原则，但其他数百个平庸的想法也符合。将战略视为一组抽象概念，会导致管理者将注意力集中在只会对品牌产生微不足道的影响的事情上，而将最重要的战略问题留给运气和直觉。百事公司在这方面也不例外。从历史角度看，尽管有些战略会将品牌推向平庸的境地，但还是塑造出了标志性品牌。

塑造文化品牌需要战略方向，推动商业艺术家为品牌创造正确的故事，摒弃不合适的故事。在这个过程中，文化战略必须避免掺杂不相关的指导原则，因为它们会扭曲和人为地缩小品牌能讲述的故事类型。换句话说，文化品牌塑造需要摒弃典型的心智占据指令——向顾客兜售产品利益，表达某种情感，以某种方式展示产品的功能，选用特定的演员只因为顾客渴望成为他们那样的人等。相反，品牌战略的重点应该指导品牌讲述什么样的故事，以解决当前某一特定的文化矛盾。

文化简报的元素

定位陈述的文化类比是文化简报。文化简报有三个组成部分：

神话脚本（myth treatment）：在电影和电视行业中，讲故事是工作的核心，而故事是基于脚本编写的。脚本就是设定情节、人物和背景的概要文件。在广告领域，脚本通常出现在广告商向客户提交的创意简报中。但对于识别品牌来说，创意不仅是沟通利益的工具，更重要的是，创意应该体现品牌在文化中所扮演的角色。品牌经理必须密切参与脚本的编写——仔细思考故事如何解决文化矛盾。否则，他们就无法担负起品牌战略责任，而只能把该责任拱手让给其他组织。[2]

平民世界的真实性（populist authenticity）：品牌神话要源于平民世界，以确保其素材对于大众的可信度。然而，品牌不能简单地从有潜力的平民世界获取元素，经过重新包装再抛给大众。许多公司都尝试过这种做法，无一成功。相反，标志性品牌是通过自己的行动在平民世界赢得了信任。品牌必须让大众感受到，这个品牌与平民世界有着真实的联结，而不只是平民世界的寄生虫。当展现出两个特质，即懂行话（literacy）和忠诚（fidelity）时，品牌才能赢得消费者的尊重和信任。所有的平民世界都有自己的习语和独特文化符号，品牌通过展示对这些习语和特殊文化符号的深入理解，证明自己懂平民世界的行话。将平民世界凝聚在一起的是它独有的精神。品牌牺牲广泛流行来支持该精神，向平民世界展示它的忠诚。

魅力美学（charismatic aesthetic）：为了用品牌神话赢得受众，标志性品牌的传播必须散发出魅力——用一种独特且令人信服的风格，让受众从传播的内容中看到平民世界的缩影。正如成功的政治领袖或社会活动家一样，标志性品牌采用独特的和具有说服力的美学风格，带领受众进入它们的世界观。

总而言之，品牌神话的成功在于品牌演绎了正确的故事，故事真实地根植于品牌的平民世界，并且必须采用魅力美学的风格来演绎。在这一章中，我将还原恒美（DDB）为大众汽车第一个品牌神话撰写的文化简报，以及 35 年后，Arnold Communications 通过"驾驶者之选"（Drivers Wanted）系列广告为大众汽车建立第二个神话的文化简报。

恒美的波希米亚神话

1970 年，大众甲壳虫是美国最具影响力的标志性品牌之一。大众汽车每年卖出超过 40 万辆甲壳虫，控制着 5% 的汽车市场，并在流行文化中赢得了令竞争对手垂涎的地位。是恒美创作的系列广告将甲壳虫推升至这一广受赞誉的地位，该系列广告在广告界是个传奇，因为它引领了创意革命。与之前的系列广告相比，它似乎更聪明，因为它同观众的交流更人性化，也更有艺术性。从 Alka-Seltzer 广告到七喜广告，再到布兰尼夫国际航空（Braniff）广告，一系列充满创意的广告随之而来。许多在恒美起家的高管后来另立门户，也创作了这样的作品。

恒美对广告界的影响深远，它为大众汽车创作的广告也为品牌塑造留下了重要却一直被忽视的遗产。李奥贝纳（Leo Burnett）创作的万宝路（Marlboro）广告和其他一些规模较小的尝试品，如激浪的区域性广告。它们共同创立了神话的基本创建原则，帮助品牌攀爬至标志性地位。要理解这些原则，我们需要审视大众的系列广告，但重点不是比较该广告与其他广告的区别，而是该品牌是如何融入美国文化的。大众汽车的系列广告是如何赋予这款独特的汽车非凡的认同价值的？

瞄准服从主义矛盾

二战后，美国的国家意识形态围绕对美好生活的共识而构建。[3] 家庭杂志里大受欢迎的心理专家、黄金时段的电视节目、麦迪逊大道的广告，甚至发放补贴的联邦政府都在宣传：人们可以在新规划的郊区找到美好生活。美国人梦想拥有一个装满最新家用电器的大房子。美国品牌的广告，如可口可乐、百威、金宝汤（Campbells）和美泰克（Maytag）的广告，都热烈赞颂核心家庭生活。当然，还要有一辆新车停在房子外面，这辆新车使用了当前最新的技术和设计。营销人员以无限的热情推销着这些商品。广告一致地鼓吹最新、最高科技的产品，仿佛使用它们才是真正享受美国新生活方式的唯一途径。

底特律的汽车设计和广告与这个神话步调一致。在美国人努力攀登社会阶梯的同时，通用汽车（GM）、福特和克莱斯勒（Chrysler）为他们提供合适的汽车。不必担心选择不够多，因为底特律总会设计出一款适合他们的生活和阶层的车。当家庭社会地位攀升时，通用汽车为每个阶层都匹配了不同的车型：从雪佛兰开始，接着是别克，然后是奥兹莫比尔，一直升级到凯迪拉克。

为了确保市场需求的增长与迅速提高的汽车产量保持一致，汽车行业将汽车宣传为价值很快就会流失的时尚产品。每一年制造商都会改变汽车的功能，宣告旧款设计已经过时，这样人们就想要追求最新款、最流行的车，就像渴望最新的巴黎时尚设计一样。

当时的汽车广告是炒作的典范。魅力、地位和男子气概是宣传目标，这些理想通过杂志中性感的汽车广告来沟通，汽车发动机盖上通常都坐着漂亮女人（当然，新的"女性轿车"和旅行车除外）。这种设计和广告强调的是汽车的装饰性：汽车华而不实的功能、最新的一流技术部件以及其舒适性。因此，当美国人购买汽车时，他们实际上是在购买当时所推崇的美国梦。

许多人，尤其是年轻的、受过教育的城市中产阶层，都经历过这种基于共识的消费模式，并认为其过于僵化。然而对于那些不服从政府安排的郊区生活计划的人，他们认为驾驶一辆代表了这些规范的汽车是对他们的价值观胁迫。汽车是 20 世纪 50 年代服从文化最显而易见的象征之一，所以当这种矛盾加剧时，汽车品类为解决这种矛盾提供了一个绝佳的机会。

大众甲壳虫曾被认为是路上最丑、最不可靠的汽车之一。虽然它便宜、操控性好、耐用，但也经常出故障，而且太小太简陋。最重要的是，与底特律时髦的设计相比，这款车过时，没有什么吸引力。与纳粹德国的联系也是该品牌挥之不去的阴影。当恒美在 1959 年签下大众汽车这个客户时，甲壳虫的设计已经有 15 年的历史了，而当时底特律正在对车型设计进行快速而大胆的更改。按照美国美好生活新理想的标准，甲壳虫几乎一无是处。

恒美的系列广告微妙地运用了文化简报的三个元素，彻底扭转了这个看似注定失败的局面。

恒美的神话脚本

系列广告中的经典广告《柠檬》（*Lemon*, 1960）是个平面广告，描述了大众汽车质控部门兢兢业业，尽量减少汽车的瑕疵。这个平面广告上的甲壳虫看起来很漂亮，但是文案告诉读者这辆车有缺陷。文案介绍了大众汽车鸡蛋里面挑骨头的质量控制标准：一辆甲壳虫从德国沃尔夫斯堡下线，环绕手套箱的铬条上有一个瑕疵，公司质检人员发现了这个瑕疵，把车送回去修理。

虽然这个广告明确表达的是对质量控制的关注，但它的潜台词直指底特律和美国消费者。与底特律炒作其汽车的时髦外观和高性能的风格不同，大众汽车大胆地描绘了一辆有瑕疵的汽车，并大肆宣扬它的问题。大众汽车将广告作为媒介，戏谑当时的世俗认知。

在一个接一个的广告中，大众汽车通过强调如今教科书中所谓的功能性利益，来兜售甲壳虫：省油、密闭构造、一流的发动机、不错的转手价格等。大众汽车坚决主张实用和节俭。这些刺耳、务实的主张是用一种自嘲式的幽默来表达的，同时也是对底特律的自大姿态、自我吹捧的抨击。大众汽车看起来笨手笨脚、巨细无遗的广告手法实际上非常巧妙，它使大众汽车成为一款反炒作的汽车——这款汽车完全没有使用万斯·帕卡德（Vance Packard）等人曾指出的操纵式营销的手段。

大众汽车向它的消费者提供的汽车没有麦迪逊大道的意象。实际上，它是在告诉它的消费者："你聪明而有个性，不应该被大众营销的意象所愚弄。我们只是给你提供一张画布，剥去一切伪装，你自己来创作自我。"恒美的广告鼓励甲壳虫的车主用自己的车来讲述自己的故事，而不是将这件事交给营销人员去做。车主们就是这么做的。许多人把他们的甲壳虫当作家庭的一员，像对待宠物一样给他们的甲壳虫起名字。[4]

恒美的神话脚本可以概括如下：大众汽车反对大众文化，尤其是麦迪逊大道强加给人们的生活方式和品位。大众汽车创造了一个世界，在这个世界里，消费者都是聪明的和有创造力的人，他们可以为自己定义什么是时尚和美好。所以，大众汽车就像一个聪明的朋友，告诉消费者它的汽车生产和销售的真实情况。

在艺术世界赢得真实性

当恒美在 1959 年接到大众汽车的任务时，由于美国新意识形态而形成的矛盾，已经刺激了基于平民世界的几个强大的神话市场。当激浪利用乡巴佬来解决工作中的服从性问题时，大众汽车则瞄准了另一个平民世界：利用以纽约和其他大城市为中心的波希米亚艺术世界，来解决流行文化中的服从性问题。

对 20 世纪 50 年代的科学挂帅的官僚主义意识形态最强烈的反抗来自知识分子和艺术家。C. 赖特·米尔斯（C.Wright Mills）、威廉·怀特和大卫·理斯曼等社会评论家抨击了这种盲目随大流的新意识形态。像德怀特·麦克唐纳（Dwight MacDonald）这样的文学评论家担心高雅文化堕落。艺术家，如抽象派和印象派，发起了很多艺术运动，对当时社会提倡的"工具性"角色构成了直接的美学挑战。

恒美的广告迅速捕捉到了沿海大城市文人墨客的想象。这并不奇怪，因为恒美的创意人士的社交圈同这些前卫人士的社交圈有很大的交集。恒美的重要员工都是都市犹太人。在此之前，广告业一直被常春藤盟校的毕业生掌控。创意人士试图通过大众汽车的系列广告，让他们在艺术界的同行觉得其广告既时髦又有趣。恒美使用的是一种绝对新颖的方式，违背了一直盛行的以顾客为中心的主流手法。甲壳虫的品牌塑造是一种齐心协力的成果，目标是创造能真正打动纽约愤世嫉俗的波希米亚人的广告，这群人对当时的麦迪逊大道广告的敌意众所周知。

恒美的行话。为了体现广告的真实性，系列广告必须顺应艺术界对大众文化及其广告的蔑视态度。此外，大众汽车对底特律大加嘲讽，以符合知识界领袖的"锐气"（élan）。同时，批评必须是微妙的讽刺，而不是简单的直接攻击。真正的诀窍是避免创造一种新的、更具波希米亚风格的车的意象。波希米亚人很容易看穿这种诡计。相反，大众汽车的广告必须让波希米亚人得出这样的结论：大众汽车是"我们中的一员"，所以它不想把任何一种商品化的联想强加于汽车上。

恒美就是这么做的。在影响深远的早期平面广告《小有小的好处》(*Think Small*, 1960)中，大众汽车攻击了隐藏在汽车鄙视链里的男权思想，即汽车越大、越贵，车主的地位就越高。在底特律的象征性竞争中，汽车和发动机的大小是男子气概的象征。有关性的心里暗示无处不在，而且一点儿也不隐晦。广告商的赌注越来越大，甚至使用摄影技巧让汽车看起来更大。[5]

恒美则采用了不同的策略。当拍摄甲壳虫时，它选取的角度是汽车上方和正面的死角，这样本来就很小很圆的车看起来更小、更女性化、更不像传统的汽车。这个广告对于底特律的大男子主义姿态来说，是一记毁灭性的左勾拳。大众汽车用简单的两个词和一张无修饰的照片，嘲弄了汽车行业的风气，并用一种更女性化、波希米亚式的感性取而代之。

恒美广告的神奇之处在于，它不是在宣传不服从理念，而是置身于波希米亚的环境中，作为局内人来评论底特律发生的事情。那里没有烟雾弥漫的地下爵士俱乐部，也没有诗歌朗诵会。大众汽车并没有试图通过模仿搭上反主流文化列车，而是表现得像一个特别聪明和有创造力的局内人。

恒美的忠诚。大众汽车从未试图将自己的价值观输送到更为广泛的群体中。大众汽车唯一做的，大概就是调高了批评的音量。例如，在底特律试图影响消费者购买更昂贵的车型时，大众汽车却告诉消费者应该"量入为出"（Live below your means）。在十多年的时间里，甲壳虫这个品牌不断地在广告中加入越来越多的双关语和巧妙的言辞，抨击底特律主宰消费者品位的习性。

标志性品牌的一贯作风就是捍卫一套特定的理念，即使这样做冒犯了相当一部分消费者。大众汽车坚持其深受艺术世界影响的价值观的时间越长，就会为其忠诚赢得越多的尊重。大众汽车不是一家试图销售产品的公司，而是恰好通过一款外形奇特的汽车来表达这一坚定的哲学理念。

大众汽车坚持反大众市场的观点令人注目，所以，当波希米亚发展为遍地开花的嬉皮士反主流文化时，甲壳虫成为嬉皮士的标准座驾。对于嬉皮士来说，通过哲学、新的生活环境和各种各样的实验，对自我进行创造性的重建，是最重要的事。文化实验盛行，甲壳虫很快就成为实验者的首选。汽车为自由奔放的人们提供了一个移动空间，进行存在主义实验。

大众汽车在嬉皮士身上并没赚多少钱。实际上，随着嬉皮士精神在 20 世纪 60 年代的美国文化中变得更有影响力、更有价值，甲壳虫成为其他美国人接近嬉皮士世界的一种象征性途径。大众甲壳虫已经成为一个标志：它以浓缩的形式，体现了一种以创造性、感官性和自由意志主义敏感性为特征的情感，让拥有汽车的人能够超越他们在科学挂帅的官僚主义意识形态中经历的焦虑。

当美国主流人士开始对嬉皮士理念做出回应并进行尝试时，如留鬓角、不穿文胸、听摇滚乐，甲壳虫成为这些理念最合适的载体。因此，当反主流文化成为主流时，当它从沿海城市和大学城边缘的平民世界运动转变为时代精神时，大众汽车的销量开始呈爆炸式增长。你可以像皮奥里亚（Peoria）的大众汽车销售代表一样驾驶一辆甲壳虫，感觉自己仿佛处在一场所有的社会规范都面临挑战的文化变革飓风的中心。

恒美的魅力美学

20 世纪 50 年代和 60 年代早期的汽车广告都是大肆炒作的风格：油腔滑调地宣称这是最大、最闪亮、最新、最性感、最现代、最先进的车。平面广告的风格是尽力美化汽车，好像它们是时尚杂志上的模特一样。大众汽车则提供了一种相反的审美：将犀利的幽默感与现代设计的极简美学相结合。

　　大众汽车的平面广告擅长使用巧妙的标题调侃底特律，并因此而闻名。它的某些电视广告甚至更加尖锐。大众汽车最具煽动性的广告之一《车展》（Auto Show）虚构了一场发生在 1949 年的车展。人群纷纷聚集在大众汽车竞争对手的展位周围。一位能言善道的销售德索托（DeSoto）的播音员吟诵道：“未来的汽车，每个人都想要的汽车。”一位推广斯蒂庞克（Studebaker）的上流社会的专家说：“长裙将成为时尚界的下一个潮流，同样，斯蒂庞克将成为汽车界的下一个潮流。”一位科学家发表演讲：“明年美国的每辆汽车上都会有洞。”一个女声清唱合唱团唱着：“49 款哈德逊（Hudson）将是属于你的车。”与此同时，一位真诚的销售人员站在空荡荡的大众汽车展厅前宣称：“大众汽车会不断地改变、改进、改良这款车，不是为了跟上时代的潮流，而是为了制造出更好的车。”展厅里的大众汽车跟旧款一模一样，追求时尚的人完全忽略这名销售人员的存在。大众汽车扮演了一个干巴巴的、半开玩笑的黑幕揭发者的角色，向所有人揭露底特律穿着国王的新衣。

　　大众汽车平面广告的显著特征是：干净的排版，汽车的黑白“美”照，加上简短扼要的陈述性标题。这反映了大众汽车的高雅姿态，与竞争对手普遍的推销手法完全不同。当其他制造商使用光亮的、时髦的照片和浮夸的文案时，大众汽车以朴素的极简主义回应。在后来密斯·凡·德·罗（Mies van der Rohe）设计的摩天大楼和伊姆斯（Eames）设计的家具中也可以发现形式等同功能的高度现代主义和极简主义风格。

　　大众汽车把同样的审美元素也应用在电视广告的拍摄中。其中最著名的广告之一《除雪机》（Snowplow）讲述了“除雪机司机（在暴风雪中）开去上班的车”的故事，表面上是为了突出甲壳虫的后置发动机带来的更好的动力。但是，让观众印象深刻的是除雪机司机驾驶着他的除雪机在暴风雪中行驶的 25 秒镜头，直到听到最后的画外音，他们才知道自己看的是一个广告。恒美在电视广告中也使用了具有震撼力的极简主义。

心智占据品牌塑造模型埋没了标志性品牌

恒美和麦迪逊大道的其他广告公司却错误地理解了大众汽车的成功。所有人都认为大众汽车的系列广告证明，如果你让广告公司扮演艺术家的角色，观众就会与广告产生共鸣，效果惊人。于是，无拘无束的创意成了广告行业的规范，广告高管们幻想着自己加入了先锋派。但是，到了 20 世纪 70 年代中期，创意宣告"死亡"。遵循新原则（创意驱动伟大的广告）的广告公司并非都得到了积极的商业结果。和之前一样，有些广告很受欢迎，有些却很失败。广告公司和它们的客户了解到，创意是创造品牌价值的必要元素，但还远远不够。

到 70 年代初，大众汽车的甲壳虫广告所讨伐的对象——科学挂帅的官僚主义意识形态已经瓦解，随之瓦解的还有甲壳虫神话的力量。随着美国进入意识形态混乱和精神探索的时期，大众汽车仍然是受过教育的中产阶层最重要的文化权威之一。它本可以提供一个新的方向，但这需要大众汽车和恒美重新设计广告，创造一个新的神话，以引导意识形态面对越南战争的伤疤、阿拉伯石油禁运和水门事件。

相反，大众汽车完全放弃了历经十年辛勤耕耘而获得的宝贵的文化权威地位。恒美认为大众汽车的成功完全是靠创意推动的，于是首先尝试了之前大获成功的巧妙广告的新变体。然后，随着品牌团队失去信心，广告又回到了心智占据的方法，放弃了向美国公众讲故事，而是帮助他们处理认同问题的使命。

1972 年，大众汽车推出了甲壳虫的放大版——超级甲壳虫（Super Beetle）。在产品层面上，产品线的扩展是非常有意义的。毕竟，与竞争对手相比，大众汽车的一个突出弱点是内部空间和后备厢太小。但是，大众汽车推销的是一种世界观，而不是具有可比性的产品特点。

一辆大一点儿的甲壳虫本身没有问题，但谴责《小有小的好处》的品牌精神就有问题了。然而，大众汽车就是这么做的。在一个广告中，有着大鼻子的喜剧演员吉米·杜兰特（Jimmy Durante）宣称，这辆新车足够大了，容得下他自己、他的鼻子和他的女性朋友们。新款超级甲壳虫"内部空间太大了，只有你从车里出来才知道它是一辆大众"。大众汽车终于臣服于底特律的汽车尺寸概念，这种概念认为小型车是有缺陷的。此时，大众汽车不再表现出咄咄逼人的反主流态度，反而为自己的小感到抱歉！更重要的是，这个向来反对平庸的营销手法的品牌居然开始使用名人代言！

继超级甲壳虫之后，该公司又推出了豪华甲壳虫（Beetle Estate）——一个显而易见的同品牌定位自相矛盾的产品。广告中，莎莎·嘉宝（Zsa Zsa Gabor）在推荐一辆豪华的甲壳虫。嘉宝是一位电影明星，她把世故的欧洲贵妇演得淋漓尽致。（她的姐姐伊娃因出演电视剧《绿色的田野》而出名，伊娃在剧中扮演了一个同样出身贵族、优雅且彬彬有礼的都市女郎，她不太明白农场生活是怎么回事。）这款新的限量版车型被戏称为"La Grand Bug"（大甲壳虫）。通过法式意象，将大众汽车作为一种社会地位来销售的企图显而易见。对于那些在过去十年跟随大众汽车的"信徒"来说，这个品牌已经"弃船而去"；对于新消费者来说，大众汽车的表现前后不一。

这是大众汽车第一次与底特律和日本汽车制造商争夺消费者的心智，而不是同新兴自由的中产阶层分享文化——之前大众汽车在这一领域根本没有遇到过竞争对手。1975 年，大众汽车推出 Rabbit 作为甲壳虫的替代品。Rabbit 有了很大的改进：操控性更好，掀背式设计更实用，而且不那么容易抛锚。Rabbit 本应大获成功，但这种成功需要恒美为新时代重新诠释大众汽车的神话。与此相反，品牌团队选择了美国汽车行业的陈词滥调，吹嘘该车的优秀和受欢迎程度：

- 1975 年推出的一个 Rabbit 广告上，一个巨大的标题占据了整个页面，它吹嘘道："Rabbit 是世界上价格低于 3500 美元的车中之豪杰。"
- 1978 年 Rabbit 的广告标语是"大众又做到了"。其中一个平面广告的文案是"这是一辆很棒的车。的确，我们有很大的优势。我们以一辆

很棒的车为起点，并不断改进。全世界有一百多万人为之惊叹，并愿
意购买它。"

　　10 年前，大众汽车可能会嘲笑这些自我吹捧的广告，然而此时的大众汽车只是一辆自称价格合理、性能优越的汽车。因此，从这种标准来看，消费者发现，与当时的本田（Honda）和丰田（Toyota）相比，大众汽车缺乏竞争力。在接下来的 20 年里，恒美一直在苦心经营大众汽车这个客户，但再也无法重现最初甲壳虫表达的大众汽车神话。

　　在 80 年代，大众汽车推出了新车型，最有名的是高尔夫（Golf）、捷达（Jetta）和 GTI，这些车型广受汽车媒体的好评。虽然这些车型的销量并不算高，但它们帮助大众品牌增加了一个新的维度。这些车型的特点都是操控性好，美国人也开始将这一特点同德国制造的汽车联系起来。大众汽车成功地利用了其更昂贵的"兄弟"品牌——宝马（BMW）、奔驰（Mercedes）、奥迪（Audi）和保时捷（Porsche）的高超工艺技术。借助"德国工艺的大众"（The German Engineered Volkswagen）的广告标语，大众汽车成功地将自己的车型定位为德国高性能传统的继承者，且价格更实惠。大众汽车仍在品类利益方面进行竞争，但表现不佳。90 年代，这种新的利益定位为重振品牌神话提供了一个重要平台。

　　到了 1990 年，大众汽车的管理层已经感到绝望。美国的大众汽车经销商数量大幅缩减，许多留下来的经销商联合大众汽车的高级经理，要求撤换恒美。大众汽车北美区总裁决定给恒美最后一次机会，看它能不能再做出一个突破性的创意广告。

　　此后的五个月仍毫无起色，但有一天恒美的文案人员偶然在德语词典中发现了一个模糊的技术术语：Fahrvergnugen。这个词的德语意思是"驾驶的乐趣"（pleasure of driving），它成为整个系列广告的基础，宣扬大众汽车是热爱驾驶的人的汽车。品牌颂扬那些喜欢开车的人，而不是仅仅把车当作交通工具的人。

广告中一家人开着大众汽车，不是在马路上，而是在一条黑色的路上，周围是简单的黑白卡通风景（比如奶牛）。背景音乐是一种只能被形容为电梯音乐的电子音乐。这时机械化的旁白响起：

发动汽车的那一刻，超凡的体验就开始了。这是一种独特的大众汽车体验。加速快、操控佳、反应灵敏，它好像就是你的延伸。有一个词可以形容这种体验：Fahrvergnugen。这就是大众汽车的特点。

虽然广告吸引了相当多的关注，但大部分都不是正面的。不管把这个德语词翻译成什么，这些广告所唤起的百忧解（Prozack）式的感觉，并非观众对于驾驶乐趣的联想。

Arnold 的独立神话

1993 年，大众汽车德国总部的高管已经决定退出资金枯竭的美国市场，转而采用一种将美国排除在外的全球战略。在最后阶段，公司决定允许美国管理层与恒美解约，并为挽救业务进行最后一搏。大众汽车北美公司评估后选择了 Arnold。这家黑马公司来自波士顿，并没有什么令人称道的创意口碑，也没有汽车行业的经验。

Arnold 设计的"驾驶者之选"（Drivers Wanted）系列广告，最终成为 20 世纪 90 年代最引人注目的品牌塑造活动之一，让大众汽车品牌的认同价值恢复到接近 60 年代末的水平。今天，大众汽车北美区的销量几乎和甲壳虫巅峰时期一样多，而且同竞争对手相比，利润空间高出不少。20 世纪最成功的标志性品牌之一在数十年的拙劣品牌塑造中差点毙命，却在短短四年恢复了活力，实属不同凡响。

新大众汽车神话借鉴了大众汽车早期有关创意个性化的波希米亚神话的关键元素，但对故事进行了适当的修改，以适应美国特定的文化环境：

美国在 90 年代末进入新经济时代。与激浪一样，大众汽车也瞄准了与品牌相匹配的激烈的新文化矛盾，选择了合适的平民世界来重新诠释品牌神话。然而，这是成功的必要条件，不是充分条件。从品牌谱系上看，大众汽车之所以成功，是因为它创造出了具有适当真实性的新神话，并用魅力美学的手法来演绎。

国家意识形态：波希米亚新边疆

大众汽车发动新攻势的时机是个巧合。当时，一种新的国家意识形态——波希米亚新边疆（bohemian frontier）开始占据主导地位，这一理想成了大众汽车东山再起的完美沃土。美国经济正在迅速转型为以知识产品（金融、软件、娱乐、法律、医药和教育）为主导。这种经济形态特别看重那些训练有素、动力十足的专业人士。当时的美国劳工部部长罗伯特·赖克（Robert Reich）将咨询师、工程师、科学家、律师、银行家、程序员、会计师和商业艺术家称为"象征性分析师"。这种新的以知识为中心的经济结构带来了一套对该结构有用的新价值观。最有价值的知识工作需要创新能力和解决非常规问题的能力。公司不能用标准的流程来处理这些工作，不能把这些工作分解成互不相连的部分，也不能用千篇一律的方法来完成这些工作。它们需要让员工以更独立、更具企业家精神的方式完成工作。

作为回应，自由工作者新边疆开始成形。波希米亚边疆将 20 世纪 90 年代初竞争激烈的赢家通吃的劳动力市场，与波希米亚的艺术倾向相结合。对于需要创造力激发创新的企业，管理者必须将艺术家的价值观融入工作场所。在灵感方面，围绕波希米亚边疆形成的神话很大程度上借鉴了 60 年代的嬉皮士反主流文化。曾经作为反主流文化挑战的音乐、服装和价值观成为新经济哲学的神话中心，这种哲学基于商业即创意革命的理念。[6]那时，每一位优秀的企业家，尤其是那些硅谷的企业家，都将 60 年代当作反对故步自封的制度和僵化的思维方式的战斗口号。《连线》(Wired) 杂志等新媒体激发了这种激进的创造力，火人节（Burning Man Festival）成了旧金山湾区技术人员必经的"朝圣"之旅。

尖端知识性公司，如软件制造商、好莱坞制片公司、广告公司和其他专门生产创意内容的公司，开始将工作重新定义为艺术游戏。最理想的工作场所模仿了波希米亚风格：不规定上班时间，穿着随性，在你认为非常酷的项目上玩命工作。没有等级制度，没有繁文缛节。所有与组织和商业有关的东西都被隐藏起来，这样创意人员就可以假装他们是为了艺术而创作。这是宛如剧团的商业，艺术与商业之间的斗争结束了，艺术赢得了胜利。

新经济下的员工全身心投入到可以激起他们内在创造力、技术标准高（用史蒂夫·乔布斯的话说就是"酷毙了"）的项目，这种激情必然会推动市场的接受和认可。尽管波希米亚新边疆的新英雄追求的是堂吉诃德式的爱好，但他们却有着如同 80 年代华尔街生意人的热情，把绝妙的创意运用于对资本的追求，去征服商业世界。

瞄准波波族的文化矛盾

这种新意识形态的中心是记者戴维·布鲁克斯（David Brooks）所谓的"波波族"（Bobos，中产阶层波希米亚人的简称）。[7] 他们是受过高等教育的专业人士，按照传统的定义，他们属于社会中上层，大约是全国人口的前 5%，位于知识经济的中心。波波族坚信，无论是工作还是玩乐，生活都是关于个人表达和自我实现的。他们精心打造了另类的生活方式，表达了有趣而异想天开的品位。生活应该是一项富有创造性和冒险性的事业。每个人都是画布，应该用其非凡的经历进行描绘。规则就是充满激情地去完成任务，一个人所做的一切都是一种个人宣言。

尽管波希米亚边疆意识形态宣称，工作是个人表达的平台，但之前科学挂帅的官僚主义生活的大部分特征仍然存在，有些特征甚至被强化了。虽然中上层美国人认同波波族的价值观，但真正的波波族工作乌托邦（即商业变成艺术，日常生活是对自我实现的追求）存在的比例仍然很小。

新闻报道大肆宣传商业艺术领域有一些很酷的工作，在那里首席财务官（CFO）和骑自行车的邮递员没什么区别，但是大多数波波族仍然在主流公司工作，他们是医生、律师、公关人员和银行家。这些公司的大部分工作虽然着装要求宽松，但制度化特质在 90 年代变得越来越明显，原因是管理层试图从专业人士和管理人员身上榨出更高的生产率。波波族发现，他们工作和生活的重心是满足客户的需求，他们接到的工作任务一成不变，他们的角色往往是执行上级下达的命令……在这种情况下，他们很难保持艺术的自我概念（artistic self-concept）。

一旦投入职业生涯，波波族就不得不放弃他们在大学时所珍视的波希米亚理想。工作抑制了他们的波希米亚情怀：在每天 12 个小时的忙碌工作中，他们再也没有时间进行理想情怀的象征性表达。于是，这些情怀在休闲和消费中得到了充分体现。这一矛盾为文化产品创造了一个巨大的独立神话市场，让波波族得以进入独立 / 另类艺术家们的新波希米亚世界：非商业音乐类型、独立电影、手工食物和体验式度假。

Arnold 的神话脚本

Arnold 以"在生活的道路上，有乘客，也有驾驶者。驾驶者之选"的广告标语赢得了大众汽车的青睐。大众汽车推出了"驾驶者之选"的系列广告，共含 7 个广告，描述了为工作和技术所困的三十多岁的专业人士，他们在乡村开着自己的大众汽车飞驰，音乐调到最大声，终于体验到了自由。广告中的驾驶场景很像 MTV 的风格，描绘了充满摇滚律动和驾驶乐趣的场景。这一引人注目的广告标语吸引了大量媒体的关注，但这些广告在消费者那里反响平平。

相反，第一个具有突破性的广告是关于租车方案的。从表面上看，《卡布奇诺女孩》是高尔夫的广告，广告主角是一位精力充沛的年轻女子，她在纽约的一家专业咖啡经销商处工作，负责零售客户。当她开着车穿行在曼哈顿下城狭窄的街道上时，她用极快的速度描述着自己的工作职责："我刚搬到这个城市，我需要一辆灵活的车，所以我租了一辆新的大众高尔夫，它太棒了。我卖卡布奇诺咖啡机，有时我得搬大件，有时我得搬小件，反正我得一直搬来搬去。"她与自己服务的咖啡厅里的员工聊天，她走在一条狭窄的市区砖头道路中间，她开车疯狂地穿过繁忙的城市。当她把大咖啡壶放进后备厢时，她评价高尔夫说："所有东西都放得进去。"她灵活地超过一辆正试图溜进她的停车位的车，并说高尔夫"能开进任何地方"。为了赶走那辆车，她把身子探出车窗大声喊道："嘿！"她像往常一样生气勃勃地再次出现在街上，对着镜头说；"我得减少咖啡因的摄入了。"在最后一个镜头中，我们看到她的红色高尔夫，车顶放着两辆自行车，正疾驰出城。

观众能看得出，她是一个受过良好教育的年轻女性。她口齿伶俐、充满自信，说明她来自一个中产阶层家庭，接受过良好的大学教育，堪称波波族的典范。以她的条件，她原本可以轻而易举地找到一份更体面、薪水更高的工作，也许是在华尔街，或者是在麦迪逊大道。然而，她却选择了波希米亚式的生活，靠卖咖啡来坚持自己所热爱的事物。

这个平实的广告引起了人们的共鸣，因为它讲述了波波族生活中的关键存在主义困境：放弃自己的理想，即对充满激情的项目和个人创造力的追求，来换取事业上的成功。而这个女孩有信心对公司的职业道路说"不"。《卡布奇诺女孩》描绘了一个有勇气拒绝既定职业道路的女孩，在城市里过着低调的生活。她热衷于自己非职业工作的与喧嚣的市井生活。因为这份工作不会像职业工作那样会耗尽她的时间和精力，她可以把精力集中在其他的追求上。

在这 30 秒的时间里，大众汽车很有说服力地证明了品牌认同波波族的核心焦虑。然而，"卡布奇诺女孩"用她的高尔夫创造的世界却缺乏神话般的力量。就像其他几个同系列的广告，大众汽车呈现的驾驶世界就是一辆车在乡间行驶。自摇滚乐在 20 世纪 50 年代兴起以来，开车在乡村疾驰，摇滚乐开到最大音量，宣泄对中产阶层的反抗，已经成为一种文化常态。从海滩男孩（Beach Boys）到乔纳森·里奇曼（Jonathan Richman）再到布鲁斯·斯普林斯汀（Bruce Springsteen），音乐人都把这一景象描绘为典型的叛逆时刻。在吵闹的音乐中开快车的画面既缺乏原创性，也不能有效地缓解波波族的焦虑。

从 1997 年开始，Arnold 弥补了这一缺陷，创造了一个百分之百原创且具有说服力的神话，重新诠释了恒美的广告，解决了波波族的焦虑。在大量巧妙的广告中，有四个广告脱颖而出，成为新神话的典范。

《周日下午》（*Sunday Afternoon*）也被称为 *Da-Da-Da*，是那十年来最有影响力的广告之一。视频中，两个年轻男子在周日驾着车，漫无目的地在蓝领社区和工业区慢慢穿行。虽然广告是在洛杉矶拍摄的，但取景地并非我们通常在电视广告上看到的商业城市洛杉矶——有着小麦色肌肤、做过吸脂手术的明星聚集的城市。相反，广告展示的是杂乱无章、空旷、混凝土搭建的洛杉矶，连公交车站都是空荡荡的。一辆汽车似乎可以永远地等在红绿灯前，即使根本看不到其他车辆。这是洛杉矶的中午，但因为空气质量太差，太阳光无法穿透空气投下影子。

从第一个镜头开始，观众的注意力就被旋律有趣轻松、在 80 年代走红各个俱乐部的歌曲 *Da-Da-Da* 所吸引。它是由德国极简派流行乐队 Trio 创作的，旋律不断重复，由打击乐外加双和弦构成。80 年代初，走进北美或欧洲的任何一家舞蹈俱乐部，你都能听到这首朗朗上口的歌曲。但到了 1997 年，这首歌曲突然消失了。因此，广告选择这首歌曲完全出乎意料，它既不时髦也不复古。平庸但朗朗上口的曲调为广告提供了一种懒洋洋的推进力，凸显了平淡的广告画面。

车上一个衣着整洁、相貌平平的非裔美国人随着音乐的节拍，张开和闭合他的右手拇指和食指，他的手指在眼睛和太阳之间舞动。一个同样整洁的白人手握方向盘，并不理睬他。接下来的一个镜头是这名乘客用他的手臂和手模仿武术动作，在空气里劈来劈去，像拍功夫片一样。司机仍然不理他。

然后，乘客用一只手把玩一个大家都很熟悉的儿童玩具——小小的、多关节的玩偶，只要推它的塑料底座，它就会移动。和广告其他的小特效一样，小玩偶随着音乐节拍跳舞。汽车在红绿灯前停了下来，它的转向灯也随着节拍闪烁。司机在这个他不熟悉的地方找了一会儿方向。

这两个男子来到了一个居民区，乘客仍然随着音乐的节奏做着动作。司机用手指擦去仪表板上的一块污渍，当然也是随着音乐的节奏来回地擦。从广角镜头中，观众可以看到一辆红色的汽车正在穿过一座桥，桥下是洛杉矶河特别荒凉的一段。这条河被太阳炙烤，几乎已经干涸。乘客的脸上露出一抹浅笑，仍然随着音乐的节奏轻轻晃动身体，并用口香糖吹出了一个泡泡，又随着音乐节奏把它弄破。

他们看到一把破旧不堪的绿色扶手椅被遗弃在路边的垃圾桶旁边。在下一个镜头里，扶手椅已经在汽车的后排座椅上了，两个人还是一副事不关己的样子。突然，司机吸了几下鼻子，然后瞪着他的朋友，朋友立马明白了他的意思。他们一起回头瞥了一眼后排座椅上的扶手椅。

在接下来的镜头中，汽车从另一个路边驶离，观众看到了那把被二次遗弃的椅子，以及标准的"驾驶者之选"广告标语画面，一个女声旁白响起："德国工艺的大众高尔夫。它适合你的生活，也适合没有生活的你。"（The German engineered Volkswagen Golf. It fits your life. Or your complete lack thereof.）

《周日下午》是一个反广告的终极作品。它展现的是丑陋（肮脏的环境、发臭的椅子）和不起眼的小事（小玩具、功夫、污渍）。这辆车在驾驶过程中没有任何吸引人的急转弯或加速飞驰。宝贵的广告时间被"浪费"在车辆等候绿灯的画面上。这首 Trio 乐队的歌曲成了广告制作人即兴创作的框架——以此为基础对单调的环境做出了创造性的回应。车上的人泰然自若，完全沉浸在琐事中。他们挥舞臂膀、擦拭污渍、跟着节奏劈空气。

这个广告之所以奏效，是因为它从波波族的世界观出发，展示了一个新奇而有说服力的概念：驾驶和成为驾驶者意味着什么。之前的"驾驶者之选"广告对开车的诠释浮于字面，这个广告不再采用这样的做法。现在，这个广告告诉你，成为驾驶者意味着在自己的生活中做有创意的演员，做一个打破传统的制作人，创作自己的文化体验。乘客是观众，只是被动地接受大众媒体的内容，而驾驶者是富有创造力的人，他们会不经意地找到各种各样的小乐趣，并在前进的过程中即兴发挥。《周日下午》告诉观众，只要有足够另类的世界观和创造的意愿，一个人就能在别人觉得沮丧的事情中找到许多小小的乐趣。

大众汽车的新英雄是富有创造力的愤世嫉俗者，异想天开的、用自己想象中的独特世界对抗刻板的现实世界的局外人。大众汽车变成了一个自治空间，逃离了制度的束缚，英雄可以在这里自由创作。在这个具有开创意义的作品之后，品牌团队又制作了三个广告为神话进一步润色。

《同步》（Synchronicity）是《周日下午》的续集，再次描述了两个坐在大众汽车里观察他们周围的世俗生活的人。在广告中，一对三十岁出头的男女开着他们的捷达轿车，在新奥尔良老城区的一条狭窄街道上缓慢地行驶。广告的艺术风格指向受过良好教育的城市创意工作者。两个主角都是黑发，穿着黑色衣服，他们的车也是黑色的。镜头在车里的男女和街上发生的事情之间切换。

男人开车，他插入了一张 CD，于是一段缓慢的、令人昏昏欲睡的电子舞曲开始了。此后，他们看到的每一个动作都神秘地与音乐节奏同步。汽车的雨刷器（正在下着毛毛雨），人们的脚步声，一个男人拿着扫帚扫人行道，一个小孩靠在灯柱上扔溜溜球。他们通过了红绿灯，"禁止通行"的标志随着节奏闪烁着。还有一个孩子在人行道上随着节奏运球。这对男女环顾四周，越来越困惑。几个男人从卡车上卸货，随着音乐的节奏扔箱子。在街角，车的转向灯一直随着音乐节奏闪烁。此时一辆红色的皮卡车把好多水溅到捷达的挡风玻璃上，就像一桶冷水把这对夫妇从梦中惊醒一样，同步效应消失了。男人用一种平淡而直接的口吻说"这很有趣"，听起来就像《X 档案》每一集的结尾一样。他的伴侣点头表示同意。汽车向右转，继续行驶。最后镜头拉高向下，捷达前方是空荡荡的街道，看不到任何车辆，当然也没有红色的皮卡车。

大众汽车对于驾驶者的全新感性描绘，在这个广告里得到了充分的展现。这对男女从他们那辆像蚕茧一样的车里向外窥视世界，这好像是他们的一种不同寻常的乐趣，这种乐趣可以通过观察和解释看似平凡的日常生活来获得。大众汽车对所有想象自己是艺术家的人发出呼喊。该品牌认为，日常生活可以是每个人的画布。

《大逃亡》（*Great Escape*）是大众汽车最自信、最大胆的广告。它将大众汽车的价值观置于一个全新的、意想不到的地方：养老院。那里住着一个年迈的非裔美国人。广告一开始是一位自信的老人站在房间里的镜子前，整理着自己的领带和帽子。他拿起拐杖，轻手轻脚地走出房间，走入养老院的走廊。他步履轻盈地穿过大厅，向一位路过的护士脱帽致意。然后他看到了一个可怕的景象——老年健美操课。他迅速绕了个弯，悄悄溜过护士站，推开一扇门，门上写着"请从前门走"，但他没有理会。他走进沙漠停车场明亮的阳光下。一辆银色的捷达在他面前停下。老人微笑，显然他认识这辆车。在车里，一个年轻的黑人看着前方，调皮地笑着，向"逃亡"的英雄打招呼："爷爷。"老人坐进车，咧着嘴笑着说："嘿，小家伙。我太高兴了，你准时到了。"

汽车消失在沙漠公路上。小伙子打开了天窗。爷爷向后仰着头，沐浴着阳光，把手伸出窗外，同呼呼吹着的风玩起游戏，这个顽皮的动作让观众联想到了 *Da-Da-Da* 的家伙们。窗外除了莫哈韦沙漠的景色，什么都没有，汽车驶过一个路标，路标显示距离拉斯维加斯 134 英里[⊖]。老人把帽子扔出窗外。

这位被困在养老院、脾气暴躁的老人是一个隐喻，让那些困在制度化的公司生活中的波波族产生了共鸣。他是另一位摆脱了刻板的日常生活、追求驾驶带来的自由感的英雄。他热情地抛出帽子、顽皮地用手在风中冲浪，再加上他和孙子之间微妙的亲密关系，这一切告诉观众，一个简单的行为，比如开车穿越沙漠，可以让你超越世俗生活。

广告的背景音乐是查尔斯·明格斯（Charles Mingus）创作的经典自由爵士乐。明格斯是一位著名的爵士乐反传统者，他发明了一种原创性的爵

⊖   1 英里 =1609.344 米。

士音乐结构。明格斯性格火暴，过着波希米亚式的不羁生活。广告中的老人和他有相似之处——有一个成熟却依然充满活力的灵魂。

《银河》（*Milky Way*）是这个广告四部曲的最后一部，讲述了不同种族的青少年乘坐一辆大众 Cabrio 敞篷车，在满月下偏僻的乡村道路上漫游和沉思。广告画面是冰冷的蓝色调，伴着尼克·德雷克（Nick Drake）令人难忘的民谣《粉红月亮》。孩子们静静地思考，看着月亮在小溪上的倒影、萤火虫和耀眼的乡村星空，他们似乎同时意识到，与朋友们相处的安静时刻和天空中的月亮之间有一种看不见的相关性和情感引力。

孩子们把汽车停在一幢避暑别墅黑漆漆的车道上，屋里正在进行热闹的夏季派对，但没有人下车。他们温柔地看着对方，交换着安静而微妙的眼神，没有一个人说话。司机倒车，转向灯亮了起来，他们又回到了公路上。他们把身子往后仰，沐浴在月光中。

孩子们抛弃了青少年文化中的典型代表——喧嚣的音乐、热闹的派对，反而被更简单、更深刻的快乐（沉浸在一个完美的夜晚）所吸引。孩子们放弃了看起来很酷的派对，去寻找更深情和充满想象的体验：凝视星空，任由风吹过发梢。这是另一个原创的情境，说明大众汽车倡导个人自主权，赞赏对美学体验保持敏感性。在这部广告杰作中，汽车再次成为一种媒介。通过这个媒介，个人审美感知和打破"常规"的行为可以为你带来愉悦。《银河》大受追捧，在推出两年后还在播放。

Arnold 系列广告的神话脚本可以概括如下：大众汽车颂扬一个驾驶者的世界——他们把自己的平凡生活当作画布，在这块画布上，他们即兴创作个人美学宣言和生活艺术。

酷不可猎

马尔科姆·格拉德威尔推广了"猎酷"的理念，这个理念已成为关键的识别品牌塑造工具。但是"猎酷"这个词本来就是矛盾的。酷的起源是作为艺术先锋引领文化。如果你必须去猎捕它，那你就不酷。猎酷是一种寄生战略。各大品牌竞相跻身于具有热门文化价值的领域，并试图利用这些机会。这种方法显然无法塑造出标志性品牌。

恒美的广告从来没有试图搭乘反主流文化的顺风车，比如"垮掉的一代"或嬉皮士反主流文化。广告里没有摇滚乐，没有性；广告的画面和设计中也没有那个时代被其他品牌频频剽窃的彼得·马克斯（Peter Max）的波普元素。事实上，这些广告完全不嬉皮。然而，大众汽车却成为嬉皮士反主流文化中最具影响力、最恒久的品牌象征。同样，Arnold 的"驾驶者之选"系列广告基于看似平凡的情节和单调的环境，与独立电影的场景毫不相干。这两家公司策划的系列广告中，大众汽车都没有模仿酷的元素。反之，大众汽车在当时的艺术世界中建立了自己的文化旅伴地位。在每一个广告中，该品牌都吸收了反主流文化精神，并从内部进行创作。

标志性品牌不会模仿现有的文化，也不会试图攀附新兴趋势。它们是吸引观众的文化创新者，通过艺术的手法改变观众的思维和行为方式。引领潮流是实现文化变革的表面手段。标志性品牌在更深层次上改变文化，影响人们如何平衡国家理想和自我认知。

真实的平民之声：独立艺术世界

Arnold 把大众汽车的新神话定位为艺术家的波希米亚生活方式的当代表达。过去，波希米亚主要存在于美国的大城市和大学城。新波希米亚生活的中心是独立文化，或者简单地说，是另类文化。独立文化始于20世纪80年代初，是美国在70年代末将英国的朋克反主流文化移植过来的结果。朋克运动从未作为工人阶层的政治表达方式而在美国流行起来，因为美国的阶层政治要保守得多。相反，朋克文化激发了一种波希米亚地下文化，这种文化在里根时代酝酿，就像在艾森豪威尔时代的"垮掉的一代"一样。

表演型平民主义和组织型平民主义

　　发展品牌在平民世界的真实性有两条独特的路径：表演型平民主义和组织型平民主义。我们发现，运用表演型平民主义的品牌包括可口可乐、万宝路、激浪、大众汽车和百威等。这些品牌宣扬的神话与其公司没有任何关系，真实性来自在其表达中对平民世界的描述，并非该公司是否为真正的参与者。与此不同，Snapple、ESPN、巴塔哥尼亚（Patagonia）、哈雷和耐克等品牌在品牌成形时期都依赖于组织型平民主义。和表演型平民主义不同，这些公司存在于平民世界中，其品牌神话是公司（以及平民世界中的其他内部人士）精神的一种表达。依赖于组织型平民主义的品牌，以一种精练的、程式化的戏剧化手法来表达公司的核心精神。

　　由于越来越多的品牌加入竞争，希望让消费者感知到自己的真实性，美国人对表演型的识别品牌越来越挑剔。相反，他们愿意为那些能够真正做到"言行一致"的品牌支付不断增加的溢价。没有多少公司在平民世界拥有可信的地位，所以那些可信度高的品牌在创造神话方面拥有压倒性的优势。

　　由于 20 世纪 60 年代以来美国的主流生活发生了巨大的变化，对波希米亚的批判也发生了变化。恒美在 60 年代采用的波希米亚世界，与大众营销和公司官僚主义所推行的呆板的服从主义背道而驰。到 90 年代，60 年代的大部分文化事件都被大众文化所吸收。市场很容易就适应了大众汽车尖锐的批判——人们渴望通过消费来表达个性，比如通过细分市场和反叛品牌。尽管反主流文化运动兴起，但实际上人们的工作和生活变得更加制度化了。

　　因此，在 90 年代，波希米亚极力反对日常生活的程序化和被动性。除了拒绝文化服从性，波希米亚人还进一步拒绝消费者这个概念。独立文化人已经清楚地意识到营销人员利用他们的反服从主义价值观推销品牌，所以他们完全不买账。新波希米亚人拒绝消费主义，认为这是一种消极的生活方式。相反，他们扮演文化生产者的角色，积极参与音乐、电影和其他形式的流行文化。他们支持那些不屈服于服从主义的人在商业边缘创作的音乐、电影和艺术，而不购买大众营销的产品。他们还拯救和再利用他们在旧货店里淘到的布满灰尘的奇怪的文化"遗迹"。[8]

独立文化的核心是一种混搭的折中主义：越晦涩、越荒谬，就越好。另类文化主义者开始翻找二战后美国的"文物"。旧货店时尚迅速传播，催生了 20 世纪中期媚俗的室内设计风格。他们对不太有名的音乐流派产生了兴趣，热衷于从堆积着 25 美分一张的旧唱片的垃圾桶里挑出各种小众音乐——夏威夷吉他音乐、20 世纪 50 年代的乡村音乐、戏剧歌曲、感伤恋歌、拉丁爵士乐，名单长度和垃圾桶的深度齐平。在乐队中演奏很酷，这是独立世界的人们日常行为的一部分。但真正让人印象深刻的是他们开始探索一些以前从未被探索过的东西——日本漫画、真空管放大器、库尔德民歌，他们仿佛是 19 世纪的贵族艺术爱好者，孜孜不倦、充满热情地挖掘这些文化素材。

Arnold 的独立世界行话。 在"驾驶者之选"系列广告推出的第二年，大众汽车推出了另一个广告，建立起了品牌在独立世界的可信度。尽管这个广告对主流受众几乎没有产生任何影响，却帮助品牌在波希米亚圈子里赢得了相当高的声誉。《极速赛车手》（*Speed Racer*）把大众 GTI 放置于 60 年代风靡美国的日本动画片中。极速赛车手是动画片中认真的年轻赛车手，他哀叹自己的车"马赫 5"（Mach 5）在赛前抛锚了。他认为这是竞争对手干的。他得到了一辆 GTI 作为替代。GTI 的速度和操控性让他和队友们非常惊喜，他们赢得了比赛。这个笨拙而呆板的广告以原版动画片的主题曲结束。

与通用汽车和丰田汽车美化产品的传统广告不同，Arnold 选择了动画形式，这一决定是大胆的，让人想起了 60 年代恒美的沟通代码战略。这一选择似乎又是一种恶搞，并不是在认真地推销 GTI。而选择《极速赛车手》则是对独立世界品位的有力肯定。这部日本动画片被翻译成了英语，并于下午时段在电视上播放，影响了整整一代美国孩子。90 年代，日本动画片在商业艺术领域变得非常流行。这部日本动画片甚至在 MTV 上播放，并吸引了一群狂热的追随者。

除了广告内容的选择，Arnold 还特意为《极速赛车手》做出不拘一格的音乐选择，以建立起大众汽车独立文化内行人的形象。为《银河》创建氛围的尼克·德雷克的《粉红月亮》就是一个很好的例子。这首空灵的忧郁民谣是广告背景音乐的理想选择，它也为构建真实性发挥了重要作用。德雷克是 70 年代早期英国民谣摇滚界一个谜一样的人物。他早年就完善了新的失谐吉他和弦，并拥有一个让人难忘的好嗓子。他出了几张专辑，然而因为抑郁症也可能是精神分裂症，他在 1974 年死于药物过量。从那以后，他在"地下独立音乐界"声名鹊起。1999 年，当大众汽车选择使用德雷克的歌曲时，他的歌曲刚刚被制成 CD 发行。大众汽车以一种充满创意的、恰当的方式使用德雷克的音乐，作为这个感性广告的核心，这赋予大众汽车作为真正独立世界之声的权威，获得了极高的可信度。广告播出后，德雷克 CD 的巨大销量证明了大众汽车的品位创造能力。《粉红月亮》在广告播出后三周内的销量超过了它过去 25 年的销量总和。

Arnold 的大部分音乐选择都展现了它非凡的鉴赏力。然而，大众汽车的广告偶尔也会故意使用价值可疑的歌曲。这些奇怪的选择也是对独立风格的微妙认可。就像独立的波希米亚人在旧货店的垃圾桶里搜寻唱片一样，大众汽车自信地播放那些显然不受欢迎的歌曲。除了 *Da-Da-Da*，还有一个广告不惧污名地使用了冥河乐队的歌曲《机器人先生》(*Mr. Roboto Man*)。这首歌是这个 70 年代乐队的拙劣之作，大多数有品位的乐迷都会羞于承认自家的阁楼藏有这个乐队的唱片。这些充满自信的古怪选择表明，大众汽车生活在独立世界中，而不是作为一个局外人从独立世界剽窃素材。

Arnold 对独立世界的忠诚。当标志性品牌愿意冒险维护平民主义精神时，它们就表明了自己的忠诚。这种牺牲是获得真实性口碑的最有效手段之一。那些声称自己与平民世界有渊源，但之后以商业利益而非平民主义利益为动机行事的品牌，会被认为肤浅和投机取巧。

大众汽车的"驾驶者之选"系列广告一贯支持独立世界的价值观。例如，大众汽车在电视节目《艾伦秀》（*Ellen*）最为著名的一集中插播了《周日下午》广告，在这一集中，艾伦·德詹尼丝（Ellen Degeneres）告诉观众自己是女同性恋。节目的许多广告商同节目解约，担心观众会认为品牌纵容女同性恋。而那些在节目中播出的广告立刻成了一个巨大的媒体事件。人们的目光不仅集中在艾伦身上，也集中在那些愿意与女同性恋扯上关系的广告商身上。在这种紧张的氛围下，大众汽车赢得了许多新的崇拜者，同时也在社会保守派中树敌无数。

《艾伦秀》还引发了人们对大众汽车广告的其他解读，进一步提升了大众汽车在独立世界的声誉。在同性恋群体中，《周日下午》被解读为描绘了一对同性恋人。这些额外的内涵进一步提高了大众汽车在崇尚多元化的波希米亚人中的可信度。

大众汽车最成功的忠诚表现来自它在广告中展示汽车的方式。汽车行业一直以这样的假设为准则：广告美化汽车时，才具有说服力。炫耀汽车优雅的外观是为了让潜在车主相信，他们也将拥有这种优雅。Arnold 与恒美的系列广告一脉相承，它们双双反对这个广告传统。例如，一个广告展示了车顶上绑着脏床垫的高尔夫。

大众汽车表示忠诚的最大胆的行为，是在 2000 年"超级碗"（Super Bowl）上播放的广告，这是大众汽车首次在广告界最盛大的赛事上投放广告。《树》（*Tree*）是一个静态的广告，即使对大众汽车来说也是如此。在广告 60 秒的大部分时间里，两个男人站在一棵大枫树旁边，偶尔向树上扔各种东西，可能是想把球或飞盘之类的东西弄下来，一个衣冠不整的孩子好奇地看着。最后，其中一个男人用一块石头击中了他的目标。但是，弄下来的并不是玩具，而是一辆全尺寸的 GTI。汽车落地时发出巨大的声响。当 GTI 慢慢静止下来时，树叶和小树枝落在它上面。扔石头的人的朋友讽刺地给出建议："下次，别那么快松开离合器。"

《今日美国》（*USA Today*）的民意调查显示，《树》的表现不佳。行业观察人士称这个广告很失败，理由是大众汽车对"超级碗"缺乏了解。然而，事实恰恰相反，大众汽车成功地赢得了终极象征意义。在这个受到全球关注的媒体盛事上，所有广告商都非常愿意调整它们的战略目标，播放观众认为最有趣的广告。然而，大众汽车却拒绝这样做，相反，大众汽车的广告展示了反叛的品牌形象。《树》是 Arnold 对 1960 年甲壳虫的平面广告《柠檬》的演绎。该品牌以最平实的方式展示了它是性能最好的汽车，并拒绝迎合"超级碗"要求的大众市场制作价值，以此表明自己对独立世界价值观的忠诚。[9]

Arnold 的魅力美学：独立电影

要让"驾驶者之选"奏效，Arnold 必须发明一种魅力美学，以消除独立反主流文化对大众营销的影响。"驾驶者之选"没有甲壳虫广告的形式主义和自以为是的幽默，而是选择了以独立电影艺术手法为中心的美学。

20 世纪 90 年代中期，汽车行业为寻求发展独特生产价值的品牌，提供了大量唾手可得的机会。在以产品为中心的传统品牌管理逻辑的支配下，通用汽车、福特、克莱斯勒和丰田都制作了符合预期的广告，这些广告遵循的唯一一条规则——展示车，似乎对汽车企业高管很重要。广告强调的是汽车而不是乘客，有汽车的图像但没有人物和情节。汽车像一个寻找故事的英雄，在蜿蜒的太平洋海岸公路上或在山地荒野中威风地行驶。广告制作得很华丽，在最佳光线下，汽车显得格外迷人。

大众汽车的广告完全颠覆了这种审美：广告强调的是人物和情节，而不是汽车。大众汽车展现车的方式就像你在电影中看到这辆车一样，汽车是道具而不是主角。品牌团队塑造的广告人物，不会让聪明的观众觉得自己的时间被浪费；广告场景的选择是为了支持有趣的故事线，而不是为了炫耀汽车。这些广告使用了有趣的、不落俗套的角色，并摒弃了广告中常见的油腔滑调的表演风格。波希米亚新闻界有影响力的刊物《村声》(*Village Voice*) 将《银河》评为"十佳影片"之一，证明大众汽车的独特广告手法得到了肯定。[10]

　　另一个很好的例子是 Arnold 委托独立电影制作人埃罗尔·莫里斯（Errol Morris）为帕萨特（Passat）导演的四个广告。莫里斯是备受尊重的独立纪录片导演之一，以《细细的蓝线》（*The Thin Blue Line*）和离奇的《宠物墓地》（*Pet Cemetery*）而被人们所熟知。许多著名导演，包括独立导演，都多次拍摄广告，这不足为奇。然而，令人印象深刻的是，Arnold 展现了巧妙利用莫里斯做导演的兴趣和智慧。Arnold 并非随便找一位著名导演，利用其可信度成就广告，而是精心制作广告，使广告与导演的所有其他作品融为一体。就像苹果公司多年前邀请雷德利·斯科特（Ridley Scott）拍摄广告《1984》一样。品牌团队以"你会守卫我们的秘密"（Our Secret's Safe with You）为广告标语，发展了一套自白故事，让莫里斯得以施展他标志性的古怪采访风格。在广告中，莫里斯要求拍摄对象面无表情地进行怪异的、令人不舒服的自白。他们诚实地描述了自己生活中奇怪而又私密的细节。该系列的每一个广告也都使用了莫里斯喜欢的奇特音乐：音乐风格让观众感觉将有一些非常有趣的事情被揭露。单簧管和特雷门琴演奏出的音乐听起来就像从老的无声电影或战前的巡回魔术表演中偷借来的。奇怪的拍摄角度将被拍摄对象放在除了镜头中心的任何地方，因为观众通常习惯注视镜头中心。

　　大多数广告都使用某种类型的隐喻，但它们通常都是陈词滥调，观众已不胜其烦。大众汽车的美学手法是建立在一种文学风格上的，它使用具有挑战性的隐喻和手段，迫使观众发挥想象力。以 *Dawg* 这个广告为例，广告旨在唤起人们对 1998 年推出的新款捷达和高尔夫的期待。一只毛茸茸的杂交品种狗走进一个餐厅，坐在桌子下面，桌上的电扇"呼呼"地吹着风。在很长一段时间里，观众听到的只有电扇的叶片发出的声音和狗的喘息声。然后，这只狗还不满意，跳上餐椅坐下来，让风直接吹到它的脸上。大众汽车最终给出了揭开谜团的妙语："准备好，新的大众汽车要来了。"大众汽车的审美体现了其神话所歌颂的创造力和即兴创作的精神。

联结创意和战略

要打造标志性品牌，品牌经理不仅要瞄准适当的社会矛盾，还要发展出一个令人信服的神话来解决这个矛盾。大众汽车回归标志性地位的例子说明：品牌团队从一开始，也就是 1994 年广告商竞标时，就瞄准了适当的矛盾。但直到三年后的 1997 年，大众汽车才成功地创造了新的神话。当广告最终传递出一个神话，并拥有文化简报的三个要素时，大众汽车的认同价值再度飙升。

如今的战略与识别品牌毫无关系，因为它们无法指向消费者对品牌最珍视的东西——它的神话。文化简报可以为创意伙伴提供必要的战略方向，以创造一个有价值的神话。

恒美的大众汽车广告广受好评，但也同样广受误解。恒美的大众汽车系列广告通常被管理层称赞为引领了一场创意革命。广告不再遵循 20 世纪 50 年代关于广告科学规则的图书中的内容，如罗瑟·瑞夫斯（Rosser Reeves）和大卫·奥格威（David Ogilvy）的"独特的销售主张"（unique selling proposition）。评论家们称赞恒美为广告注入了聪明的幽默和艺术技巧，而非条件反射式的重复。

有趣的是，品牌经理再次呼唤伟大的创造力。品牌经理为之挥拳叫好，广告公司则大肆炫耀创意。近期出版的图书已经证明了，在当代经济中，创造性和娱乐性的故事与产品体验的展示的重要性越来越高。但是，使用心智占据、高感性和病毒式品牌塑造模型的品牌经理也把创造力理解为一种神奇的东西，不受他们的控制。

然而，正如大众汽车的品牌谱系所表明的，在品牌塑造中，没有纯粹的创造力这回事。恒美的广告以及之后 Arnold 的作品，都是广告艺术的杰出典范。然而，让这些广告引人注目的并不是它们纯粹的天才创意。许多同时期的广告在创意和制作价值上都可以与这些广告相媲美，看看同时期的获奖广告作品就知道了。这些广告之所以脱颖而出，是因为它们利用了创造力——让创造力为隐性的文化战略服务。正如许多恒美的模仿者所发现的那样，追求极富创意的广告很少奏效。把艺术技巧作为品牌塑造公式，并不比之前盲从瑞夫斯的"独特的销售主张"高明。

　　如今，对品牌创意的追求陷入混乱，因为现有的模式缺乏一个系统地管理创意内容的框架。文化品牌塑造模型指导创意符合战略目标。品牌经理为品牌选择最合适的神话市场。然后，他们根据创意简报来指导广告的制作：努力将创意引向特定类型的故事、沟通代码和平民世界的表达方式，从而产生最有影响力的神话。

利用品牌的文化权威和政治权威

制定品牌战略需要退后一步,将品牌视为战略资产。品牌的经济价值——品牌资产,基于品牌预期的顾客忠诚度将带来的收入流,体现在他们愿意为品牌的产品支付比其他同等产品更高的价格。管理未来的收入流,必须对品牌如何获得当前价值有深入、彻底的了解。

在心智占据品牌塑造模型中,品牌资产是基于品牌联想的强度和特殊性。品牌的本质根植于消费者的心中,是品牌资产的来源。根扎得越深,品牌就越强大。[1]

在病毒式品牌塑造模型中,品牌资产是指有影响力的人群对品牌的偏爱。那些得到最具影响力和最时尚人群青睐的品牌拥有很高的资产价值。在这种模式下,管理品牌资产涉及一项不稳定的业务,即品牌需要不断迎合这类人群,这样才能保证品牌跻身时尚前沿的名单。

我们应该如何将标志性品牌理解成一种资产?又如何利用这一资产来提高其价值?对于标志性品牌来说,品牌是一种象征,所以品牌资产是各种现象的集合,而不是个人消费者对品牌的青睐。品牌之前神话的成功为品牌建立了声誉。一个品牌之所以远近闻名，是因为它讲述了特定的故事，而这些故事有助于解决某些社会渴望和焦虑。用术语来讲，品牌之前的神话造就了两种资产——文化权威和政治权威。当品牌经理利用这两种权威重塑品牌神话时，识别品牌便获得了成功。我将用百威的品牌谱系来说明创造品牌资产的文化模型。

百威的品牌谱系

很少有公司能像安海斯 – 布希这样，对美国文化的变化做出如此敏捷的回应。然而，在 20 世纪 90 年代的大部分时间里，该公司的旗舰品牌百威一直处于混乱状态。标志性品牌通过创造神话为社会矛盾提供解决方案，以此赢得地位，所以当社会矛盾发生变化时，品牌必须修改其神话，以保持其活力。百威在 90 年代初就面临这种情况。百威在 80 年代因"这瓶百威是敬你的"（This Bud's for You）这句广告标语走红，这是那 10 年最具影响力的神话之一。然而，从 1990 年左右开始，百威的品牌塑造效果不佳，百威陷入了长达 7 年的困境。安海斯 – 布希试图运用各种心智占据战略走出困境，但每次都以失败告终。最终，百威通过两个重叠的系列广告——"蜥蜴"和"干吗呢？！"创造了一个新神话，精准地反映了 90 年代的社会张力。

新神话带来的财务收益非常可观。1997 ～ 2002 年，安海斯 – 布希的利润率从约 18% 攀升至近 24%。华尔街对此做出热烈回应，该公司股价却上涨了 140%。百威的品牌塑造提高了品牌的感知价值并保障了销量，百威的实际美元价格从历史低点飙升到接近主要进口竞品的价格。[2]

安海斯 – 布希在 20 世纪初将百威啤酒推向整个美国市场（最早这样做的几家啤酒公司之一），并开始在全美发行的杂志上为百威大做广告。到了 50 年代，百威创造了一个神话，鼓励工人阶层共享美国郊区田园般的新生活。百威的广告告诉人们，与家人和朋友一起参与悠闲的活动是多么快乐。

因为这类广告，百威成了美国最畅销的啤酒。然而，它的领导地位很快受到了施利茨和新贵米勒海雷夫（Miller High Life，简称"米勒"）的挑战。我选取了百威在 70 年代的品牌谱系，那时，百威的战后神话在面对越南战争的抗议、经济衰退和水门事件时分崩离析。

啤酒与反抗的男子气概神话交战

与激浪和大众汽车一样，百威在 20 世纪 60 年代末也遭受了文化干扰的重创。百威关于郊区美好生活的神话，被接连不断的灾难性国家事件狠狠击碎。大规模的市区抗议和非暴力示威表明，所谓的战后美好生活对非裔美国人来说并不美好。日本公司开始证明，美国公司不再是主要产品类别的世界领导者。阿拉伯石油卡特尔表明，美国的经济实力比人们之前所认为的要弱得多。水门事件削弱了美国人对其政治体系的信心。蓬勃发展的妇女运动威胁到了传统上男性一家之主的角色。

许多美国中产阶层男性，尤其是沿海地区的中产阶层男性，放弃了美利坚帝国的想法，转而致力于文化革命。他们支持打破社会习俗的束缚，以及妇女和非裔美国人的平权运动。

然而，所谓的美国中部，也就是尼克松所称的"沉默的大多数"（silent majority），他们的反应却截然不同，特别是工人阶层白人男性被激进的阳刚之气理想所吸引。在美国经济和政治衰落的情况下，他们以自我防御的姿态宣扬男性的力量。这些男人经历了美国的困境和女性影响力的上升，他们认为这是一种男子气概、一种失控，并感到十分焦虑。他们中的许多人觉得这个国家变得太女性化了。

啤酒市场对这些社会新情绪的回应尤其迅速，因为核心饮酒者是男性和工人阶层。百威、米勒（推出了"米勒时光"系列广告）和施利茨（推出了以黑皮肤冒险者为主角的"没有施利茨就没有啤酒"系列广告）激烈角逐，试图创造一个新的美国神话，回应这些男人重获男性力量的渴望。[3]百威摒弃了男人在家、和朋友在晚宴上，以及在台球厅悠闲地喝着啤酒的场景，变成昂首挺胸的"啤酒之王"、将生死置之度外的赛车手，以及游行乐队用音乐庆祝百威是冠军，并鼓励喝百威的人也同样认为自己是王者。

百威把品牌塑造为，渴望美国恢复军事和经济实力，以及男人重新成为一家之主的人的榜样。广告一遍又一遍地重复一句简单的话：百威是"啤酒之王"。实际上安海斯－布希在说："把我们当作榜样吧！我们是成功的，而我们的秘诀是：我们有获胜的态度。政府、军队和其他公司无法实现你的男子气概的理想，百威能做到！"安海斯－布希拥有胜利者的精神。为了证明这一点，它使用了最优质的原料以及劳动和资金密集型工艺，因为百威的产品必须是完美的。任何带着这种精神生活的人都是赢家和王者。当然，喝百威的人最先如此。

这个让人昂首挺胸的神话让百威保有一定知名度，但与施利茨和米勒构建的神话相比，百威的神话并没能脱颖而出。直到百威抨击米勒的"工作－奖励"概念并做得更好时，百威才跃升至标志性地位。

"这瓶百威是敬你的"

里根倡导的新意识形态让百威得以登上标志性地位。美国在 20 世纪 70 年代末陷入谷底，通货膨胀率达到两位数。随后，试图扭转通货膨胀的措施导致失业率飙升，美国经济陷入深度衰退。日本公司继续占领国际市场。美国人等了一年才看到政府采取行动营救被困在伊朗大使馆的美国人质，美国政府因此备受指责。美国社会的文化张力极大，尤其对男性而言。人们对创造新的国家神话、重现国家昔日辉煌的呼声响彻云霄。除了当时的电影和电视节目，里根也响应了这一号召。

当里根重唤美国的拓荒的国家精神时，各个阶层的男性都对此号召产生了共鸣。他再次使用了"行动派"（the man of action）的概念，呼吁美国男性效仿约翰·韦恩在西部片中塑造的拓荒者形象，以及克林特·伊斯特伍德在《肮脏的哈里》中和西尔维斯特·史泰龙在《第一滴血》中饰演的现代拓荒者形象。美国需要新的实干英雄——有远见、胆识和进取精神的人。他们要变革摇摆不定的制度，发明极具创意的产品，开发巨大的新市场，征服持有不同观念的人。里根把自己塑造成现代的行动派，敢于对抗政府官僚的威胁。美国各阶层的男性在他的英雄愿景下凝聚在一起，美国选民的态度发生历史性转变。在里根的号召下，白人蓝领（其中许多人是民主党的坚定拥护者）转而支持里根。

管理人员和专业人士对里根的行动派号召的回应是：在华尔街、得克萨斯州油田、硅谷和波士顿高科技产业区掀起了新一轮的"淘金热"。当时，个人主义竞争受到众人的赞赏，对金钱的追求占据了主导地位。

美国男性工人群体响应了这一号召。里根的宣言被理解为一种民族主义的呼吁，呼吁扭转恶化的国内产业；通过美国男性支持国家事业，恢复美国的实力。他们听到了战争的召唤，但这是一场经济战争，而不是军事战争。许多工人把制造业工作机会的消失归咎于来自国外的激烈竞争。日本的工业生产尤其高效，并不断抢占美国的市场。因此，美国男性知道他们必须更加努力。里根、李·艾柯卡以及其他商界和政界领袖要求他们以新的活力和牺牲精神帮助恢复美国的实力。男性都响应了这个作战号召。"买美国货"（Buy American）的汽车保险杠贴纸风靡全美。

然而，虽然工人为国家事业而团结，但许多大公司仍继续积极地将制造业转移到工资更低的海外，同时以高科技取代劳动力。美国工人迫切地希望依靠他们的劳动力复苏美国，然而大量证据告诉他们，美国公司别有意图。里根的新国家意识形态与工人阶层就业的实际状况之间的矛盾激发了对新神话的巨大需求。

神话脚本：工人阶层男性是实干的工匠

百威代表工人阶层，接过了里根的战斗号角。许多工人丢了工作，或被迫接受大幅度的工资和福利缩减，或被迫改行到低工资的服务业工作。

百威塑造了一个强有力的领导者形象，赞扬工人们的英雄举动，鼓励他们用正确的价值观看待工作。在首个广告《这瓶百威是敬你的》中，叙述者拍着工人们的后背说："辛勤工作一天的每一个人，这瓶百威是敬你的。"广告词是热情洋溢的致敬，进一步充实了广告的价值主张。

- 这瓶百威是敬你的。
- 没有人像你这样努力。
- 所以敬你这一瓶。
- 你知道敬你的原因不是因为你说的，而是你做的。
- 因为你所做的一切，"啤酒之王"都正在经历。

这个广告展示了一群来自各行各业的蓝领工人，他们每个人都有精湛的技术，并以极高的热情专注地工作。观众能看到列车员、伐木工、建筑工人、卡车司机、农民、厨师、渔民、焊工、窗户清洁工、拳击手、理发师、货物搬运工、切肉工和警察。有一幕来自西尔维斯特·史泰龙的电影《洛奇》，一个屠夫用牛的尸体当沙袋。百威捍卫所有用自己的双手工作的人——不论什么种族、地区和年龄。工人们被描绘成意志坚定的人，他们热爱自己的工作，并以乐观的态度对待工作。

随着系列广告的发展，广告标语变得更加鼓舞人心，但有时也会俗套而煽情："你充满力量，你是风云人物，你推动一切向前发展"和"是你让美国发展、繁盛，你是美国的支柱、希望和活力源泉，是你让美国一直前进"。百威在立场问题上，也表达了毅然决然的态度。百威向那些勤奋工作且把工作作为一种内在成就感的人致敬，向那些以乐观和坚决的态度施展技艺的人致敬。结果是，他们成就了美国，工作成就了他们。百威暗示，当工人们一起参与美国的国家事业发展时，这个国家就会兴旺起来。工人阶层陶醉于自己为国家做出的贡献，彼此结成了英雄般的兄弟情谊。一天的辛苦工作后，他们聚在一起，互相鼓劲。百威给了工人们希望，让他们认为美国会复苏，而复苏的中坚力量是技术工人。

百威的神话脚本可以归纳如下：工人是行动派，他们的才华和干劲对美国的复苏至关重要。百威向他们致敬的方式是，宣扬他们的努力勤奋和超凡技能，展示这些"幕后"工作在经济建设中发挥着不可或缺的作用。

真实的平民声音：技术精湛的工匠

百威对工作的看法与当时的经济现实截然相反。随着技术进步和全球外包，许多制造业工作被淘汰，美国向后工业社会过渡。百威将电视广告作为最佳讲坛，证明工匠公会旧有的理想仍然存在，并将复兴。为了让这些工作看起来极其重要，百威在广告中使用了戏剧化的手法，展示工人们孜孜不倦地在幕后从事着技艺精湛的工作，这些工作支撑了城市、运动队和国家的运转：

- 一名自行车工匠为美国奥运代表队定制自行车，因为"你不能用机器为奥运会运动员制造自行车。每根管子必须定制，以转移重量和传送动力。毕竟，冠军应该骑冠军车。"
- 在自由女神像周围脚手架上工作的焊工和铆工说："这瓶百威献给重塑美国引以为傲的自由精神的工人们。"
- 一个日渐衰落的工业城市的工人们克服重重困难，制订了一个让城市恢复生机的计划。"他们说这个城市完蛋了。你说：'不可能！'"
- 一名勤勤恳恳的非裔美国棒球裁判员从小联盟一路被提升到了大联盟。有一次，一位愤怒的球队资深经理人对他的判决提出质疑，但他坚持自己的立场。最后，他赢得了该经理人的尊重，并在赛后共饮百威。

百威拥护工匠工作的复兴，倡导对有挑战性的集体项目的勇敢追求。为了让人们乐观地认为，此类工作会再度繁荣，百威赞扬那些仍然存在这些价值观的职业领域。在平民世界里，20 世纪在大规模生产兴起之前，工人们一直赢得极大的尊重，因为他们把熟练的技能、无私的奉献精神和高涨的热情投入到了工作中。这些人是英雄，因为他们恪守原则、兢兢业业，为美国经济的健康发展做出了贡献。百威宣扬"工人是社会的中坚力量"的神话是完全站得住脚的，因为其母公司安海斯 – 布希长期以来一直表现出对工人的忠诚。在整个 20 世纪 70 年代，安海斯 – 布希一直宣称，作为家族企业，它致力于酿造工艺的精进。每一代布希人都把酿酒作为一门艺术，并用克莱兹代尔马作为家族遗产的象征。安海斯 – 布希默默地反对其主要竞争对手米勒。该公司由美国烟草和食品巨头菲利普·莫里斯（Philip Morris）所有，它创建米勒的目的是让自己的投资组合更加多元化。安海斯 – 布希声称，自己是个由啤酒精酿者组成的家族企业。广告中，布希家族的成员用黑白照片讲述公司的历史，自豪地记录了啤酒酿造过程，并告诉观众如何正确地倒啤酒。在整个 80 年代，安海斯 – 布希的广告都在提醒观众，百威啤酒是由工匠酿造的，这些工匠与那些狂饮啤酒的消费者没有什么区别。布希人与美国工人有着同样的价值观，因为布希人也是工匠。

魅力美学：史诗影片

《这瓶百威是敬你的》运用了史诗电影的拍摄手法，给平淡无奇的工作增添了英雄色彩。旁白缓慢低沉的男中音进一步增强了庄重感，让人想起美国国家橄榄球联盟（NFL）的精彩镜头集锦。摄像机以仰角拍摄工人，把他们拍得高大伟岸。看似平凡的工作——制造自行车、打磨金属等，都被描绘成生死攸关的大事。

百威通过旁白——就像一个老板一样，以无上的权威赞美那些喝百威的人的工作。这一角色至关重要。实际上，百威取代了美国公司的声音。当时，美国公司对工人的技能不感兴趣，强迫工人在工资上做出让步，并进行裁员。在百威的神话中，工人最终会拥有一个尊重他们的贡献、理解他们劳动的价值，并适度赞美他们的老板。

在一个工作岗位迅速从制造业转移到服务业的经济体中，《这瓶百威是敬你的》与工人们紧密联结。这些工人将百威当作他们用来面对职场不确定性的象征性盔甲的极有价值的一部分，这就是工人回报百威的方式。这个系列广告确立了百威标志性品牌的牢固地位，它成了美国工人阶层最具说服力和最为珍视的文化领袖之一。

文化干扰：对裁员的愤世嫉俗

到 20 世纪 80 年代末，美国公司在全球市场上的地位得到提升。在这个过程中，工人们做出了难以接受的牺牲：更低的工资、更长的工作时间、更严格的生产标准。绰号为"中子弹"的杰克·韦尔奇（Jack Welch）裁掉了通用电气公司（GE）25% 的员工，即超过 10 万名员工丢了工作。非管理岗位工人的实际收入减少了 10% 以上。[4]

当美国经济最终开始好转，生产力超过了德国和日本这些主要竞争对手时，美国工人认为他们应该从过去 10 年所做的牺牲中得到回报。然而事与愿违，他们等来的是企业流程再造导致的更严重的劳动力精简。美国的首席执行官们并没有再次担任家长的角色，为工人们提供生活保障，而是从组织中榨取了更多的生产力，此时他们拥有大量的股票期权，不惜一切代价提高股价。结果是，在接下来的 10 年里，所有企业都通过技术投资、工艺流程和外包给二级劳动力市场，来降低公司成本，这成了企业利润增长的主要动力。

90 年代初的经济衰退和失业式复苏，让工人最终失去了信心，并迅速放弃了他们的信念——他们的工作将会重新被人尊重、带给他们使命感。百威的英雄工匠神话被彻底粉碎。

安海斯 – 布希对这次的结构性转变反应迟钝。它孤注一掷，拖出了所有旧的象征，试图重振以工作为中心的男性集体理想。广告《美国制造》（*Made In America*）展示了在尼亚加拉大瀑布上空飞翔的秃鹰、慢动作奔跑的克莱兹代尔马、军人和站在领奖台上的美国奥运冠军。令人惊讶的是，百威的旁白承认了美国工人所处的困境：

即使我觉得没有人关心我所做的事情，我仍然会努力工作，达成目标。美国制造对我意义重大。我相信美国以及美国品质。这一瓶敬美国，我把最好的都献给了你。

百威通过这个广告宣告：美国公司不再关心它们的工人，假装它们仍然关心工人是毫无意义的。然而，有荣誉感的男人应该继续努力工作，因为他们是爱国者。也许安海斯－布希认为，海湾战争足以激起爱国情绪，但赞美"美国制造"似乎只是提醒百威消费者，工作岗位正在不断地被转移到海外。越来越多的沃尔玛上货员只能愁容以对。

传统品牌塑造试验的失败

由于工匠神话失去了吸引力，安海斯－布希开始试验替代品。在随后的 7 年里，品牌团队一直在努力创作一个能引起共鸣的新系列广告。然而，品牌团队并没有重塑百威的神话，而是回到了传统的心智占据和病毒式品牌塑造模型。这个团队想出了各种各样的创意，尽管这些创意符合品牌塑造手册上的每一个要点，但并不奏效。

品牌精髓。品牌团队首先把希望寄托在一个名为"什么都比不上百威"（Nothing Beats a Bud）"的系列广告上，该方案抛弃了对工匠工作史诗般的描述，而是试图重新使用百威在 20 世纪 70 年代的品牌塑造策略。广告用蒙太奇手法展示了"典型"的美国情景：在小镇里慢跑，一个理发店，一个女大学生挥舞着她的毕业证书，穿着军装的年轻人，一个洗车的男人露出他的肌肉，一些牛仔，看球赛转播的男人们，一个聋哑妇人用手语说话，一个女人在飞吻，一个女人拥抱着一个男人，当然，广告还有几秒钟献给不知疲倦的克莱兹代尔马。这个将各种美国各种情景拼接在一起的广告旨在传达百威的品牌精髓，即美国的经典男子气概。激动人心的歌词将观众带回到了 70 年代：

敬美国，敬它的强大，敬它的坚韧。

你付出所有，我们把最好的送给你。

没有比我们最好的百威更好的。

什么都比不上百威。

我们干杯，并同"啤酒之王"欢呼。

什么都比不上百威。

我已看尽潮涨潮落、人生百态。

展示出你的本色。什么都比不上我们。

什么都比不上百威……

（美国最好的啤酒）

再谈品牌精髓。第二个系列广告尝试了同样的想法，再次突出了百威的 DNA，但创意不同（这一次更好）。由于百威在美国男性工人中获得了成功，它的主要品牌联想包括"美国""男子气概""经典"和"工人专享"，因此，在"从未改变，这瓶百威是敬你的"（It's Always Been True, This Bud's for You）系列广告中，品牌团队将百威呈现为为美国真男人打造的经典产品。其中一个广告告诉观众，百威是美国人熟悉的经典品牌，就像蓝色牛仔裤、棒球和漂亮的金发女郎一样（模仿 20 世纪 80 年代著名的雪佛兰广告，但没有使用苹果派）。另一个广告取景于车库，一些人正在修理他们老旧的、有收藏价值的古董车。他们发生了口舌之争，争论有史以来最经典的汽车品牌和型号。广告试图说服观众，百威进入了"名人堂"，成为美国文化的代表之一。

猎酷。其他广告试图将百威融入流行文化的潮流，让百威品牌更具相关性。这包括一系列把百威和流行文化放置在一个场景的广告，如非裔美国人的说唱音乐和百威。广告《拍卖》的场景设置在中西部农村，一个说唱乐队正在进行巡回演出，但是他们的大巴在前不着村后不着店的荒野爆胎了。乐队成员穿过一片玉米地寻求帮助，却在一场牲畜拍卖会上偶遇一群农民。乐队成员认为拍卖师"知道如何销售，但没有节奏感"，于是他们接手了拍卖会。灯光暗了下来，电唱机出现了，乐队成员一边打碟，一边跟着音乐节奏说唱了一段典型的拍卖行话。这个广告以一句饶舌结尾："呦！卖牛的！百威！新鲜！"（Yo! MC Cowseller! Bud! Fresh!）

口碑营销。 最后，安海斯－布希炒了达美高（D'Arcy，为百威服务时间最长的广告商，服务了三十多年）的鱿鱼，并把业务交给了芝加哥恒美，恒美已为百威淡啤做了一些突破性的工作。具有讽刺意味的是，达美高在失去百威这个大客户之前，做的最后一个广告也是多年来第一个受到瞩目的广告。《青蛙》（*Frogs*）的场景设在黑暗沼泽中的一个小木屋酒馆外，三只机械青蛙在蟋蟀"啾啾"的背景音里"呱呱"地聒噪。当观众等待下一幕上演时，"呱呱"声变成了品牌宣传。青蛙叫出的实际上是"百""威""呃"。

恒美继承了这个点子，并制作了一系列青蛙广告，这些广告至少让观众觉得好玩，愿意谈论。这些广告是讨喜的、诙谐的笑话，青蛙们也确实带给了观众笑声。不幸的是，这些广告对百威建立认同价值并没有起到什么作用。恒美试图将这个概念延伸应用到与百威聚会的蚂蚁和偷啤酒的淘气龙虾，但就像《青蛙》一样，这些广告没有对最重要的品牌塑造做出贡献。口碑效应对百威啤酒的价值影响不大。

"蜥蜴"

就在安海斯－布希试图用传统品牌塑造方法重振百威却劳而无功时，一个巨大的新的懒汉神话市场出现了，在前文关于激浪的描述中已经提到。百威重整旗鼓的前提是：创造一个新的懒汉神话，这个神话是说给那些对"男子气概取决于终日辛勤"的观点持强烈怀疑态度的男人的。

"蜥蜴"的神话脚本

百威的"蜥蜴"系列广告是那十年最有效、最持久的品牌塑造行动之一。这些广告在电视上播出了四年，接着又作为广播插播广告继续播出了好几年。"蜥蜴"背后的创意看似很简单。安海斯 – 布希在播放《青蛙》广告两年后，为了扩大这一广告的影响，选用了另一家广告公司——Goodby Silverstein&Partners 的作品。这家广告公司提出了一个异想天开的想法：沼泽里住着一只嫉妒的蜥蜴——路易，它想除掉沼泽里出名的青蛙。路易和他的蜥蜴朋友弗兰基在青蛙所在沼泽的边缘顾影自怜。路易想在百威广告中担任主角，似乎已准备好不惜一切弄死对手青蛙，取得这个机会。弗兰基是一个精明且厌世的朋友，它安慰路易，试图控制住路易的野心。

所有的行动都集中在这两个所谓的旁观者身上，它们一直在观察，无心参与周围发生的事情。就像《宋飞正传》(Seinfeld) 一样，"蜥蜴"没有主题，没有复杂的故事，却大获成功。此外，"蜥蜴"也是模仿《宋飞正传》的剧情——这些广告是关于广告是如何制作的。

"蜥蜴"系列广告非常有趣。与《青蛙》无厘头的愚蠢相比，它的幽默在品牌塑造方面要有效得多，因为这种幽默是基于对工作的辛辣讽刺。为了理解这种讽刺是如何起作用的，我们必须仔细分析这些广告，知道这些广告为什么能带来笑声。

故事情节围绕着路易对青蛙的明星地位的强烈嫉妒，以及它堂吉诃德式的取代青蛙的使命展开。在同弗兰基说笑时，路易透露出对那三只青蛙的不满，因为它们出演了广告，成了大明星，还赚了很多钱：

路易：我无法相信它们居然选了青蛙出演广告！我们的试镜堪称完美。我们做了表情和姿势（对着摄像机摆姿势），我们也秀了舌头（伸出舌头）。

弗兰基：青蛙能卖啤酒，就是因为这个。这是营销的头条定律。

路易：百威蜥蜴。我们可能会一炮走红。

弗兰基：我们还会有其他试镜机会。

路易：真的吗？哪个品牌呢？这可是百威呀，兄弟。这可是个大户。那些青蛙要为此付出代价。

弗兰基：算了吧，路易。算了吧。

路易嫉妒得要命，幻想着暗杀青蛙。在"超级碗"期间的一个广告中，路易雇了一只雪貂去切断悬挂在酒吧门口上方的百威电子招牌的支架。雪貂爬上了招牌，路易在一旁注视着，暗自希望雪貂能完成破坏招牌和电死青蛙的任务。"我不是电工，但那一定很危险。"路易说，显然是装出一副担心的样子。招牌掉了下来并向沼泽发送电流，青蛙触电冒烟并发出"嘶嘶"声。路易的梦想似乎终于实现了。他幸灾乐祸地说："弗兰基，每个青蛙最终都要发出"嘶嘶"声。"然而，出乎他意料的是，青蛙们居然躲过了暗杀，大难不死。心烦意乱的路易只能策划更丑陋的阴谋来摆脱青蛙，并抢走它们的风头。

更令路易懊恼的是，安海斯－布希聘请了这只雪貂做代言人，尽管它只会"吱吱"乱语。路易恼羞成怒，狂批雪貂明显不够资格。一直对路易的情绪有重大影响的弗兰基认为这只雪貂确实有成为明星的潜力。根据弗兰基的说法，戴着贝雷帽的雪貂看起来"像一位著名的法国导演"。路易气疯了。

广告播放多年之后，路易最终如愿取代了一只青蛙。但即便如此，路易也不是大牌。青蛙们透露出它们其实是会说话的硬汉，并开始用它们长长的舌头抽打路易，作为对路易多年来对它们的嘲笑的报复。

路易追求虚荣这一悲剧的高潮是，它竞选沼泽总统。但它的对手——一只乌龟，乌龟编写了一套令人印象深刻的竞选纲领，其中包括一系列宣扬路易不堪的过去的广告。路易输了选举，不得不又一次坐在树枝上，看着其他机械动物享受功名利禄，自己却忍受痛苦。

路易代表工人阶层的声音，他们被竞争异常激烈的美国劳动力市场所吸引，在那里，获胜者都成了名人。他们渴望在经济和文化发达的地区，如洛杉矶、硅谷、华盛顿特区还有纽约，分得一杯羹。然而，在这一过程中，他们变得神经质，变得孤芳自赏。

弗兰基用懒汉的精神和冷静超脱的姿态对待路易。它很乐意在自家的后院——沼泽里闲逛，并对外面的世界冷嘲热讽。弗兰基明白比赛的规则，它不愿意卷入一场明知赢不了的比赛。通往名利的大门已经关闭，为什么还要自找麻烦呢？最终，唯一合理的选择便是作为旁观者，不对游戏投入感情。

路易的被动攻击行为很好地抓住了属于那些很难看到辛勤工作、献身于专业技艺与得到社会尊重之间的因果关系的男性的新时代精神。他们同情路易为在新体制中取得成功所做出的努力，对它一次又一次失败的痛苦感同身受。路易无法抗拒成为明星的诱惑，这成了黑色喜剧的素材。但最后，他们知道弗兰基是对的。他们喜欢弗兰基愤世嫉俗的世界观：袖手旁观，轻松以对，一笑置之。一个人可以通过坚持自己不参与游戏的权力，直接拒绝游戏的规则，而获得懒汉的男子气概。

"蜥蜴"之所以能吸引观众，是因为它用讽刺的手法让美国男性面对一个难以直面的观念。他们在放弃老一套的所谓的男子气概的同时，也在寻找新的立足点。"蜥蜴"揭示了一个简单的事实：你不是英雄，因为这个社会不会让你成为英雄。那又怎样呢？至少没有压力了。接受你所处的荒谬处境吧！放轻松，好好享受吧。

"蜥蜴"系列广告的神话脚本可以总结为：今天只有傻瓜才通过追逐美国梦、攀登成功的阶梯来赢取尊重。现在唯一的选择是退出行动派的游戏，欣赏这出戏，嘲笑那些被牵着鼻子走，陷入无休止的竞争的人。

魅力美学：喜剧演员和儿童动画片的结合

"蜥蜴"是对美国社会的讽刺。就像许多伟大的讽刺作品一样，该系列广告把情景定在别的时空，这样故事就可以在不疏远观众的情况下戳破人们所珍视的信仰。延续使用《青蛙》广告的布景设计和机械动物，让观众想起了迪士尼和皮克斯的动画片，而非广告。然而，这些蜥蜴绝对不是一般的沼泽动物。它们的谈吐让人想起"波希特带"⊖的喜剧演员的嬉笑怒骂，

⊖　Borscht Belt，美国纽约上州的一个夏季度假区地带。——译者注

他们能用一句话逗乐全场；或者让人想起纽约布朗克斯区（Bronx）的意大利老人，坐在自家门口自怨自艾。

　　将讽刺的语句塞入机械蜥蜴的身体里，这些蜥蜴的嘴笨拙地配合台词一张一合。百威用娱乐的方式，诱使观众产生在别的情境下可能是禁忌的想法。这些傻乎乎的机械动物得到允许，可以说出令人痛苦且非常私密的事实。

从少数族裔文化中寻找真实性

　　"蜥蜴"系列广告利用了少数族裔的平民世界，它远离中产阶层劳动力市场的规范。这一选择具有原创性和说服力。但是，百威多年以来一直为企业摇旗呐喊，如何让观众接受它的这个转变呢？

　　平民世界的真实性可以通过说平民世界的行话以及对其价值观的长久忠诚中来获得。当时，百威缺乏支持移民愤世嫉俗观点的威信。毕竟，百威的标志性品牌地位是通过激励男性继续奋斗，为公司和国家努力工作而获得的。因此，要想改变立场，从一个赞美努力工作的神话转变为一个嘲笑它的神话，百威不仅需要进行超乎寻常的表演，以证实其真实性，同时还必须表示悔悟，放弃自己的旧观点。

　　"蜥蜴"看起来像自虐式广告。这些广告似乎是在猛烈抨击安海斯－布希来之不易的声誉。按照传统的标准，这个系列广告对公司不敬的态度是不合逻辑的。路易不断嘲笑安海斯－布希管理层的营销决策："你听到他们写的剧本了吗？百－威－呃。简直太有创意了！这些广告人太傻了。"它取笑安海斯－布希在这些广告上花了多少钱。这些广告几乎亵渎了百威在过去50年里所倡导的一切：成功人士的英雄品质、勤奋工作和对公司奉献以及对安海斯－布希的敬意。

　　这些广告甚至攻击了百威的其他广告。当"干吗呢？！"（Whassup？！）系列广告开始流行起来时，路易不改本色地大加质疑，还故意用饶舌的方式模仿广告词。路易甚至嘲笑了奥格斯特·布希三世（August Busch Ⅲ）的广告。在广告中，这位百威董事会主席讲述了其家族的酿酒史。路易模仿奥格斯特标志性的结结巴巴的说话方式，用史诗般的语言风格讲述了沼泽主人的祖先和沼泽的历史。

　　许多广告嘲笑了广告的商业幻想，其中最突出的例子包括大众汽车的老广告、劲量兔子（Energizer bunny）、斯派克·李（Spike Lee）的耐克广告、五十铃（Joe Isuzu）、小凯撒比萨（Little Caesar）和雪碧的"服从你的渴望"（Obey Your Thirst）。但只有"蜥蜴"有胆量给生产该产品的公司一记重拳。"蜥蜴"是一种公然的反抗行为，百威抛弃了它向来歌颂男人辛勤工作的立场，也放弃了它至高无上的权威——那个将所有喝百威的人加冕为王的权威，转而扮演了一个卑微但更有价值的角色——一个懒散的知己。对百威来说，如果想让消费者信服它的角色转换，唯一的方法是和它的前身一刀两断，完全划清界限。

文化权威和政治权威的力量

　　标志性品牌拥有自己的神秘领地，其他品牌无法触及。当新晋品牌试图侵入标志性品牌的叙事领域时，消费者会抗拒新品牌，认为它不真实、不够原创。在很多年里，当激浪抢占可口可乐的市场份额时，可口可乐的高管只能嫉妒看着。后来，可口可乐再也无法忍受这种情况，于 1996 年推出了大浪（Surge）。李奥贝纳推出了巧妙的系列广告宣传这款模仿激浪的软饮料，广告传递了懒散的男子气概隐喻，并得到了一个针对男性青少年的巨额广告基金的支持。青少年曾一度对这个品牌有了好感，但很快就厌倦了。在不到两年的时间里，Surge 就被遗忘了。为了打压主要竞争对手，可口可乐浪费了数亿美元。激浪拥有懒汉版的野人，其品牌的权威性是毋庸置疑的。大浪是一个没有可信度的入侵者。可口可乐不理解像激浪这样的标志性品牌是如何运作品牌资产的，于是错误地试图抓住激浪神话的末班车，而非超越激浪，去寻找新的文化机遇。

激浪对品牌资产的有效展示是标志性品牌的典型做法。顾客很乐意继续购买他们喜欢的标志性品牌，即使有具有吸引力的竞品参与竞争，顾客也愿意为标志性品牌支付溢价。是什么让激浪如此具有吸引力，让它的顾客轻易抵制了大浪呢？激浪的品牌资产并非典型的心智占据品牌塑造模型所定义的资产：拥有独特的品类联想。[5] 标志性品牌之所以有价值，是因为消费者指望品牌演绎神话，缓解他们生活中的严重焦虑。消费者并不关心品牌是否同某些形容词挂钩，他们关心的是品牌是否能帮他们解决认同问题。品牌的资产来源于人们一直以来对品牌神话的依赖。如果一个品牌的故事曾经提供了认同价值，那么人们就会认可这个品牌在将来讲类似故事的权威。

只有当我们理解了公司和品牌在与消费者的对话中扮演的两个截然不同的角色时，我们才能理解这种自我牺牲是如何推动百威的认同价值的。多年来，百威和安海斯–布希一直口径一致，它们像一个权威的、以成就为导向的人物，这个人为自己的成就感到自豪，并试图用自己的权力给啤酒饮用者罩上光环。现在，这种模式在百威的消费者中已经失去了可信度，那么品牌所面临的战略挑战就是：如何用一种令人信服的方式，抛弃旧立场，重新站在政治分歧的另一边。

安海斯–布希的战略默许百威恣意妄为，像巴特·辛普森（Bart Simpson）那样攻击它的母公司。通过对母公司进行恶意攻击，百威顺利加入了做同样事情的百威消费者的队伍。同时，安海斯–布希并没有因此遭到重创。观众很清楚这一切都是虚构的，他们赞赏安海斯–布希的幽默、坦率。他们尊重这家公司，因为该公司愿意沦为笑柄，理解他们对新经济体系的敌意。[6]

"干吗呢？！"

通过"蜥蜴"，百威再度建立了自己与工人阶层男性的焦虑的紧密联结。品牌通过承认并回应其消费者所面临的社会经济变化，重新赢得权威。然而，弗兰基的解决办法，即坐在最不起眼的角落默默地观察，并不令人满意。百威仍然需要一个更积极的神话，一个男人可以团结起来的理想世界。作为对"蜥蜴"的补充，恒美在 2000 年推出了"干吗呢？！"系列广告，刚好补上了这一缺失。

"干吗呢？！"的神话脚本

"干吗呢？！"补上了"蜥蜴"缺失的部分。这一系列广告的第一个广告《对》（*True*）把新的百威男子气概神话引入到了"蜥蜴"留下的空缺里。《对》是长篇故事的第一章，展示了一群童年的伙伴（30 岁左右，显然是单身的非裔美国男子）是如何社交的。开场镜头是其中的两个人各自在自己的公寓里，手拿百威啤酒，看着电视上的比赛。电视画面在他们的脸上若隐若现。两个男子都拥有极致的"沙发土豆"[⊖]精神，即约会对象是电视上的体育比赛，喝百威已经成为习惯。

其中一个留着大号爆炸头的男子身着背带裤（我们就叫他"背带裤男"吧），瘫坐在舒服的沙发上，给朋友打了个电话。虽然他在比赛日穿得很随意，但显然他是一个自立的、体面的成年人。背带裤男的朋友雷身材修长，剃着光头，胡子修剪得很整齐。他在这个周末的下午也同样百无聊赖：百威、沙发、赛事转播。电话一响他就接了，他的反应表明，虽然他对这次谈话并不感到兴奋，但还是希望有人打电话给他，给他一个活下去的理由。

两个人用非裔美国人的口音互相问好，意在表示没什么特别的事。

背带裤男：干吗呢？！
雷：什么都没干，兄弟。

两个人都承认自己没什么事干，这对大多数观众来说不足为奇，因为

⊖　couch potato，指什么事都不干，只坐在沙发上看电视。——译者注

观众从广告的氛围就能够感受到。

雷的室友——运动衫男，穿着一件亮黄色的橄榄球衫走进背景里的小厨房。他举起手，对着雷比画了一个夸张的手势——"干吗呢？！"，雷则夸张地回了一个同样的手势。

电话另一端的背带裤男听到他们的对话，突然来了劲儿，欢乐地问："喂，那是谁？"

眨眼间，运动衫男拿起了厨房电话分机，三个人高兴地交换了一轮"干吗呢？！"的问候。运动衫男打断了问候，问起背带裤男的室友："杜基在哪儿？"

背带裤男说："喂，杜基！"于是一个剃着光头、像泰迪熊一样、坐在电脑前的大块头男子拿起了分机。比起他的哥们儿，他要低调和严肃得多，他似乎在勤奋地工作。他轻轻地回了一句："嘿。"

运动衫男冲着电话以最热烈的语气大喊了一声："干吗呢？！"然而杜基却用他独有的、低调的、有点酷的、拖长的男中音回了一句："干吗呢？！"

又一轮打招呼开始了，每个男子都用自己的方式对着电话喊"干吗呢？！"，每个男子在说话时都在点头，舌头吐得很长，快要碰到下巴了。

这个"干吗呢？！"大合奏演变成了集体的大笑，然后又发生了一个插曲。厨房里运动衫男身旁的对讲机响了，他接起对讲机。下一幕是一个穿着皮夹克的男子抱着六瓶啤酒站在公寓楼的门口。他对着对讲机，用自己独特的方式喊："干吗呢？！"

男子们又开始了一轮充满激情的"干吗呢？！"，然后突然停止了，就像燃料没了，火熄了一样。

运动衫男挂了对讲机，走到门口，让抱着六瓶啤酒的客人进来。杜基挂了电话，重新专注于电脑屏幕。背带裤男和雷回到了最初的状态，盯着电视上的比赛。就像什么都没有发生一样，他们又重新展开日常对话，这些对话可能已经进行过千百次了。

背带裤男：干吗呢？

雷：什么都没干，兄弟。坐着，看比赛，喝百威。

　　就像之前的对话以及其他无数次的对话一样，他们点点头，重复说："对，对。"一张画有百威标识的黑色卡片引出了广告标语："对。"

　　最后的镜头让观众了解到到底发生了什么。背带裤男给雷打电话并没有什么特别的事，他只是想和他的朋友分享无聊时光。无所事事的状态是这些人生活的中心，甚至是深刻的一部分。这是他们建立亲密关系的一种方式，他们不用任何言语就能表达彼此间的深厚感情。他们无须多言，因为他们以同样的方式体验这个世界，这种方式是他们多年相处而建立起来的默契。看比赛和喝百威把这群男子凝聚在一起，成为他们友谊的基石。

　　随后播出的几个广告将"干吗呢？！"变成了一个迷你剧，就像之前的《宋飞正传》和"蜥蜴"一样，剧里其实没发生什么事。广告场景还是在相同的公寓，并使用了相同的拍摄角度，演员穿着相同的衣服。这就是他们的生活。他们看体育比赛，喝百威，聊天，尽管话不多。这五个人除了互相打电话，还开一个他们可能已经开了千百次的内部玩笑，找不到任何其他事情来打发时间。剧情仿佛在请求观众解释发生了什么。迷你剧继续推进，有一集讲的是"干吗呢？！"中的兄弟们与他们小团体之外的人发生了冲突，于是更多的线索出现了。

　　"干吗呢"不属于女人。在"干吗呢"的世界里，生活围绕着对最亲密的朋友圈的忠诚展开。"干吗呢"是一个男性俱乐部，几乎是不能容忍女朋友的存在的。我们在这个系列广告的任何一集里都没有看到妻子。男子们的所有其他关系和承诺都要遵从于哥们儿的兄弟情。一些最有趣和最具战略有效性的"干吗呢？！"广告利用了哥们儿的兄弟情和女朋友之间的冲突。

　　在《女朋友》(*Girlfriend*)广告里，杜基和他的女朋友偎依在沙发里。杜基在女朋友家，所以电视上播放的是花样滑冰。这个节目让杜基的眼神开始游离，然而他的女朋友却激动不已，眼泪已经在眼眶里打转，还紧紧地抓住杜基的胳膊，好像努力不让情绪失控一样。这时电话响了，杜基冷静地接了电话，电话另一端的朋友们一起喊道："干吗呢？！"他的三个朋友在酒吧看比赛，很想念杜基，于是把电话打到了他女朋友家。杜基尽可能热情地做出回应。他转头背对着女朋友，小声地说了一句："干吗呢？！"，他希望女朋友不要听到。不幸的是，他的努力并没有让他的兄弟们确信他仍然是小团体的一员。兄弟们知道杜基很低调，但不至于这么低调。

杜基察觉到他的兄弟们对他失去了信心，于是从女朋友的手中挣脱出胳膊，转过身去，好像这样就有可能让兄弟们相信他仍然站在他们这一边。他告诉他的兄弟他在看比赛，喝百威。他的兄弟还没来得及做出反应，他的女朋友就拆穿了他的谎言。"就这样，就这样！"当解说员描述一个滑冰运动员的绝妙动作时，她尖叫了起来。杜基仍然背对着女朋友，皱起了眉头。他不想解释她的声音。酒吧里的兄弟们听到了尖叫声，一改平常调侃的语调，严肃地问道："你在看什么比赛？"至此，他们很难相信杜基在看比赛。镜头回到沙发上，杜基女朋友的尖叫声变得更大。杜基只能皱眉闭嘴，希望兄弟们的误解不会让他遭到冷遇。

这个笑话很有效，因为"干吗呢"仪式是一个展示这些朋友如何不断地确认对彼此的承诺的聪明方式。这帮兄弟非常关心杜基是不是看他们认为他应该看的比赛。杜基迫切地想巧妙地周旋在两个相互竞争的承诺之间，希望鱼和熊掌兼得。他的困境让观众捧腹大笑。

与此相似，在《女孩入侵》（Girl Invasion）中，这几个兄弟在观看一场明显很重要的比赛。与他们之前的"沙发土豆"习惯不同，这一次他们积极地投入到这场特殊的比赛中。杜基的女朋友坐在他的一条粗壮的大腿上。当兄弟们激动地击掌庆祝这场伟大的比赛时，杜基的女朋友被推来搡去，他们好像已经忘记了她（女孩）的存在。这时对讲机响了起来，兄弟中的一个人接起对讲机，一群女人尖叫起来："干吗呢？！"兄弟们都感到很困惑，显然，他们并没有邀请其他客人，也没有邀请女性来观看比赛。他们互相问对方是否邀请了别人，每个人都耸肩表示否认。杜基的女朋友狡黠地笑了笑，众男子齐声哀鸣。杜基感到羞愧，低下了头。运动衫男站在打开的公寓门口，女孩们一拥而入，把外套扔给他，尖叫着去拥抱杜基的女朋友。

下一个镜头，他们都挤在客厅里，还在看比赛。男人们脸上苦笑和忍耐的表情清楚地告诉观众，他们在默默地忍受这一切，无论哪个球队获胜都无法改变这一局面。其中一个女孩站在沙发后面，指着电视说："哦，他长了个大脑袋，看看他的头！"镜头切换为黑屏，上面写着"对"。在旁白里，还是那个女孩尖叫道："34 号！"杜基沮丧地哀号："天哪。"

这两个广告都基于"干吗呢？！"，这句问候是进入共同世界观的关键，而不仅仅是一句流行语。杜基不能在他女朋友面前喊出这几个字，因为这几个字是兄弟团结的标志，在她面前说这几个字是非常不合适的。虽然他们的女朋友可以模仿这句话，但她们既不知道也不关心它背后的含义。她们漫不经心地、鲁莽地使用这句话，让男人们感到尴尬。这些男人捍卫这句话的使用方式和内涵，证明了他们的圈子是一个仅限男人的俱乐部。

"干吗呢"不属于专业人士。"干吗呢"是一个为工人阶层服务，而不是为专业人士和老板服务的俱乐部。Goodby Silver stein&Partners 广告公司为恒美的系列广告提供了一个点子：在《你在做什么？》（*What Are You Doing*？）里，男人喝进口啤酒，尤其是喜力，他们被描绘为百威精神的对立面。三个年轻的华尔街人士或硅谷专业人士，具有讽刺意味地代替了之前广告中的非裔美国人。其中一个雅皮士是印度人，他刚从网球俱乐部回来，手里还拿着网球拍。他代表了来自孟买、德里甚至首尔的新移民，他们赶上了上一次的高科技浪潮，从而加入了美国的精英队伍。他们的开心快乐仿佛与生俱来。三个人都穿着常春藤盟校的制服，这是 20 世纪 80 年代典型的学院风着装：花哨的格子呢，硬的高尔夫球衫领从另一件衬衫下面伸出来，再加上一件毛衣，毛衣可以正常穿，也可以随意地披在肩上。

与《对》的成员形成鲜明对比的是，这些人说的是英式纯正英语，用"你在做什么？！"取代了"干吗呢？！"。坐在沙发上的那个人不是"看比赛，喝百威"，而是"看市场行情，喝进口啤酒"。雅皮士们不再用"对，对"这种嬉皮士的回答，而是彼此回答"这是正确的，这是正确的"。当印度男子从厨房进入镜头时，他的朋友让他接起无绳电话。他接起电话，用印度口音热情地喊道："你在做什么？！"接下来发生的事情与那几个非裔美国兄弟之间发生的一样，只不过换成了这些当上初级主管的精英人士的习惯和措辞，甚至表达得更夸张。这些人呆板得让人难以忍受，没有一点儿即兴的技巧。他们在社会中是"干吗呢"兄弟的对立面。

这出恶搞狠狠地抨击了那些仍然在美国企业界寻求身份认同和团结的人。这个广告提出，喝进口啤酒的男人通过工作获得满足感，并将全部精力投入到职业生活中。然而结果是，他们与社会格格不入，他们对流行文化一无所知，也与流行文化毫无关联。他们已经习惯公司里机械化的人际交流，所以无法即兴对话。他们根本不理解"干吗呢？！"，所以只能鹦鹉学舌。他们把这句话当作电台近期评选出的最热门的40句话之一，或者一种很酷的时尚。他们以为说这句话就可以让别人对自己刮目相看，认为他们很有街头智慧。事实证明，对于那些专注于公司竞争、已取得成功的专业人士来说，围绕一句简短的俚语产生的紧密团结是完全让人捉摸不透的。

最后一个广告是最初说"干吗呢"的两个男子坐在皮沙发上。他们看上去很困惑，甚至有点儿被冒犯。他们刚才在电视上看到了同样的雅皮士百威广告。观众同他们一起嘲笑雅皮士，同时认为自己比起年轻的专业人士，更善于交际，也更得体优雅。进一步说，观众在看到自己与"干吗呢"兄弟的联结以及他们与精英专业人士的分裂时，肯定会备感愉悦。

"干吗呢"只属于那些真正拥有兄弟般友情的男人，这种社交关系只会在那些远离尔虞我诈、你死我活的中产阶层工作，一起消磨"高品质时光"的男人之间存在。尽管女人和专业人士非常想加入"干吗呢"兄弟会，但他们只把它理解为一种浮于口头的俚语代码，而非建立在多年共同经验基础上的一种深层次的亲密关系。这种性别和阶层的排他性，造就了"干吗呢"的可信度，是对工人阶层男子气概的"对"的表达。

"干吗呢"还扩展到了另一个叫作《芥末》(*Wasabi*，发音与"Whassup"

类似）的广告。杜基是这个广告的主角。他又跟女朋友在一起，但是这一次是在一家日本寿司店。观众只能看到女朋友的背影。日本侍者送上食物，然后在他们的桌子上放了一小盘绿色的芥末，并例行公事地说："芥末"（Wasabi）。杜基苦笑着重复"芥末"，音调有点儿像"干吗呢？！"。侍者无辜地点了点头说："芥末。"杜基又重复了一遍这个词，这次更加重了"干吗呢？！"的兴致。侍者依然对杜基的打趣没有反应，又重复了一次"芥末"。

　　广告背景中，寿司店的厨师们（人们对他们的刻板印象是他们都渴望齐声喊出顾客听不懂的话）举起了他们的刀，大喊："芥末!"杜基马上加入了这一阵容，他摆动着舌头，好像在和他的"干吗呢"兄弟们在一起扮傻出洋相，这更激起了厨师们的热情。这一出"戏"循环往复，音量越来越大，杜基和日本男人之间的情谊迅速升级，而这一切都源自对一个短语的即兴发挥。此时，杜基的女朋友终于受够了，她用手敲着桌子，就像法官敲打小木槌一样，力气大得足以把盘子弹走。杜基立即识相地中断了他幼稚的游戏。

　　这个广告之所以奏效，是因为它瞄准了百威所推崇的工人阶层之间的天然纽带，同杜基与女朋友的关系之间的冲突。女朋友说服杜基带她出去吃晚餐，终于把他从他的"干吗呢"兄弟那里拖走。但是在这里，一个在文化上同非裔美国人的距离更远的地方，杜基同这些人立马建立了联结，这让她完全无法理解。她觉得这件事既无趣又不值得参与。

　　《芥末》以一种巧妙的方式表达了即使互不认识，工人阶层男性也能本能地分享一种独特的男性亲密感。这基于他们对自己在这个世界上所处位置的共同认识。当你身处这个位置，便无须多言。此外，广告展示了一些工作场所依旧容许将"干吗呢"式的生活乐趣融入工作中。寿司店的厨师是向顾客展示自己劳动成果的工匠。与歌颂工匠英雄主义的旧百威神话不同，《芥末》中的百威神话呈现了新的百威理想。现在，工作场合只是很多场合中的一个，而在这个场合里，男人可以在即兴乐趣中找到亲密感。

　　在"干吗呢"的世界中，朋友们围绕他们的秘密代码创造亲密感，这个秘密代码就是一句问候的不同表述而已。他们是莫逆之交，只要哼一声、哈一句，就可以表达所有需要表达的内容。不同的音调不仅反映了他们不同的个性，同时也表达了情境所需的各种情绪。这是一种男人之间特有的交流方式，三言两语就表达了所有想说的话。

当男人们难以在他们所做的事情或对社会的贡献中得到支持和肯定时，他们应该去哪里寻找呢？"干吗呢"给出了一个朴实但肯定的回答。在这种世界观中，男性不需要以士兵、运动员、牛仔为榜样，甚至不需要以在自由女神像上工作的勇敢焊工为榜样。男子气概在于与朋友分享爱、相互忠诚和亲密。"干吗呢"把对懒汉的轻蔑、嘲弄转化成一种意义深远的东西。男人自尊的重心最终源于一个联系紧密的男性朋友圈。

"干吗呢？！"的神话脚本可以总结如下：今天，男人们通过聚在一起获得兄弟情谊和亲密关系，创造他们用来彼此沟通的秘密代码。他们不能依靠工作上的成功来赢得尊重，因为英雄式的努力不再得到回报。所以，自我认同必须由亲密朋友之间的情谊滋养而来。

从城市非裔美国人那里获得真实性

安海斯－布希将"干吗呢？！"的故事背景设置在同以前的神话几乎完全相反的社会场景里。在《这瓶百威是敬你的》广告中，百威歌颂在"大熔炉"里工作的美国男人，正是因为他们默默无闻地工作，美国才能正常运转。百威的英雄们可能住在城市、郊区或者农村，他们可能是黑人、白人或者西班牙裔人，他们可能在制造业或者服务业工作。非裔美国人通常只是出现在人口统计报告中，未能在社会中发挥战略作用。相比之下，非裔美国人的生活却是"干吗呢！？"的中心。百威的平民世界被重新塑造为单身、住在城市的非裔美国人的休闲生活，广告突出他们的生活方式和语言模式，以保证有效性。

20世纪50年代的"垮掉的一代"的美学源于对城市黑人颓废派（black hipster）的原始感性和时尚敏感度的崇拜。从那时开始，非裔美国人贫民区以及单身、住在城市的黑人成为美国人创作神话时最有力的平民世界之一。

城市的黑人文化的特征是颓废和自由，而白人中产阶层男性代表了专业人士和管理人员生活，古板又保守。

　　城市黑人发展出了一种对抗种族歧视的、极具讽刺意味的反主流文化。白人认为这些人成功地摆脱了美国国家意识形态带来的压力，正是这种压力迫使人们屈从于一致性和工具性。因此，对于白人男性来说，城市黑人成为代表叛逆的男子气概神话的完美平民世界。近几十年来，美国中上阶层精英中包括了非裔美国人。他们和白人一样，对美国的意识形态坚信不疑。然而，在这个国家的文化想象中，黑人仍然更有能力逃离枯燥的日常工作，创造他们自己的文化和乐趣。

　　"干吗呢？！"展示了五个非裔美国人，观众搞不清他们是做什么的，似乎既不是蓝领也不是白领。只有杜基显然与坐办公室的工作有些关联。然而由于他们的口音，观众认为这些人在城市的黑人社区长大，尽管他们已经是自食其力的成年人，却仍然沉浸在嘻哈文化中。在他们的圈子里，每个人都有自己版本的黑人方言，"干吗呢，兄弟"（Whassup, B.）和"对"（true）都是非裔美国人的地道的口语表达。"干吗呢"这个习语至少从 20 世纪 20 年代就开始在黑人城市文化中流传。喜剧演员马丁·劳伦斯（Martin Lawrence）在百威广告推出之前就时常抛出"干吗呢"这个表达。就像"phat"（很酷）、"in-the-house"（到了）和"word"（没错）一样，年轻的白人男性也尝试过这些表达方式，借用那些与黑人男性有关的叛逆态度。"干吗呢？！"给了白人机会，让他们能够了解黑人颓废派的日常生活以及他们的互动方式。

　　对于那些成长在由城市非裔美国人主导的流行文化中的年轻一代来说，把黑人当作神话人物是司空见惯的事。但对于 40 岁以上的百威饮用者，尤其是居住在远离大城市的男性，广告激起的反应呈现严重的两极化。年纪较大的百威白人饮用者起初不喜欢"干吗呢？！"广告，他们的投诉电话不断涌入安海斯 – 布希的客户服务中心。在这种情况下，也许许多营销人员会撤下这些广告，但安海斯 – 布希的高管们却按兵不动。他们决定减小广告的媒体覆盖面，看看形势会如何发展。几个月后，广告在年轻的观众中引起了强烈共鸣，年长的观众只好屈服于逐渐形成的共识。当公司再次对年长的白人饮用者进行调研时，他们的观点发生了大反转。"干吗呢"兄弟最终还是很受欢迎的。

这场对抗表明了标志性品牌所编写的神话的一个关键属性。这些神话引领文化，而不是模仿文化，因此它们必然会采取挑衅的立场反对传统观念。如果广告不能疏远旧有意识形态的铁杆粉丝，那么广告产生的政治影响可能不足以建立标志性品牌。正如猫王和马龙·白兰度（Marlon Brando）让那些坚持正统文化的人深感不安一样，百威的"干吗呢"兄弟也以他们自己的方式让观众感到不安。

利用城市黑人男性的独有风格和敏感性是识别品牌的老把戏，但常常适得其反（如前文描述的百威的《拍卖》广告）。百威能够取得成功，实在让人费解。百威在大众的眼中，仍然同布希家族及其圣路易斯总部的中西部传承有密不可分的关系。尽管它经常歌颂种族和民族的多样性，但它的广告总是有一种美国中部的味道。那么，为什么百威的观众这么快就接受了百威是城市非裔美国人生活中的忠实伴侣呢？

广告《对》的起源让百威在真实性方面更加复杂。在拍成广告之前，《对》是个大受欢迎的、独立制作的短片。安海斯－布希从编剧兼导演查尔斯·斯通三世（Charles Stone Ⅲ）手中买下了这部短片的版权。如果该广告被批判为又一个文化挪用的例子，即来自黑人的文化表达被粗暴地用于商业目的，那也不足为奇。一旦广告受到大众欢迎，成为媒体争相报道的对象，广告的起源也就变得人尽皆知。那么，百威为什么没有受到谴责呢？

广告没有用职业演员，而是邀请斯通和他的朋友们出演，这一点是广告获得真实性的关键战略举措。百威建立了代表"对"的世界的可信度，因为观众很快了解到广告中的演员都是真朋友，而非广告世界的一部分；该广告是被"发现"的，而非"制作"的。

安海斯－布希的公关部门抓住了公众的兴趣，发布了广告的广告。"干吗呢？！"的幕后故事，即广告的制作过程在《今日美国》（*USA Today*）上播放了一遍又一遍，剧组人员也在《今晚娱乐》（*Entertainment Tonight*）、《今夜秀》（*The Tonight Show*）和《大卫·莱特曼深夜秀》（*The Late Show with David Letterman*）上亮相。安海斯－布希趁势把幕后故事更推进了一步，让"干吗呢"兄弟进行全美巡演，参加各地的脱口秀和媒体活动。这一系列活动变得和广告本身一样重要。公关活动说明，安海斯－布希并没有使用麦迪逊大道的诡计来诱骗观众喜欢上这些爱找乐子的黑人。这些人是观众真正的朋友，他们在现实生活中很有魅力。他们出于自己的意愿，加入百威的行列。

魅力美学：真实出演和低成本制作

"干吗呢？！"的逼真程度全靠演员的表演，它依赖于演员是否能说服观众，他们是一群时髦又有趣的好兄弟。全体演员具有说服力的表演让"干吗呢？！"大获成功。他们在广告里的表演，让人感觉他们好像已经认识了很久（后来观众发现他们确实认识了很久）。他们可以用很少的肢体语言，非常舒服地进行交流。他们毫不费力、毫不做作地使用各种惯用语。看起来他们是在一起玩，而非念台词。

除此之外，"干吗呢？！"的制作成本极低，与之前百威的大手笔完全相反。该广告没有价值一亿美元、媲美好莱坞大片的宏伟镜头、剪辑和配乐。相反，它取景于一个小公寓内，仅仅使用了单机位和静态镜头，人物以平实的方式呈现。该系列广告是低成本、单机位的纪录片，而不是大导演斯皮尔伯格的电影。这种风格建立了百威的形象——一个亲密、朴实的同类，而非高高在上的人物。

管理文化权威与政治权威

凭借《这瓶百威是敬你的》，百威创造了 20 世纪 80 年代最强大的品牌神话之一。90 年代初，一场大规模的文化干扰导致这个工匠神话的价值暴跌，品牌团队不屈不挠，努力复兴品牌，运用了从心智占据到猎酷再到口碑营销等多种传统品牌战略。尽管这些进行了多年的实验得到了巨额媒体预算的支持，却都以失败告终。

终于，当"蜥蜴"和"干吗呢？！"两个系列广告联合创造了一个新神话时，百威恢复了元气。这些广告针对的是当代百威饮用者面临的一个尖锐矛盾：这些男性无法在工作中建立英雄般的兄弟情谊。这两个系列广告都从一个适当的平民世界（美国男性的种族和族裔亚文化）中汲取灵感，并创造了一个源自终生友谊的兄弟般团结的神话（见图 5-1）。

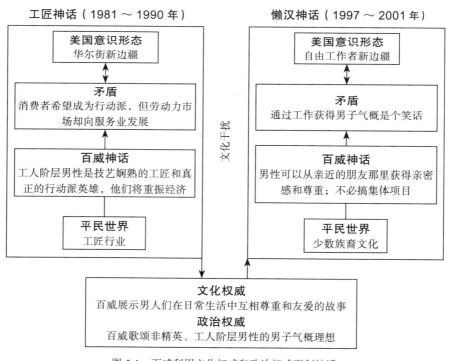

图 5-1　百威利用文化权威和政治权威再创神话

这一谱系引出了一个前几章没有回答的关键问题：为什么标志性品牌在经历文化干扰后，能够重获如此高的忠诚度？在严重偏离了自己多年来坚守的神话后，标志性品牌如何再次胜出？标志性品牌公然违反了基于心智占据品牌塑造模型的品牌资产运作模式，即品牌资产来自品牌精髓的独特性和实力，需要不断强化这些联想来建立品牌资产。"蜥蜴"和"干吗呢？！"与《这瓶百威是敬你的》背道而驰，也似乎毫无关联。为了理解这种转变是如何奏效的，我们需要新的品牌资产概念，一个适用于标志性品牌的概念。当文化干扰出现时，标志性品牌不会回到原点。虽然品牌神话失去了价值，但大众对于品牌之前的故事，以及这些故事给他们带来的集体记忆仍然完好无损。更正式的说法是，当识别品牌获得成功时，它会积累两种资产：文化权威和政治权威。这些资产不会自动转化为品牌资产。品牌经理必须不断地重新解读这两种资产，让它们与重要的社会变迁保持一致，以优化品牌资产。

文化权威

那些创造出成功的神话的品牌，赢得了一种权利——未来带着触及相同文化议题的新神话东山再起的权利。百威的《这瓶百威是敬你的》讲述了美国男性如何获得尊重和友情的故事。消费者逐渐认识到百威是这类神话的权威，无论神话的具体内容是什么。美国人寄希望于百威来讲述男性如何获得兄弟情谊和赢得尊重的新故事。这就是品牌的文化权威：它是一种品牌资产，建立在国家的集体期望之上，即品牌能够而且应该创造出某种特定的故事。

政治权威

除了文化权威，品牌谱系还揭示了政治权威在百威兴衰史上的中心地位。百威的转型（从《这瓶百威是敬你的》的蓝领啦啦队时代，到"蜥蜴"的愤世嫉俗，再到"干吗呢？！"的公然懒汉颂歌）是近期商业史上最非凡的品牌重生史。如果用传统的心智占据原则来解释，这种重新定位是难以理解的。"蜥蜴"和"干吗呢？！"是《这瓶百威是敬你的》中那些英雄式的工人的对立面。"干吗呢"兄弟看起来像失败者和懒汉,大部分时间都在喝啤酒、看电视,无所事事。他们的野心显然只限于从沙发上爬起来,再喝一轮。从心智占据的角度来看,百威似乎不仅放弃了自己辛辛苦苦赢得的资产,实际上还颠覆了自己的过去。

这一品牌转型之所以成功,是因为在百威此前歌颂的那个世界里,工人可以成为美国社会受尊重的成员,并以此为基础团结一致,因此,当先前的神话变得不合时宜,美国社会指望百威创造一个新的神话,支持同一批消费者的自我认同。问题在于,对于百威来说,要想成功地完成这项使命,它的神话中的政治观念必须发生根本性变化,因为从 90 年代初期起,从事非专业工作的男性的工作观念开始发生转变。

重新思考相关性

识别品牌的资产积累不是一件容易的事。事实上,单单维持已经赢得了标志性地位的识别品牌的资产也被证明是一个相当大的挑战。李维斯、百事和凯迪拉克的命运都证明了这一点。

面对文化变革,传统的品牌塑造模型缺乏管理品牌资产的连贯方法。心智占据品牌塑造模型的拥护者不重视这项任务,把它交给广告代理商,告诉它们要让品牌具有相关性;同时,品牌经理控制着品牌 DNA 的方向,绘制着一条忽略历史变迁的路径。病毒式品牌塑造模型则有着相反的观点:品牌经理实际上忽略了品牌的过去,而将注意力转向下一个大事件。从这种观点来看,文化被简化成潮流:最新的音乐、时尚或流行语是什么?在这两种品牌塑造模型中,让品牌与文化变革保持一致被简化为相关性,也就是说,品牌传播应该加入在当下流行文化中有影响力的素材。

然而,这种对相关性的理解过于肤浅。它假设一个品牌的故事像一面镜子,人们只是想看到他们喜欢的文化反映在品牌的传播中。只要品牌紧跟时尚、流行文化和流行语,消费者就会认为它是相关的。但识别品牌带来的是神话，而不是镜子。它们讲述的故事往往与当前流行文化中的任何事物都相去甚远：一个年迈的低吟歌手在拉斯维加斯赌场跳水（激浪），一个衣着寒酸的家伙向一棵树扔石头（大众汽车），两只蜥蜴在沼泽里同病相怜（百威）。神话之所以有相关性，是因为这些故事通过简单的隐喻直指深层的社会张力。真正有相关性的是张力，而非角色的扮演方式。相关性主要来自身份政治，并非时尚或潮流。

当标志性品牌调整自己的神话，对准消费者面临的不断变化的社会矛盾时，它们仍然具有相关性。从二战到越南战争期间，百威让那些原本缺乏经济和文化能力的男性体验了令美国人着迷的郊区生活方式。当这个神话在政治上站不住脚时，百威戏剧性地改变了它的沟通内容，它不再提倡消费，转而歌颂工作。男性基于英雄式的工匠劳动，彼此之间建立起亲密关系并互相尊重。而当这个神话也失去了可信性，百威又随之彻底地改造了它的神话，它不再颂扬精致的生活方式或英雄式的工作，而是支持和好友聚在一起的平凡小乐趣。

"蜥蜴"和"干吗呢？！"都不是建立在任何流行趋势之上的。在"蜥蜴"的例子中，我们可以说该系列广告是相关性的传统概念的对立面——它并没有明确地引用流行文化中的任何事物。"干吗呢"兄弟虽然是非裔美国人，却与人们在MTV频道上看到的红极一时的嘻哈文化毫无关联。然而，事实证明，这些广告与百威的消费者有着极其密切的关系。为什么？因为这两个系列广告都触动了政治神经，都表达了对一种新的男性兄弟情谊的强烈渴望，这种渴望是美国正在进行的大规模经济结构调整激发的。对于标志性品牌来说，相关性不在于服装或发型，而在于跟上社会的变化。当它们的消费者的梦想和焦虑受到经济与社会变化的影响时，就需要创造新的神话了。所谓提升品牌资产，就是利用品牌长久以来积累的文化权威和政治权威来创造新神话。

当品牌团队将百威的品牌资产理解为品牌精髓，如美国、男子气概和经

典等永恒的联想时，他们不知不觉地放弃了百威最重要的角色。这些联想将品牌团队困在一套弱的创意概念中，从而逃避了品牌对其消费者的责任。

当百威的广告最终兑现了它一贯的政治承诺时，它成功了。这次凤凰涅槃是一次大胆的政治转向的结果。为了站在那些越来越不能从工作中获得自尊的工人的一边，百威为男性的兄弟情谊开辟了一个新场所：一个避难所，而非一个你死我活竞争的战场。在"干吗呢？！"里，那些男人之间轻松自在的兄弟情谊令人羡慕，因为，就像"蜥蜴"中的弗兰基一样，他们有足够的自信和意志力，把自己从劳动力市场激烈的竞争中解脱出来。美国人对此做出了相应的回应，将"干吗呢"兄弟视为英雄和名人。这些广告违背了传统品牌塑造的基本原则，但却跟上了政治现状。百威在90年代初被它抛弃的工人阶层男性中重塑了领导地位。[7]

激浪的文化权威和政治权威

激浪的品牌资产也以文化权威和政治权威的形式存在。在它最初的两个神话市场中，它借用了相关的边远乡村人物（乡巴佬和红脖子）的认同神话，以颂扬那些从小耳濡目染的美国拓荒者的传统理想，并成长为具有雄浑气魄的男人。在第三个神话市场，它打破了这种乡村传统，创造了一个懒汉神话。为什么激浪的消费者会立即接受这些新的"快喝激浪"的故事呢？

凭借乡巴佬和红脖子的神话，激浪建立了自己的文化权威，创作了男性在户外大胆冒险的神话。同时，这些神话也为激浪赢得了政治权威，它拥护从事不那么光鲜的工作的男性的理想。这些男性认为，男子气概是指雄浑的气魄、无限的创造力和冒险精神，而不是在工作上有多成功。

在内容方面，"快喝激浪"广告中的世界，似乎与之前乡巴佬动画片中的世界和农村河流的世界天差地别。然而，广告传达的信息却受到了热烈欢迎，因为广告挖掘了品牌文化权威和政治权威的深厚底蕴。激浪再次支持那些认为自己被排挤在社会对男子气概的主流定义之外的年轻男性，认为他们不应该被职业定义。标志性品牌拥有一个充满想象的文化和政治空间，即使在多年中走过弯路，甚至放弃了承诺，它依然可以宣示对这个空间的主权（见图 5-2）。

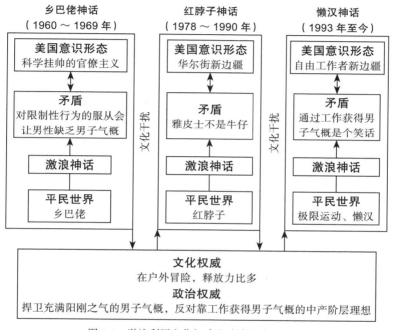

图 5-2　激浪利用文化权威和政治权威再创神话

大众汽车的文化权威和政治权威

大众甲壳虫是 1970 年美国最具影响力的标志性品牌之一。和百威一样，大众汽车也放弃过它的神话，转而去做心智占据的广告。在传统广告埋没了大众汽车的标志性价值长达 25 年之后，Arnold 重新挖掘了这个品牌的潜力，掸去它身上的灰尘，并找到了重建它巨大实力的方法。为了把这个偶像从沉睡中唤醒，Arnold 不得不重构品牌最初的神话，以恰当地应对新的社会气候。为了做到这一点，Arnold 充分利用了大众汽车在甲壳虫繁荣时期积累的文化权威和政治权威。大众汽车重回巅峰状态，再次与受过良好教育的专业人士沟通，大谈他们的渴望，这些人希望自己被认为是有创造力的人，尽管他们的公司很少容许有这样的自由（见图 5-3 ）。

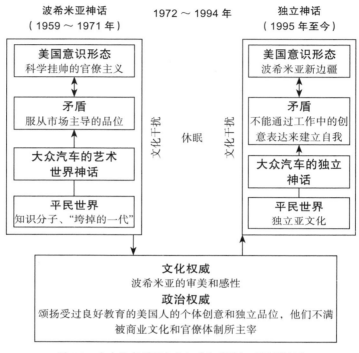

图 5-3　大众汽车利用文化权威和政治权威再创神话

　　大众汽车神话的具体内容必须做出改变，因为受过教育的专业人士面临的最尖锐的矛盾不再是文化服从。大众汽车直指一个尖锐的新矛盾——工作的标准化，这打破了他们像艺术家一样在这个世界进行创造性工作的理想。由于大众汽车可以利用其在甲壳虫时代获得的旧有的文化权威和政治权威，消费者很快认定大众汽车是该理想的捍卫者。

像管理社会网络一样管理品牌忠诚度

标志性品牌的顾客所珍视的，与心智占据品牌塑造模型所预测的并不一样。他们将品牌视为认同神话的载体，通过自身的"朝圣"行为体验神话。同样，品牌忠诚度的运作方式也不一样。为了理解识别品牌是如何维持品牌忠诚度的，我们必须仔细观察消费者是如何在日常生活中使用品牌的，寻找他们长期拥护品牌的原因。

在下面的分析中，我用人类学的方法研究了 ESPN。[1] 我发现这家体育媒体公司有三个相互依赖的顾客群，我把他们分别称为追随者、圈内人和投机者。对于 ESPN 这样的标志性品牌来说，品牌忠诚度如何发挥作用的关键在于这三个顾客群之间的互动。为了进行顾客分析，我们先来概述一下 ESPN 的认同神话。

ESPN 的品牌谱系

自 1979 年成立以来，ESPN 迅速崛起，成为最有影响力的新有线电视频道之一。当迪士尼收购美国广播公司／大都会通信公司（ABC Capital Cities）时，迪士尼时任首席执行官迈克尔·艾斯纳（Michael Eisner）称该体育频道是这笔交易的"皇冠上的明珠"。ESPN 当时已经形成了一个媒体帝国，包括 ESPN2、ESPN 新闻（ESPN News）、ESPN 经典体育（ESPN Classics）、ESPN 广播（ESPN Radio）、ESPNZone 主题餐厅（ESPNZone sports bar）和 espn.com 网站。但是帝国的中心仍然是《体育中心》（*Sports Center*）这个一年播放 365 天，每天 7 次，一次持续一个小时的新闻和集锦节目。

多年来，各大媒体公司一直在琢磨如何分得 ESPN 的一杯羹。CNN 创建了 CNN/si（"si"代表 *Sports Illustrated*，《体育画刊》），该节目将美国体育新闻界最受尊重的广播新闻实体与最受尊重的名字结合起来。然而，CNN/si 并没能击破 ESPN 的盔甲。同样，福克斯电视网（FOX）收购并整合了 9 家地区性有线体育电视网，命名为福克斯体育电视网（FOX Sports Net）。它重金打造的《国家体育报道》（*National Sports Report*）旨在与《体育中心》进行正面交锋。福克斯甚至还把 ESPN 的当红主播基思·奥伯曼（Keith Olbermann）挖过来领导这项工作。然而，几年下来，节目反响平平，在进行了好几次重新设计后，福克斯最终将该节目挪到了一个避免与《体育中心》形成直接竞争的时段。

一开始，大家都不明白为什么 ESPN 的收视率如此之高，因为它做的大部分事，其他媒体也做过。几十年来，电视网对主要的体育运动进行了密集的报道，尤其是橄榄球，还有棒球、篮球和曲棍球。有些节目，比如美国广播公司的《体育世界》（*Wide World of Sports*），对体育运动倾注了极大的热情。ESPN 提供全天候的报道，但仅仅比其他节目做更多的报道并不是塑造品牌的方法。ESPN 的成功源于前几章所提到的品牌塑造原则。

ESPN 的行动派运动员神话

　　ESPN 在 20 世纪 80 年代末开始对美国男性的生活产生巨大影响，并从 90 年代初开始家喻户晓。这并非巧合，当时，自由工作者新边疆意识形态以及行动派英雄的理想盛行。随着美国男性开始适应新的竞争异常激烈的劳动力市场，他们需要新的神话。成功不再意味着努力升职。男性不再通过献身于集体项目来赢得尊重。相反，现在的男人需要打赢每一天的每一场苦战，最大化自己的"人力资本"潜力，努力建立"个人品牌"，不断地磨炼自己的思想和身体，以应对劳动力市场的激烈竞争。

　　男性生活中不断升级的紧张情绪推动了对能带来动力和灵感的新神话的需求，以维持新的令人窒息的职业道德。和耐克一样，ESPN 是挖掘这个新神话市场最成功的创新者之一。该品牌构建了一个基于新型运动成就的国家神话。

　　长久以来，团体运动一直是一个强大的平民世界，并助力了男子气概神话的产生。团体运动一直被拿来同商业世界做比较，它是一个训练场所，在这里，男孩们通过学习遵守规则以及牺牲个人利益和成就团队利益，成为真正的男人。体育通过模拟成年男性在职场上的渴望和道德规范，提供神话。大众媒体及其观众极力吹捧活力四射的队伍，比如约翰·伍登（John Wooden）带领的加州大学洛杉矶分校（UCLA）篮球队和汤姆·兰德里（Tom Landry）带领的达拉斯牛仔队（Dallas Cowboys）。像文斯·隆巴迪（Vince Lombardi）这样权威型教练，以及罗杰·斯托巴赫（Roger Staubach）这样拥有卓越领导才能的四分卫，都备受尊崇。

　　然而，在新兴的自由工作者经济中，那些关于传统权威人物及其追随者的故事不再是创造与维护神话的重要素材。相反，有卓越成就的运动员更符合时代的需求。美国社会需要神话，好让人们觉得在密集型劳动力市场工作是件令人向往的事情，同时也是有价值的。那些在竞争最激烈的竞技运动中取得成功的运动员是最完美的文化素材。他们拥有巨大的内驱力，为了取得胜利，不惜一切代价。他们勇于参与残酷的竞争，不懈地训练。竞技运动员之所以能够无休止地进行训练，是因为他们有一种竞争的动力，促使他们比对手更努力。最优秀的运动员从事体育运动，是因为他们热爱激烈的竞争，他们无法想象自己还能做其他事情。

在 ESPN 和耐克的著名广告的支持下，行动派运动员（那些不遵守团队规范，但正是由于这种精神，带领团队走向更高峰的运动员）成为体育新英雄以及行动派神话的核心角色之一。[2]

《体育中心》的神话脚本

ESPN 的《体育中心》绝对是个制作精良的节目，但它的标志性价值不仅仅来自出色的新闻报道和制作水平。《体育中心》不同于其他体育新闻节目，它给观众（绝大多数为男性）提供了将运动作为神话来体验的新方式。

由于 ESPN 是一个电视频道，因此它的标志性特质的演变同其他标志性品牌，如百威、大众汽车和激浪，有所不同。尽管广告仍然发挥着重要的支持作用，但 ESPN 的故事主要是通过它的节目而非它的广告进行传播的。

ESPN 的记者赞扬纯粹的运动员：在激烈的竞争中茁壮成长，努力提升技能，态度端正，拥有进取心和在最艰苦的战场上仍然不屈不挠的精神的运动员。纯粹的运动员对体育运动的商业化和名人效应几乎没有兴趣。他们活着是为了实现运动理想，做出一番成就，以及体验相关理念，如攻击性、危险性、团队合作、决心和主宰。

赞扬运动员并非什么新鲜事，但 ESPN 描绘运动员的方式很特别，因为它密切关注运动员个体。ESPN 向观众事无巨细地介绍运动员的心理世界——他们的个性、经历、困境、性格缺陷、弱点等，以凸显运动员在生活的方方面面都极具竞争意识。通过对当天体育新闻的主人公的心理解读，《体育中心》邀请以男性为主的观众进行换位思考，认同这些纯粹的运动员的坚韧性格和竞争意识，并加入他们的队伍，共同打败对手。

ESPN 吸引观众（他们中的许多人自青少年时期之后就很少参加团体运

动）与纯粹的运动员产生认同感的一种方式是，证明神话的广泛相关性。虽然 ESPN 的主要节目是团体运动，但它也在不断地告诉观众，只要你留意，纯粹的运动员随处可见。该频道使用同样的纯运动镜头，满腔热情地展示了一群中年男人骑着小型摩托车在橘子郡（Orange County）某家人后院的赛道上驰骋竞赛。与之前的任何体育媒体都不同，ESPN 告诉观众的是，只要有正确的态度，业余爱好者也可以成为纯粹的运动员。

真实的平民之声：纯粹的运动员

《体育中心》和其他标志性品牌遵循同样的原则，通过展示对运动员的承诺和同他们的亲密关系，与竞技运动员的平民世界建立了牢固的纽带。与当时典型的记者（他们通常只是照着提词器上撰稿人写的稿子一字不差地念）不同，ESPN 的记者是铁杆球迷，他们的工作方式更像一家地方报纸的体育记者。他们对自己的素材了如指掌，自己写稿子，而且还经常即兴创作。这种风格从频道刚成立时就形成了。当时主要的广播电视网都把 ESPN 视为一种威胁，它们经常把比赛的精彩集锦提供给下属的地方电视台，但是绝对不会提供给 ESPN。由于缺乏比赛的精彩集锦，像克里斯·伯曼（Chris Berman）和迪克·维塔勒（Dick Vitale）这样的即兴主播，以及后来著名的两人组基思·奥伯曼和丹·帕特里克（Dan Patrick），都学会了把观众看不到的动作用语言生动地描述出来。

早年的《体育中心》主播经常凭借自己的专业体育知识，充满热情地即兴描述正在进行的或者刚刚结束的赛事。他们需要随时通过谈论他们喜欢的选手、数据和史上最伟大的比赛来填充时间空当。直到今天，尽管观众可以尽情地观看比赛的精彩集锦，但他们还是乐于聆听 ESPN 主播的解说。电视是一种视觉媒介，之前，有限的比赛精彩集锦被认为是一种限制，却反而帮助《体育中心》同观众发展出一种亲密关系，这种亲密关系正是基于比赛精彩集锦的匮乏。

ESPN 的"这就是《体育中心》"（This is *Sports Center*）系列广告成功地

打造了其真实性。这是首个"仿纪录片"（mockumentaries，对纪录片进行恶搞）形式的系列广告。广受欢迎的重金属电影《摇滚万岁》（*Spinal Tap*）就是仿纪录片的杰出代表。广告对《体育中心》主播的后台真实状态极尽讽刺（对一个报道中的用词争执不休，在洗手间化妆等）。这个系列广告最具有创意的部分是：邀请著名的运动员扮演滑稽、自嘲的角色，以运动界圈内人的幽默，同主播在后台或者非拍摄状态下的 ESPN 演播室（位于康涅狄格州的布里斯托尔）里互相调侃。对这些经常接受采访的运动员来说，这些调侃太搞笑了。于是，能出演该系列广告成了明星运动员的一种荣誉。当观众逐渐了解到运动员竞相在广告中出现，而且不收分文广告费时，这些广告的商业味更淡了。它们不像广告，更像赞扬伟大运动员和 ESPN 之间的纽带的小插曲。

ESPN 接地气的主播和朴实无华的演播室凸显了它对运动员的忠诚。ESPN 诞生于康涅狄格州的布里斯托尔，从来没有迁过址。主播们在节目中时不时地拿这个地方开些无心的玩笑，进一步说明它不是什么大企业或者像好莱坞那样光鲜亮丽的地方，而是普通平民的领地。它的总部位于名不见经传的小镇，在过度商业化的职业运动宣传的烘托下，ESPN 更加显得平易近人。显而易见，它是平民世界的坚定拥护者。

同样，由深受观众喜爱的名嘴伯曼等播出的各种人们津津乐道的幕后故事，也提高了 ESPN 的可信度。ESPN 的大多数主播都是成功的平面媒体记者，其他主播却仅仅是体育迷（sports junky，ESPN 早期的员工发明的词汇）。他们把自己的体育知识、对体育的激情和古怪的个性一览无余地展示在屏幕上，代表了光鲜的好莱坞的反面。同时，就像他们所报道的运动员一样，他们的言语和举止揭示了他们真实的体能、态度和勇气。

魅力美学：更衣室的低俗笑话

ESPN 对待观众的方式和它早期的记者对待彼此的方式一样，如同运动员和狂热的粉丝。因为他们深深地沉浸于运动员的世界，对此充满激情，ESPN 记者是运动员价值观的忠实"传道者"。该台通过设立职业边界来定义自己：只有那些完全认同运动员的人才被允许参与对话。要想进入 ESPN 的世界，就要把自己想象为一个圈内人。即使你是个从青少年时期后就再也没有穿过运动鞋的中年销售经理，只要你对体育充满热爱，ESPN 也会向你敞开大门。

大多数品牌都将品牌神话嵌入平淡无奇的产品中，依靠营销沟通展现魅力。服务类产品有时也可以通过创新的店铺设计和服务互动来创造神话。与之相反，ESPN 的魅力直接来自它的节目主播，特别是奥伯曼和帕特里克在《体育中心》中的表现。ESPN 的主播经常提出具有攻击性的观点，并用大量的证据充满激情地支持其观点，仿佛大学辩论赛一样。该台教导球迷如何像运动员观察同行一样观看体育比赛，而不是像观众观看专业运动员一样。

ESPN 的主播也经常作为纯粹体育精神的捍卫者，对抗该台的高层。在 ESPN 的主播出现前，体育新闻如同其他全国性新闻一样，是一个庄重而专业的领域。ESPN 的高层试图为该台建立专业风格和可信度，从而匹配其新闻播报，但是它的主播不吃这一套。相反，这些"激进分子"（Young Turks）发展出了一种粗鲁喧闹的甚至满口粗话的播报风格，这种风格快速地赢得了全美男性的青睐。比如，伯曼发展出他的"伯曼主义"——给那些引起他注意的运动员起滑稽的绰号。当高层禁止他使用这种不专业的、插科打诨的播报方式时，伯曼以一种更有创意的方式进行了回应。他开始在现场直播中用全名称呼成为比赛焦点的运动员，他叫全名的方式就像在读他们驾照上的名字一样——面无表情、一字不差。习惯他给运动员起绰号的观众立刻明白了他是故意用这种方式来讽刺和反击高层的干预。粉丝们义愤填膺，打爆了 ESPN 的电话，告诉 ESPN 他们想念伯曼古怪的即兴播报方式。让高层更尴尬的是，粉丝们特别强调了他们理解伯曼为何进行反抗，也支持他的做法，就像支持他给运动员起绰号一样。高层很快让步，伯曼得以将自己的即兴播报风格进行到底。

在 ESPN 出现之前，各大电视台都把观众当成什么都不懂的旁观者。他们雇用播报员来播报比赛实况，并教观众如何欣赏比赛。体育记者通常用讨好的语气在现场做实况报道，把赛场上的运动员描绘成英雄一般。

　　ESPN 打破了这种传统，把运动员当成普通人。《体育中心》记者的播报方式就像坐在更衣室和运动员聊天。评论员欢呼赞扬运动员精彩的表现，同时也会毫不留情地痛斥那些表现糟糕或者不遵守运动员精神的选手。《体育中心》的传奇时刻之一是，ESPN 的粉丝对某一期的内容津津乐道，不厌其烦地重复提及，就像其他品牌的铁杆粉丝描述品牌的经典广告一样。

　　一次，《体育中心》播放了田径明星卡尔·刘易斯（Carl Lewis）在新泽西网队（New Jersey Nets）的一场比赛前唱国歌的画面。刘易斯曾是世界上速度最快的短跑选手，但不幸的是，他也是全世界最烂的歌手之一。可以预期的是，《体育中心》的观众在看到刘易斯唱歌的画面时会捧腹大笑。没想到，《体育中心》居然将这一画面继续播放下去，还给了刘易斯特写镜头，于是，观众听他唱完了整首国歌。当他五音不全地唱歌时，现场的 NBA 球迷发出嘘声，电视前的观众可以清晰地听到他们的嘲笑。《体育中心》的主播查理·斯坦纳（Charley Steiner）和杰克·爱德华兹（Jack Edwards）拼命想忍住不笑，却没忍住。当刘易斯终于"虐"完国歌时，斯坦纳和爱德华兹重新出现在屏幕上，两个人都笑得歇斯底里，完全无法继续主持下去。斯坦纳的脸涨得通红，眼泪都笑出来了。他试图说话，却因为笑得停不下来而结结巴巴。爱德华兹用双手捂着脸，完全无法看向摄像机。

　　要想理解为什么刘易斯难听的歌声和主播的无理如此打动《体育中心》的粉丝，需要知道一点背景知识：粉丝认为刘易斯是无与伦比的，同时也是自私的，是纯粹的体育精神的反面教材。大学时代的刘易斯就已经是世界排名前 100 的短跑名将，并且在全美比赛中赢得三项赛事，成绩无人可及。接下来的一年，他更是在 1984 年洛杉矶奥运会上拿下四枚金牌。但是他的一个行为让粉丝质疑他是否值得崇拜。在男子跳远第一次试跳时（每位选手有六次试跳机会），刘易斯认为他这次的成绩足以获胜，为了保留体力给其他几项比赛，他没有参加剩余的试跳，让其他选手去尝试打破他第一次的成绩。这让花了几百美元买票看比赛的粉丝大为不满，对他嘘声一片。

他们原本希望看到他打破鲍勃·比蒙（Bob Beamon）在 1968 年的奥运会上创造的世界纪录。

在取得无与伦比的成绩后，刘易斯毫不掩饰自己想把奥运金牌转化为天价代言费的愿望，当广告商给出的价格无法达到他的期待值时，他极为不悦，断然拒绝。

尽管刘易斯明显对自己仅拥有二流名声感到苦恼，但他仍然在田径场上傲视群雄。从来没有人能够同时在奥运会上卫冕百米短跑和跳远两项金牌，但是刘易斯做到了。

面对自己的过人成就，刘易斯免不了自鸣得意。在拿下 1991 年东京世锦赛的百米冠军后，他祝贺了自己，并摆出高人一等的姿态，对那些可能理解或可能不理解他的成就的人说："这是我一生中最棒的比赛，最佳技术、最快速度，并且我在 30 岁就做到了。"

体育迷们尊崇纯粹的运动员精神，刘易斯却嗤之以鼻。他们认为刘易斯应该得到教训。于是，当《体育中心》播出取笑刘易斯的片段时，粉丝都乐疯了。

ESPN 高层有时会因奥伯曼和其他主播行为不当或者有损公司形象而让其停职。对于粉丝来说，这些惩罚反而进一步提升了主播们的声望。有一次，奥伯曼因为同高层争吵而被停职，等他再次出现在主播室时，他的搭档帕特里克在现场出其不意地问他："你到底去哪儿了？"奥伯曼有点儿惊讶，但还是干脆地回答说："我睡过头了。"观众们都很清楚，捣蛋鬼奥伯曼又闯祸挨批了。对于粉丝们来说，这是主播在挤眉弄眼地向他们递暗号，告诉他们捣蛋行为必须时不时地暂停一下，但两个坏小子仍然是节目的主角。

奥伯曼还向粉丝们表明，当谈到他认为被高估的名人时，斯坦纳完全比不上他。奥伯曼最著名的评论之一是一种咯咯干呕的声音，用来表示运动员在巨大压力下表现不佳。在一次公牛队（Bulls）对超音速队（Super Sonics）的 NBA 总决赛中，第一场在西雅图的比赛的精彩集锦展示了看台上许多来看球的名人，其中包括流行萨克斯管演奏家肯尼·基（Kenny G），他是西雅图人，很多男性认为他的伤感音乐太过"娘娘腔"。大多数体育评论员会说"这是肯尼·基"，但奥伯曼把"基"的尾音拉得很长，加入了他有特色的干呕声。这表示他不喜欢肯尼的音乐，更不用说他那细长而干枯的卷发了。很难想象其他全美知名的体育节目主播，比如美国广播公司的《周一橄榄球之夜》的主播艾尔·迈克尔斯（Al Michaels），会用干呕的声音评论节目镜头中出现的名人。

　　ESPN 就像一间挤满运动员的更衣室。作为体育记者，奥伯曼和他的同事们表现出了同他们所喜爱的运动员一样的行动派男人的敏感性。当任何人给出的指令违反了他们最重要的价值观时，这些极富成就和激情的体育评论员是断然不会服从的。ESPN 的主播不只是简单地报道体育赛事，他们还把体育精神带到了主播台上。

ESPN 的三大支持者

　　要解读 ESPN 的品牌忠诚度，首先需要了解消费者所认为的具体的品牌价值是什么，然后再找出一直让他们保持忠诚度的机制。标志性品牌有三大相互依赖的支持者群体：追随者、圈内人和投机者。由于每个群体使用神话的方式不同，神话给他们带来的价值也不同，每个群体同品牌的关系的本质也不同。此外，品牌的总体忠诚度也在很大程度上取决于同这些支持者群体之间的关系。品牌忠诚度是这个社会网络的产物（见图 6-1）。

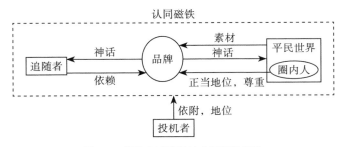

图 6-1　品牌忠诚度是社会网络的产物

追随者：品牌的磁铁

顾名思义，追随者是指那些强烈认同品牌神话的顾客。他们依靠神话来解决日常生活中的渴望和焦虑。因此，追随者会对神话的执行者（品牌）忠诚，品牌满足了他们的认同需求，并充当了他们的道德准则。在前面的章节中，为了简化说明，所说的品牌顾客均为追随者。这当然不是真的。但是追随者确实构成了标志性品牌顾客群的核心，因为他们从神话中获得的价值最大。

ESPN 的追随者大多是男性，他们通常也是父亲。团队运动是他们生活中最重要的神话，他们在英雄式的活动中寄托情感。ESPN 所宣扬的纯粹运动员精神深入其心。在他们看来，体育是一个神圣的世界，应该同商业隔离，以免受其亵渎。他们认为赢得比赛固然重要，但是，"如何进行比赛的过程"也同样重要。追随者围绕着体育建立起一种道德等级体系，输和赢对他们一样重要。因为体面的输，也是男子气概的有力体现。这种道德等级体系决定了追随者如何体验体育。他们非常钦佩一些球员和球队，也恶毒地蔑视一些球员和球队。例如，如果一名运动员为了获得好看的统计数据而比赛，以提高他的市场价值——这意味着他把团队的利益置于个人的利益之后，追随者会厌恶他。追随者钦佩那些成就卓越的运动员。他们不一定是最好的，但他们总是努力比赛，永不放弃，并往往超越观众预期。此外，那些半路出家，也不尊重比赛传统的运动员，也会遭到他们无情的嘘声。

这些信条提升了追随者观看比赛的体验，并影响了他们从观看比赛获得乐趣的方式。观看体育比赛就像是追随者社交的黏合剂，帮助他们和同事、朋友及家人（如果他们有孩子的话）走得更近。追随者通常在组织环境中工作，他们的同事也往往是男性，于是体育成了他们的通用语言。他们认为自己是严肃的球迷，喜欢和志趣相投的人交流，并从中获得极大的乐趣。他们为自己支持的球队的表现备感自豪，并与其他支持当地球队的球迷团结一致。但是，追随者通常独自在家里看比赛，如果有小孩的话，他们也喜欢和孩子一起看。除非自己去现场看比赛，或者像决赛这样的重大比赛，他们很少和其他人聚集在一起观看比赛。

吸引许多观众的体育比赛有一种口头传统。这些比赛的价值存在于日常生活中讲述的故事。追随者通过他们的故事同当地球队和球员建立私人联系，他们将自己的人生和球队的历史编织在一起。成为一名球迷的过程就是通过球员与球队发展一种亲密而持久的关系，建立一段共同的历史的过程。在数个艰难的赛季里，一如既往地支持一支屡败屡战的球队是一种荣誉的象征。追随者将他们的忠诚视为一段真诚关系的证明。与球队和球员的关系是由时间和往返观赛的里程数来证明的，这也展现出他们坚定的承诺：长途跋涉去观看比赛；在恶劣的天气下坐在看台上坚持到最后一声哨响；在每一个赛季观看每一场比赛，甚至不惜与家人翻脸。

追随者通过讲故事（"我记得当……的时候"），或是回忆亲密接触（"我在酒吧里和……相遇"），不断地强调他们与球队的关系有多么密切。例如，一个芝加哥小熊队（Chicago Cubs）的球迷讲述他在瑞格利球场（Wrigley Field）的看台上，用渔网接到一个球；他永远不会忘记，1969 年 9 月，小熊队如何惨败给纽约大都会队（New York Mets）；1984 年他从郊区开车到市区，参加为芝加哥小熊队夺得分区冠军举行的狂欢派对。追随者还通过收集纪念品来证明他们同球队的关系，这些纪念品往往被精心陈列在"荣誉室"里。"荣誉室"通常设置在地下室或书房，里面放满了球队的历史资料，记录着粉丝与球队和球员之间的渊源。

品牌忠诚是对魅力权威的忠诚。追随者把 ESPN《体育中心》的主播视为追求快乐的大师和导游，他们能把每天的体育赛事变成寓言故事，创造出一个道德世界。这种忠诚完全仰仗 ESPN 把每天的体育赛事转化成触动人心的故事，并从中揭示纯粹体育的核心价值。他们假想与主播进行对话，检验自己的分析和评估是否与主播的观点相左。由于他们相信 ESPN 是他们的体育知识和信息的源泉，因此他们就像频道忠实的"信徒"一样，紧紧跟随 ESPN，并且自视为真正的体育迷。他们从 ESPN 那里学会如何从运动员的角度去观看各类体育运动，并利用该优势同朋友们进行交流。最终，

ESPN 教会了他们如何成为体育精英世界的一员，而这个世界过去只向真正的运动员开放。

追随者和 ESPN 的关系看起来似乎与品牌专家描述的品牌关系毫不相关。一些倡导高感性品牌塑造模型的学者强调品牌同顾客之间关系的特质。他们认为亲密、互惠和可靠是忠诚的来源。[3] 然而，ESPN 的追随者表现出一种依从性，像是对有魅力的领导者产生的认同感一样。ESPN 的追随者与该频道没有互惠关系。该频道并没有特意为观众提供个性化的体验，或试图建立与观众之间的信任。这种关系更像是家长式的。就像政治领袖和著名艺术家的追随者一样，ESPN 的追随者很崇拜 ESPN。ESPN 不需要与它的核心顾客建立私人联系来赢得他们的忠诚。追随者可以随性地个性化定义与频道的个人关系。不过，为了赢得忠诚，ESPN 必须持续展现其文化领导力和可信度。

圈内人：平民世界的守门人

圈内人是品牌想占领的平民世界的守门人。尽管圈内人的数量比追随者少得多（调查数据显示，圈内人仅占 ESPN 观众总数的不到 10%），但他们却有相当大的影响力。圈内人不像追随者那样重视品牌，部分原因是品牌和他们互相竞争平民世界的领导权。然而，圈内人仍然是非常重要的品牌支持者，因为他们对追随者有很大的影响力。

ESPN 的圈内人一般被称为"乔克"⊖。许多 ESPN 的观众平常都会参加体育运动，但其中有一小部分男性观众过去参加过竞技运动，并仍然自认为是竞技运动员。他们在高中时代就参加一些体育运动，并在大学时代继续精进。成年后，他们仍然全力以赴，参加竞争激烈的业余赛。圈内人认为自己是运动员，并且喜欢观看其他运动员的比赛。追随者在 ESPN 的帮助和鼓励下，最多是徘徊在专业体育运动的周围，圈内人却生活在体育

⊖　jock，大学里积极参与体育运动的学生。——译者注

世界中，并且以运动员而非观众的角度观看比赛。

其他粉丝经常错过其支持队伍的大多数比赛，而圈内人却煞费苦心地避免错过任何一场比赛。仅仅通过观看比赛来体验体育需要巨大的投入，所以大多数粉丝通过观看精彩镜头集锦和新闻媒体的报道跟进赛事。但是，圈内人自视为运动员而非观众，所以他们必须为了球队坚持看比赛。我访问过的一个人向我展示了他的忠诚。

乔：如果我错过一场湖人队的比赛，我会很生气。如果我一年看不到20场现场比赛，我会很生气。如果我错过一场电视转播的湖人队客场比赛，我会很生气。

问：如果你会错过比赛，你会把比赛录下来，或者去看精彩镜头集锦？

乔：不会的，我会很气恼，等着看下一场比赛。

以这种极富参与感的方式观看体育赛事需要高度组织化，并且往往让人筋疲力尽。观看比赛需要事先准备，并且需要全神贯注，所以圈内人往往在家里看比赛。他们不在酒吧看比赛，因为他们需要完全掌控观赛环境。圈内人的生活往往以比赛转播为中心，他们的工作、家庭和朋友必须对此做出让步，否则圈内人就会将其弃之不顾。在比赛期间，圈内人全身心投入，忘记了时间的存在。在比赛结束后，他们也一直念念不忘。比赛输了，他们极度痛苦，不停反思（我们队应该在哪方面做得更好）；比赛赢了，他们精心分析赢球的原因，总结可以用在下一场比赛的策略。

圈内人会不遗余力地收集详细的数据信息和运动员的个人资料，以丰富他们的观赛经验。他们追踪整个联盟和所有运动员的所有动态，以形成深入的见解。大多数人使用互联网查阅球队网站和其他专业资料，也有很多人阅读运动图书和专业杂志，以了解教练和运动员的想法。圈内人在观看比赛上花了很多精力。然而停赛期间，他们花在追踪运动员的动向方面的精力，同赛季期间花在看比赛上的精力，可能不相上下，所以圈内人往往只关注一两项运动项目。

圈内人做大量赛前准备，并经历赛前紧张情绪，这几乎同运动员没什么两样。布法罗比尔队（Buffalo Bills）的一位粉丝——贾斯汀（Justin）住在洛杉矶，尽管与法布罗相距千里，但他同自己的兄弟和朋友在该队的每场比赛前都要举行一个特殊的仪式。他们有一个柜子，里面塞满了有关布法罗比尔队的物件。在比赛当天，他们把柜子里的所有物件都拿出来，装饰整个公寓，就像举办派对一样。然后他们开始做赛前"准备"——一丝不苟地查看每个球员的个人档案。他们收听布法罗当地体育电台的广播，沉浸在主场的氛围中，想象着自己到了体育场外的停车场，少年时代，他们在那里举行过车尾野餐会。

同样，乔治的电视旁有一个洛杉矶湖人队的"圣坛"，用湖人队的球衣盖着，这件球衣是湖人队的老板送给他的。在比赛开始前的 30 分钟，乔治取下球衣，开始做一系列准备工作，但他不肯告诉我准备工作的细节。比赛中，他把自己的笔记本电脑放在电视旁，这样他就可以仔细跟踪显示对方球队的投篮模式的图表，就像球队教练所做的那样。

如果是同其他人一起看比赛，圈内人希望能和其他圈内人一起看，因为他们有同样的热情和专业知识，能看到一块儿。圈内人可能会拒绝同那些虽然热爱运动但是对该项运动没有充分的理解，或者缺乏足够的背景知识的朋友或家人一起观赛。非圈内人的不当评论可能会破坏圈内人的沉浸感，使圈内人从赛场球员的椅子上回到客厅的沙发上。

就像运动员一样，圈内人非常在乎比赛的成绩和输赢，所以他们将道德价值附加在同输赢相关的个性特征上。对于圈内人来说，最艰难的挑战之一就是：当他支持的球队一直无法取得其所期望的成绩时，他还是得继续忠于该球队。圈内人认为职业体育是个终极试验场：你必须不停地比赛，证明你有战胜最强对手的能力。乔治对这种态度做了一番解释：

　　无论在工作、个人生活还是运动方面，我都不太能面对失败。当湖人队输球时，我谁都不想见。我不喜欢输球。我不热衷于打败别人，而是认为应该少输一些。我无法忍受球队输球。当我支持的球队输球时，我很不爽。这是你们的本职工作，你们得去做，不是赢就是输。如果你总是输，那就应该找点儿别的事情做了，比如，去个二流市场，当个二流球员，不要在洛杉矶混。我烦透了那些混在洛杉矶的平庸球队。简直荒唐至极！如果你不是来赢的，就不要来洛杉矶。

有些圈内人对待工作也是这种态度，其他人则仅对体育运动持此态度。

圈内人非常努力地打造他们观赛的模式，把自己同纯粹的观众区分开来。他们尊重其他同他们一样的行家，因为他们能够观察到那些把卓越和平庸区分开来的微妙细节；反之，对于那些只会在场上大吼大叫，却对比赛的错综复杂性一无所知的粉丝，他们嗤之以鼻。

品牌忠诚度赋予品牌合法地位。比起追随者，圈内人看 ESPN 的频率更高，但是，他们不像追随者那样如此尊崇该频道。圈内人追求的是同球员、教练和比赛的直接互动，这是任何频道都无法替代的。但是，ESPN 是个非常好的平台，在这个平台上，圈内人可以欣赏到一流运动员的一流表现，它也是圈内人依赖的众多信息来源之一。他们收看 ESPN，但是仅仅把它当作收集信息的工具，同领略纯粹的运动员精神毫无关系。换句话说，圈内人将 ESPN 视为新闻节目，就像其所标榜的那样。

圈内人也不指望 ESPN 帮助他们理解体育，或者把体育渲染成神话。相反，圈内人将 ESPN 的主播视为志同道合者，他们同样认为体育是生活的中心。他们坚决反对 ESPN 扮演的导师角色，因为他们惯于独立构建体验体育运动所需的背景和专业知识。如果有人认为他们需要依靠 ESPN 来做这件事，那么圈内人会觉得这是一种侮辱。圈内人认为纯粹的观众才完全地仰赖于 ESPN，这些体育消费者可不像他们这样将体育视为生活的中心。

打个比方，圈内人就好比宣称自己与上帝有直接个人关系的信徒。他们通过不断更新大量关于体育的事实、数据和个人趣闻，以及通过观看比赛与球队、比赛和运动员进行持续互动，为自己创造神话体验。

ESPN 宣称只有通过它，才能体验纯粹的运动神话。圈内人拒绝给予 ESPN 这样的领袖角色。圈内人并不是特别迷恋 ESPN，部分原因是该频道让观赛变得太容易：ESPN 借鉴了他们细致入微、高度投入的体育消费模式，经过重新包装，卖给了那些没有他们那般忠诚的球迷。

平民世界总是有圈内人：他们要么存在于平民世界，要么至少徘徊在其外围。哈雷摩托车的圈内人是那些飞车党和他们的追随者；对于大众汽车来说，圈内人是那些生活在城市新晋社区，被地下艺术活动吸引的独立艺术家和他们的波希米亚同伴；苹果的圈内人是网络朋克和依赖苹果进行创作的商业艺术家；对于激浪来说，极限运动爱好者则是它的圈内人。

由于与平民世界有直接且亲密的关系，圈内人强烈反对平民世界的商业化。他们极度厌恶那些把平民世界当作取之不尽的素材宝库、寄生虫般的品牌。圈内人认为自己是参与者，而非消费者。他们在平民世界拥有合法地位。那些不愿意做出同样的承诺，因此依靠第三方（品牌、评论和其他圈内人）来获得体验的人，在他们看来，不具备这样的地位。

因为圈内人拥有为平民世界发声的合法权威，他们可以确认或否认品牌的真实性，即拥有品牌在平民世界中可信发言者的地位。精明的市场营销人员，包括本书研究的品牌的营销人员，需要千方百计地确保圈内人至少会容忍（如果不是完全支持）品牌对平民世界的主张。

如果某品牌的平民主义神话极具说服力，圈内人就会使用该品牌加强自己的价值认同。在这种情况下，品牌在它的其他支持者的眼里变得更有价值。相反，如果圈内人抨击该品牌的主张，如指责该品牌违背其初衷，或者品牌行为暴露其无知等，该品牌的信誉度将严重受损。当一定规模和权威程度的圈内人收回对品牌的认可时，品牌可能会被彻底毁灭。4

现在，我们可以理解为什么标志性品牌通过懂行话和展现忠诚，在平民世界建立可信度如此重要。如果它们不这么做，圈内人很快就会把这个品牌当作"叛徒"。如果标志性品牌在与平民世界的沟通上做得特别好的话，它们就会被认为是这个世界的贡献者，圈内人不仅允许品牌进入这个世界，而且还会成为品牌的倡导者，进一步加强品牌在平民世界的合法地位。苹果和耐克就是最好的例子，圈内人的主要作用不是创造收入，而是赋予品牌合法地位。圈内人扮演着意见领袖的角色，其职责是做出权威性的判断，帮助鉴定品牌是否真正具有平民特质，还是只是个为了赚快钱的平民伪装者。

投机者：文化寄生虫

所谓投机者，是指善于利用标志性品牌为其追随者和（有时）圈内人创造的认同价值来间接存续的顾客（通常是大多数）。投机者同标志性品牌传播的神话只有表面的联系。他们被品牌代表的地位和社交关系所吸引，他们把品牌当作与朋友和同事建立社交联结的工具。他们还把品牌作为社交互动的润滑剂，作为一种地位的象征。如果有足够多的人深刻认同某品牌的神话，他们对这个品牌的热情使用就会对其他人产生磁铁效应，而这些人也会变为这个品牌的投机者。

ESPN 的投机者通常被称为"墙头草粉丝"：随大流追随任何获胜的球队、成功的运动员或著名比赛的人。他们总是随风倒，只为表现出色的球队或运动员加油。对于投机者来说，观看和谈论体育比赛的乐趣是由他们的朋友的喜好决定的，也受媒体左右。当朋友和同事对某个球队的兴趣大增时，他们就会加入进来。同样，当媒体把一个球员塑造成明星大加追捧时，他们也会摇旗呐喊。投机者不会追踪球队或运动员，他们追踪的是趋势。他们从更有见地的球迷和备受尊重的媒体那里，尤其是 ESPN，获取线索。他们一直在寻找那些媒体特别赞赏的球队和球员，并迅速地将他们的注意力和情感转移到那里。

投机者很少花费精力尝试与家乡球队或其他球队建立长期的关系，或者寻找相关信息提升他们的观赛体验。但当本地球队表现出色或某运动员打破纪录的努力引起极大关注时，投机者仿佛会被这种热情瞬间感染，迅速成为高度投入的粉丝，跟着其他球迷一起紧紧追随比赛情势，大声欢呼呐喊。如果没有这种社会环境创造的热情，投机者就很难找到观看比赛的乐趣。尽管他们经常观看冠军赛，但是如果连续几个赛季家乡球队都没有获胜的话，他们几乎就不看家乡球队的比赛了。

投机者清楚体育运动是日常生活中创造男子气概的主要途径，因此，他们以一种功利性的态度，每天都在寻找最热门的赛事、球队或球员作为谈资，加入与朋友和同事的对话，成为其中的一分子。

品牌忠诚度：认同磁铁效应。投机者大量收看 ESPN，但是他们观看的理由和方式却与别人大相径庭。他们看 ESPN 就是为了看比赛。对他们来说，看 ESPN 比去现场看比赛有意思多了，因为节目已经进行过高效过滤，只留下了最值得看的精彩片段。除非比赛是"重要的"，否则投机者认为 ESPN 播出的比赛集锦很好地替代了观看整场比赛。ESPN 帮他们去除糟粕，只保留精华。对投机者来说，ESPN 把他们无法轻易理解的比赛包装成了一个经过精心编辑的、由精彩镜头和难忘流行语组成的故事。这就是投机者经常看 ESPN 的原因，他们视其为进入资深体育迷世界的入口。然而，他们对 ESPN 的记者并没有那么崇拜，他们只是将 ESPN 在众多资深体育迷心目中的至高声望，作为他们跻身体育迷的捷径。ESPN 给了他们一条捷径来准备同朋友和同事的谈资。ESPN 告诉他们，体育迷应该什么样，应该使用什么语言和展示什么态度，他们也乐于套用和模仿。对他们来说，ESPN 将体育世界浓缩为一个可为他们所用的形式：一堆流行语、年轻不羁的姿态和男子气概的幽默感。

投机者是文化寄生虫，从品牌传递给追随者的认同价值中获取养分。他们不像追随者那样忠于品牌神话。相反，追随者的忠诚和圈内人赋予品牌的信誉共同创造了一种容易获取且有效的身份货币，滋养着投机者。投机者对品牌神话的体验并不感兴趣，而是通过吸取他人的经验来构建自己的身份认同。他们想要成为其中的一分子，并将品牌作为实现这一目标的捷径。

在心智占据品牌塑造模型中，品牌所有者通过添加适合品牌联想的产品设计以及扩展品牌传播，来吸引更广泛的顾客，从而发展品牌。而标志性品牌的运作方式并非如此。它们作为身份磁铁运作，提供精确聚焦于解决社会尖锐矛盾的神话。如果神话引起共鸣，品牌就会积累追随者。而追随者（有时还包括圈内人）展现出的热情和忠诚就像磁铁一样，吸引了大量的投机者。

扩张识别品牌市场势力最为有效的办法是提高核心顾客的投入度。一个品牌越能成功地使用神话满足核心"信徒"的需求，就越能吸引到更多的顾客。

三大顾客群构成品牌忠诚度

ESPN 的三大顾客群共同形成了品牌的社会网络。这三种顾客群之间的关系构成了品牌忠诚度。

品牌忠诚度是指，即使顾客和品牌没有渊源，当竞争对手提供同等诱人的产品或服务时，顾客仍然愿意继续使用该品牌。顾客黏性指标是品牌市场势力的关键。形成品牌忠诚度的原因不一，因品类不同而有差异。例如，一个突出的观点是更换品牌对顾客来说成本太高。他们在品牌上建立了一定程度的信任，寻找新品牌需要花费精力。这个观点对于功能性产品来说是成立的，比如高乐氏漂白水或者索尼电视，但是对于那些传递认同价值的产品来说，这个观点就不适用了。

对于标志性品牌，有一个来源于高感性品牌塑造模型的传统观点：品牌忠诚度来源于顾客同品牌的关系。一旦顾客和品牌建立了关系，就像人与人之间关系，如亲密、互惠、忠诚等，他们就不大会更换品牌，因为这样会损坏这种关系。

但是这一观点未能捕捉到创造（或者损坏）忠诚度的社交机制。标志性品牌的顾客之所以忠诚，是因为他们被锁定在一个社会网络中。品牌价值的绝大部分是由其他顾客群赋予的，而并非他们同品牌一对一的关系所能决定的。

　　一旦一个品牌将自己定位为一个由圈内人、追随者和投机者组成的网络中的神话演绎者，个体顾客就能很难抛弃该品牌，改投竞争品牌的怀抱。因为如果这样做，他们会失去整个网络的社交效应。抛弃一个标志性品牌是一个集体决定。标志性品牌同其顾客之间的坚韧关系可能会在两种情况下遭到破坏：①一批关键的追随者抛弃该品牌，因为品牌神话无法解决他们目前的焦虑；②一批关键的圈内人抵制该品牌，因为品牌诋毁了他们所在的平民世界。除非出现以上两种情况中的一种，否则个体顾客一旦离开品牌，就会破坏与品牌的个人关系，也会失去与其他志同道合的顾客的互动。

　　想想福克斯体育电视网不惜重金，投下血本，希望能够打破 ESPN 对体育新闻市场的主导。尽管福克斯的产品更好，但投机者并不想切换频道，因为他们的朋友仍然在收看 ESPN；圈内人也还在收看 ESPN，而他们的意见是最受推崇的。福克斯只好把最后的希望寄托在圈内人身上，因为他们希望能表明自己并不依赖 ESPN。如果福克斯能够吸引到足够多的圈内人，那么 ESPN 在追随者和投机者那里的声誉将会遭到破坏。但是福克斯采取了一种传统的差距分析（该分析寻找竞争对手未覆盖的市场空白），开始针对投机者制作娱乐节目。福克斯认为它的节目应该弥补市场空白，但实际上它的节目是在挑战 ESPN 所构建的整个社会网络。投机者只有在追随者转台时才会转台，而追随者只有在看到大批圈内人转台时才会转台。所以，福克斯的战略注定会失败。瓦解围绕品牌形成的社会网络，需要深入了解是什么让这个网络维系在一起的，并采取一种战略，精准干预网络最为脆弱的地方。

跨顾客群品牌管理

　　标志性品牌的三个顾客群相互依赖。单个顾客群在品牌中找到的价值依赖于其他两个顾客群，所以对标志性品牌进行管理就需要管理这三个顾客群之间的关系网络。追随者在品牌中找到的价值来源于圈内人给品牌的背书。同样，投机者找到的价值基于品牌向追随者展示的品牌神话。即使是圈内人也需要其他两个顾客群，因为只有这些渴望分得平民世界一杯羹的"圈外人"的存在，才能证明他们是真正的圈内人。

例如，正如我们将在第 7 章中读到的那样，高端专业人士和管理人员对哈雷–戴维森的兴趣激增，带来了一个意想不到的效果，即疏远了哈雷长期以来的一群核心支持者——模仿并偶尔与飞车党交往的工人阶层男性。这些圈内人越来越难以抵挡新中产阶层的侵扰，他们感到失望，因为哈雷似乎在迎合那些有很多钱但没有足够时间成为真正发烧友的专业人士。这些长期拥护哈雷的摩托车族抵制新中产阶层摩托车客，把他们称为 RUB（有钱的城市摩托车佬），把他们摒除在哈雷神话之外。"如何发现一个想要成为摩托车手的人"是一个大受欢迎的摩托车手幽默网站。该网站上说想成为哈雷骑手的人有以下特点：

- 穿着背后什么都没印的哈雷 T 恤（真正的哈雷 T 恤背后印有经销商图案和哈雷骑手的旅程记录）。
- 只知道在哪里插钥匙和加油，其他一切都交给哈雷经销商（因为不想弄脏那条崭新的哈雷牛仔裤）。
- 曾经拥有一辆哈雷，但是不记得它的型号了（就像结过婚，但是不记得前妻叫什么名字了）。
- 拥有一辆"新的"哈雷，但是从未骑超过"三个小时"（是的，我有健身器材，但是我从来没有用过，所以你不会听到我自称"肌肉男"）。
- 拥有一辆新的哈雷，这是他的第一辆摩托车，却瞧不起"骑日本货的家伙"（比起那些炫耀从哈雷店里订了最新型号摩托车的人，我和那些骑外国摩托车的人更有共同点。当流行趋势转向定制货车什么的时，他们很多人都会卖掉自己的哈雷）。
- 认为子弹酒不应该用龙舌兰或者杰克丹尼尔做，而应该用利口酒做

（完全错误，当然不是需要喝酒才能成为摩托车手，但是如果你喝酒的话，请有点儿品位）。

- 有一个新的哈雷文身，至少穿戴 16 种"官方"哈雷物件（骑士靴、手表、帽子、袜子等）。
- 春天穿一件"唧唧"作响的崭新皮衣，秋天又穿了一件"唧唧"作响的崭新皮衣（哇哦，你在皮衣上擦了很多貂油啊）。

清单可以一直列下去。清单明确地告诉哈雷的追随者：你不能用钱买到摩托车族的经验。摩托车族要全心投入，要学习专业知识，要拥有一种特别的精神。这是一种生活方式。跳上一辆定制哈雷，套上所有必需的装备并不能让你成为哈雷骑士（就像第一天上班的"菜鸟"一样，中产阶层摩托车族总是盛装打扮，确保自己看起来像个真正的哈雷骑士）。当哈雷高层成功地让哈雷神话更接近品牌最有价值的顾客时，工人阶层摩托车手却越来越觉得受到冷落，他们通过贬低哈雷管理层制定的摩托车手标准来破坏其计划。如果哈雷圈内人取得成功，那么公司就不得不重新定义摩托车族，否则它将面临危机，即中产阶层新客群担心他们参与的活动只是对真实机车文化肤浅、无力的模仿。

管理标志性品牌是一项需要高超平衡技术的任务。品牌经理必须构建一个植根于平民世界的神话，以引起追随者的共鸣。同时，他们必须同圈内人对话，得到他们的信任和背书。这项任务难度很高，因为圈内人和追随者并非一定合得来，品牌很多时候被夹在两者之间。圈内人如果发现他们苦心经营多年的，同平民世界建立的特殊关系被品牌"盗用"，会非常愤怒。

第 7 章　chapter 7

共同创造品牌神话

　　哈雷 – 戴维森公司的故事几乎是所有人最喜欢的企业咸鱼翻身的故事。[1]
故事是这样的：哈雷最开始与几十家美国国内的摩托车公司竞争，在 1953
年它击败了当时的同业巨头印第安公司（Indian），成了唯一的美国摩托车制
造商。20 世纪 60 年代，当本田和川崎（Kawasaki）等新的日本竞争品牌进
入美国市场并迅速主导小型摩托车市场时，哈雷陷入了困境。它试图将业
务扩展到其他机动车品类，如雪地摩托车和高尔夫球车，却失败了。

　　随着摩托车市场在 20 世纪 60 年代后期的蓬勃发展，美国机器铸造公
司（AMF）并购了哈雷。由于扩张过度和乏善可陈的管理，哈雷摩托车的质
量出现下滑。同时，日本摩托车成功地打入了哈雷摩托车的核心市场：重
型摩托车市场。20 世纪 80 年代早期，哈雷 – 戴维森濒临破产。包括创始人
的孙子威利·戴维森（Willie Davidson）在内的高管们买下了全部股权，接
管了这家公司。新老板兼管理人员让公司来了个咸鱼翻身。

　　翻身仗主要有两个步骤：恢复产品品质和建立与消费者的联结。哈雷
摩托车最终解决了它臭名昭著的发动机漏油问题。但是咸鱼翻身的关键是，

高管们没有冷落消费者，而是和他们一起骑摩托车，并把从中学到的知识反馈到建立与消费者的联结的活动中，特别是通过公司品牌社区哈雷车友会（H.O.G.）组织骑手活动。

品牌经理很喜欢哈雷的故事，把它当成颂歌一样乐此不疲地重复，因为这个故事颂扬了营销的"真相"。哈雷在一个忽视产品和消费者的大集团的指挥下饱受煎熬。然后，相信市场营销的品牌经理前来救援。他们仔细倾听消费者的需求，接着，你看，消费者的赞扬和公司的利润随之而来。

哈雷的品牌经理也喜欢这个故事，同时，他们还喜欢说，品牌的价值是无法被分析的，因为它像魔法一样：无法用理性解释哈雷神话。哈雷是典型的美国产品，它以一种纯粹和深刻的方式体现了美国所代表的东西。[2]

为什么要再次重复这个故事呢？哈雷的转型是世界上最具影响力的品牌塑造故事之一。各品牌经理在整个 90 年代都在试图复制哈雷的成功之路，然而，在管理界广为流传的哈雷的故事的官方解释是错误的。[3]因此，品牌经理和管理类图书作家一直从哈雷那里得出错误的经验。

我将在本章中展示，备受推崇的哈雷的成功秘诀其实就是该品牌的认同神话，该神话通过哈雷摩托车体现，遵循的原则同其他标志性品牌一样。在之前讨论过的案例中，公司在创造神话的过程中承担了大部分工作。在哈雷的案例中，公司本身却完全没有进行重要的讲故事工作。[4]是哈雷神话的其他创作者，如亡命飞车党的平民世界和文化产业将哈雷变成了一个偶像。文化产业产出的文化内容，如电影、报刊文章、政治演讲、新闻事件是创造哈雷神话的关键。

与数不清的品牌顾问和专家所给出的建议相反，直接模仿哈雷是白费功夫。实际上，哈雷提供了一个典型的案例，说明标志性品牌有时候会有联合创作者，如文化产业和平民世界。

哈雷－戴维森的品牌谱系

几十年来，美国男人一直对哈雷摩托车嗤之以鼻。然而，在20世纪90年代初，他们却突然对哈雷产生了强烈的渴望，甚至愿意在长长的等候名单上排上一年，只为买下一辆价值2万美元的摩托车。这是为什么呢？而且，他们还愿意再花上5000美元买各种行头，把自己和摩托车都装扮一番。随着公司的营收和利润直冲云霄，哈雷－戴维森的股票表现开始大幅超越大盘。哈雷惊人的表现大体上是因为公司把产品价格拉到了同类产品想象不到的高度。

哈雷的认同价值来源于它的神话，这个神话经历了三个不同的阶段。二战后，在西海岸形成的摩托车俱乐部创造了哈雷神话的原始素材——亡命飞车党的平民世界。从20世纪50年代早期到60年代中期，文化产业产生了第一波文化文本，美化了飞车党的亡命精神，并将他们的故事与哈雷摩托车联系起来。从60年代末到70年代末，具有影响力的文化文本重新包装了这个神话，把亡命飞车党变成了枪战能手。结果，哈雷成了底层社会白人男性顾客的偶像，因为这个枪战能手的神话解决了他们的认同焦虑。从20世纪70年代末开始，第三波截然不同的文化文本再次包装了哈雷的神话——把那些莽撞的枪战能手塑造成能单枪匹马拯救国家的行动派英雄。这个关于枪战能手的神话在20世纪90年代初开始流传，在年长、富有的中产阶层男性顾客中引起了共鸣，也正是这些人让哈雷成为当今如此受人尊重的经济资产。文化产业将神话与哈雷紧密联系，并重新包装神话，这一举动产生了深远影响，哈雷在20世纪90年代赚得盆满钵满。

摩托车俱乐部创造的精神

二战后，退伍军人以及来自加利福尼亚州和其他气候温暖的州的社会底层少年，形成了以骑摩托车为主题的反主流文化。这些摩托车俱乐部是一个将成员紧密联系在一起的男性社区，它们创造了一个另类的社交世界。哈雷只是这些摩托车爱好者青睐的重型摩托车品牌之一，其他受欢迎的品牌还有印第安和凯旋（Triumph）。事实上，任何一辆又大又吵的摩托车都会受到他们的欢迎。

对摩托车的改装比摩托车的品牌重要得多。为了把这些摩托车从绅士旅行风格改装为适合飞车党的风格，摩托车手们卸掉了挡泥板和铬条等"饰件"，安装了更小的油箱，改装了发动机，以提高性能，并且让整车看起来更有流线感。这些改装工程最终催生了新的车架设计，其中最著名的是延长的前叉。在遍及美国的本地小店里，改装重型摩托车成为一种非正式经济。

亡命飞车党的精神

以下原则构成了亡命飞车党的精神，这些原则是从针对他们的人类学研究中提炼出来的。[5]

自由意志主义的生活：亡命飞车党是流浪一族，他们总是在移动。他们不受工作或限制性关系的束缚。对于这些骑摩托车的人来说，自由主要体现为他们有能力在任何时间去任何地方。虽然组成车队游行引人注目，但最理想的是漫无目的地骑行。亡命飞车党不仅支持自由意志主义的观点，他们还追寻一种完全摆脱任何形式制度束缚的生活。他们认为所有的制度都是削弱人性的，因为它们窃取了人们自由行动的能力。

飞车党以一种居高临下的口吻，把那些在商业上取得成功、在社会上受人尊敬的中产阶层男性称为"公民"：过于遵守社会规则的顺从者。飞车党故意扭曲了"公民"这个正面词语，炮制了其负面含义：他们认为成为社会的一分子会磨灭个性，遵从社会制度规范会丢失灵魂。男性"公民"世界是虚伪的，它崇尚自由和个性，但又恪守严格的传统规范，心甘情愿地接受对个人自由的限制。

物理主宰：男子气概就是主宰性，也就是坚韧、具有攻击性和自信地面对危险的能力。亡命飞车党将战斗尊为仪式，两个俱乐部的兄弟们经常发生暴力冲突。亡命飞车党表现出一种令人生畏的人际交往风格，他们喜欢自己出现时其他男人感到恐惧的感觉。他们骑着重型摩托车：巨大、轰鸣、具有侵略性、最原始的摩托车。亡命飞车党对哈雷摩托车进行改装，以强调摩托车表达的主宰意味。他们拆除了消音器，让摩托车的声音更大、速度更快。

部落地盘：亡命飞车党将生活视为一场地盘之争，与其他国家和种族的人作战。在这场战斗中，男子气概来自与其他志同道合的人一起成功地保卫地盘。

危险：在边疆之地，男子气概来源于在经历过同印第安人的激烈交锋和各种自然灾害后，还能幸存。飞车党每一次骑上摩托车，都得依赖自己的胆量和技艺活命。他们认为，这正是作为一个男人的根本。亡命飞车党拒绝戴头盔，或者戴那种不能提供任何保护的头盔。飞车党认为"公民"会尽其所能，摆脱生活中的危险。而对于飞车党来说，汽车就像笼子（飞车党对汽车的俗称），提供各种安全功能，保护乘客不受伤害。

狂野的生活：亡命飞车党追求快活的生活，逃避文明的束缚。飞车党愿意放弃安稳的生活方式，去追求狂野的生活——一种以寻求刺激、狂欢和未知为主宰的生活。"公民"的行动受功能性目标的主宰，即"公民"为了成功而行动。"公民"总是为未来做计划，为工作、家庭和税收而生活。而一个飞车党和他的兄弟们狂欢作乐，时不时找点儿麻烦，在被太阳烤得发白的乡间小路上遛他的摩托车。如果某个飞车党屈服于工作或家庭的压力，未能充分地证明他对狂野生活的承诺，他的兄弟就会骚扰和责骂他。如果那个任性的兄弟继续表现得太像一个"公民"，他将被踢出俱乐部。

大自然：亡命飞车党认为他们的生活被大自然掌控，他们的生活方式一再证明了这一点。他们以大自然为家，他们的体味和身上的污垢充分证明了这一点。他们穿脏衣服、蓄须、留着又长又脏的头发，而且不经常洗澡。当"公民"乘坐装有空调的汽车出行时，"亡命之徒"则骑着摩托车，完全暴露在雨水、寒冷中或太阳的炙烤之下，以表达他们自然的天性。

技能：拓荒者不能像在现代社会一样，依赖他人的专业技能。他们必须知道如何应对紧急情况，如何修理他们的所有物件，如何随机应变渡过难关。面对他们老旧的哈雷摩托车频繁抛锚，亡命飞车党反而感到骄傲。因为他们认为一个男人在机械方面的能力就是男子气概的体现，所以一辆出了问题的哈雷是个完美的机会，可以证明他们有能力在一个没有他人可依赖的世界里生存。亡命飞车党根据自己的喜好改装摩托车。"公民"生活在需要科技和他人的专业技术的世界里，因为他们不知道自己的汽车和摩托车是如何工作的，他们必须依赖他人；他们的交通工具是加深依赖的脐带，而不是通往自由的出口。

摩托车俱乐部的男人们受到了美国西部的"亡命之徒"的启发，把他们的摩托车视为机械马。在俱乐部里，他们创造了一种现代的"亡命之徒"生活。在西部边疆，人们很少受到法律的约束。在霍布斯的世界里，最强硬的人——通常是最暴力的人屡占上风。每个男人都必须学会如何保护自己。虽然许多 19 世纪的拓荒者可能认为西部是一片充满机遇的土地，是一个实现美国梦的地方，但"亡命之徒"却发现西部是一个逃离现代社会的地方。二战后，飞车党塑造了他们自己版本的"亡命之徒"精神，这一版本自那时起或多或少保持了一致性。

从 20 世纪 50 年代起，这些飞车党过着"亡命之徒"的生活，并极力颂扬这样的生活，让这种理想延续下去，而当时的美国主流意识形态所颂扬的却是他们理想的反面：科学技术、理性管理和精心规划的郊区核心家庭生活。这些摩托车俱乐部很快成为一个强大的平民世界，和牛仔、乡巴佬、城市黑人和"垮掉的一代"并列成为最能引起共鸣，挑战美国战后社会主流理想的平民形象。随着飞车党从西海岸的孤立存在转变为全美媒体的宠儿，一个重要的飞车党神话市场诞生了，而哈雷最终成为这个市场的核心支撑。

亡命飞车党的精神本来只会在摩托车俱乐部及其追随者的圈子里流传，但是文化产业很快意识到这是个绝佳的故事。文化产业宣传这些亡命飞车党的故事时，把飞车党包装成神秘人物，这样才更对广大观众的口味，并且把这个神话附加在了哈雷品牌上。

阶段 1：文化文本赋予哈雷神话

三个关键的文化文本把亡命飞车党俱乐部作为素材：一篇《生活》(*Life*)杂志的纪实文章、电影《飞车党》(*The Wild One*)，以及地狱天使（Hell's Angels，摩托车帮会）种种劣迹的新闻报道和在电影中的呈现（见图7-1）。就功能而言，这三种文化文本与之前章节中描述的 30 秒广告没有什么不同。它们都创作了一个认同神话，这个神话存在于亡命飞车党的平民世界。关键的区别在于：这些故事开头的关注点是摩托车手，而不是他们的摩托车品牌。所以，一开始，标志性人物是故事里的演员。但是随着哈雷摩托车在故事中逐渐成为中心角色，摩托车手的神话也就随之转移到了哈雷上。

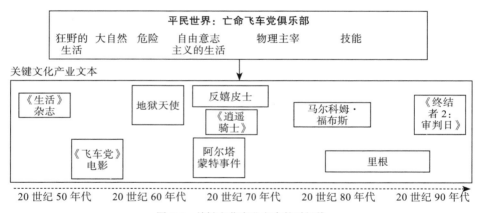

图 7-1   关键文化产业文本的时间线

《生活》杂志

1947 年 7 月 4 日的一个周末，一家摩托车俱乐部的成员在加州霍利斯特市的大街上喝酒狂欢，骚扰路人。《生活》杂志刊登了一张名为"宿醉"的照片，照片上是一个醉醺醺的男人，他目光呆滞，鼓鼓的肚子从衬衫中凸出来，背靠在哈雷摩托车上大口喝啤酒，几十个空瓶子扔在摩托车下面。《生活》杂志用这张照片戏剧化地描述了摩托车手扰乱了一个毫无防备的、宁静的小镇。这张照片在遵纪守法的美国社区引起了轩然大波。突然间，父母们不得不担心放荡堕落的性侵犯者，他们不遵守法律，他们唯一的目的就是给正直守法的"公民"制造麻烦。

虽然这张照片是摆拍的，但它的文化影响深重。[6] 摩托车手的所作所为正是国家意识形态极具威胁性的对立面，赋予国家强化意识形态议程以意义和动力。飞车党是一群四处游荡的流氓，他们拒绝遵守社会纪律，必须予以镇压。为了保护自己，美国社会必须团结起来，反抗这些野蛮人。

《飞车党》电影

《生活》杂志将摩托车手描述成具有威胁性的流氓，《飞车党》这部好莱坞电影对霍利斯特风波的解读却给他们的生活方式提供了哲学基础，为他们的斗殴、酗酒和反社会行为赋予了意义。在电影里，马龙·白兰度饰演一个四处寻衅滋事的摩托车俱乐部的老大。他的帮派途经一个像诺曼·洛克威尔（Norman Rockwell）的画一样的小镇。对白兰度来说，镇上的一切都太"规矩"了——这是一个借用自"垮掉的一代"的词语，意思是单调一致，这是对美国意识形态的迎面一击。白兰度带领的一群快乐的摩托车手把这个小镇变成了一场喧闹的派对，他们席卷酒吧，骚扰女性，并挑起斗殴。李·马文（Lee Marvin）饰演一个敌对摩托车帮派的老大，也跟他的手下一起骑进小镇，喝得酩酊大醉，然后和白兰度打了一架。他们双双挂彩，派对失控，紧张局势加剧。后来，白兰度骑着摩托车，带着酒吧的女服务员，去乡村度过了一段所谓的浪漫时光。然而，冷漠的白兰度担心自己缺乏适当的文明举止，无法获得女孩的芳心，于是在她还没来得及拒绝自己之前，自己就拒绝了她。在影片接近尾声时，镇上的两个神父被动员组成了一个治安队，给白兰度设了套，并狠狠地收拾他一顿。当白兰度骑着摩托车逃离时，镇上的居民把铁扳手扔进了他的摩托车轮毂里，白兰度从摩托车上摔了下来。[7] 摩托车失去控制，撞上了一个无辜路人，那人当场丧生。白兰度最终摆脱了随之而来的杀人指控，那个女服务员在这个过程中也爱上了他。但白兰度的兄弟们在召唤他，所以，作为一个真正的飞车党，他放弃了这位女孩，与他的摩托车兄弟们一起驰骋在乡间。

《飞车党》对摩托车俱乐部的描述与成员们对自己的想象如出一辙：他们是边疆地区的"亡命之徒"。和其他男人一样，他们也感到在新的科学挂帅的官僚制度下失去了男子气概，但他们有勇气拒绝社会，活出人的动物本性，就像当年西部拓荒的人们一样。在那里，没有官僚机构约束人们的行为。这些男人凭着体力优势和居无定所来拒绝强制性的承诺。白兰度和马文被认为是性感的叛逆英雄。与詹姆斯·迪恩一样，白兰度成为青年叛逆精神的象征。他让男人梦想着用简单的工具——黑色皮衣、牛仔裤和一辆震耳欲聋摩托车，逃离迫使人们从众、失去男子气概的社会。

媒体报道中的地狱天使

1964 年，来自一个鲜为人知的摩托车俱乐部的摩托车手被指控在一个小镇强奸了一个女孩。所有新闻媒体都报道了这一事件，重新唤起了大众关于摩托车手是野蛮人的回忆。这一次，这些不法之徒有了一个与他们的危险的名声相称的名字——地狱天使。

在强奸案曝光之前，地狱天使只是北加利福尼亚州一个由几十个人组成的小团伙。尽管多年来他们一直受到警方关注，但执法部门几乎从来没有把他们视为真正的威胁。然而，事件发生后不久，这些摩托车手成了媒体的宠儿，为观众提供了性、暴力、犯罪和龌龊的画面，所有这些吸引人关注的因素被媒体打包在了一起。再一次，全美都在提防这些凶残的野蛮人，认为他们猎取全社会的女性。媒体的狂热将地狱天使转化成一股爆炸性的文化力量。

B 级片之王罗杰·科尔曼（Roger Corman）对具有煽动性的素材嗅觉灵敏。科尔曼监制了几部飞车党电影，包括创下票房纪录的《狂野天使》（*The Wild Angels*）。他鼓励手下的编剧们对摩托车手的越轨行为添油加醋。那个时代最令人不安的文化人物之一、变态的邪教头目、杀人犯查尔斯·曼森（Charles Manson）显然是受到了科尔曼的电影的启发，宣布他将骑着哈雷摩托车领导革命行动。

对于 20 世纪 60 年代成长起来的男孩来说，可憎且预兆着不祥的哈雷骑手散发着不可抗拒的吸引力。对于 1965 年即将成年的青少年来说，哈雷就像 1979 年左右的英国少年看到的从朋克脸上穿过的安全别针，以及 20 世纪 80 年代末，痴迷于"黑帮"文化的男孩看到的露出臀部的宽松牛仔裤。所有这些画面对年轻人都极具吸引力，因为它们威胁到中产阶层的成年人。对哈雷来说，不一样的是：一个十几岁的孩子可以轻松地从妈妈的针线包中拿到安全别针，而弄到一辆价值 3000 美元的摩托车则完全是另一回事了。于是，李维斯牛仔裤和黑色皮夹克取而代之，成为渴望成为飞车党的青少年的首选行头。

亨特·汤普森（Hunter Thompson）是个有很大影响力的嬉皮士，同时也是一位擅长撰写偏激夸大的报道的反主流文化记者。他在读者群体广大的《滚石》（Rolling Stone）和《国家》（The Nation）杂志上，大肆宣扬地狱天使的内部故事。在一本纪实性的书中，他叙述了自己的越轨行为，将自己描绘为地狱天使的追随者。虽然汤普森描述的地狱天使摩托车手们对于嬉皮士来说太过暴力，但他们仍然赢得了极大的尊重，因为这些摩托车手是"玩真的"。这些人比任何嬉皮士都更决绝，他们拒绝与美国社会有关的一切，他们充满了真实性，他们对一切都说"去你的"。

阶段 2：把摩托车手重新包装为枪战能手

20 世纪 60 年代末，两种重要的文化文本将美国人对摩托车手的理解从无法无天、毫无道德的不法分子，转变为危险却爱国的枪战能手。历史上，美国枪战能手一直是雇佣兵——丹尼尔·布恩（Daniel Boone）是第一个流行的版本，他以战士的专业身手打败了野蛮人。枪战能手是未开化的，但他们必须如此，因为只有这样，他们才强悍到足以对付敌人。[8]

哈雷的枪战能手神话始于二战期间，当时有很多新闻短片、报纸上的照片和故事描述战士在前线骑哈雷摩托车，就像昔日的骑兵队。哈雷摩托车成了美国部队的新战马。战士们珍爱哈雷摩托车、吉普车和 Zippo 打火机，因为它们都是值得信赖的战斗工具。但是，骑在摩托车上的男人是在为国家而战的士兵的想法被离经叛道的神话所取代。[9] 两个关键的文化文本——阿尔塔蒙特（Altamont）事件和《逍遥骑士》（*Easy Rider*）重新塑造了哈雷摩托车是枪战能手可靠的战马的神话。

阿尔塔蒙特事件

1969 年 12 月，滚石乐队进行了名为 Let It Bleed 的巡回演出，其中一站是加利福尼亚州的阿尔塔蒙特赛车场。令人费解的是，地狱天使被雇来提供安保服务，保护滚石乐队。地狱天使将哈雷摩托车停在舞台和 30 万名滚石乐队的歌迷之间。演唱会的开始时间比预定的延误了好几个小时，歌迷们开始感到不耐烦。当滚石乐队最终登上舞台时，歌迷们变得异常躁动，并挤向地狱天使的摩托车。斗殴爆发了。一名男子掏枪对准一名地狱天使的飞车党，飞车党的回应则是用刀将他刺死。新闻媒体紧接着对这一事件进行了疯狂的报道。媒体报道给人的印象是，地狱天使不惜与嬉皮士斗争，以维护秩序和捍卫自己的荣誉。

阿尔塔蒙特事件是嬉皮士同摩托车俱乐部之间一次决定性的决裂。地狱天使对抗嬉皮士的行为，正撞上了时任总统尼克松和副总统斯皮罗·阿格纽（Spiro Agnew）呼吁恢复法律和秩序的时候。较保守的公民，尤其是工人阶层的白人，也加入了这一呼吁。对这些渴望消除民权和和平运动挑起的政治不稳定的人来说，地狱天使刺杀歌迷事件有着强烈的象征意义。在保守派的心目中，嬉皮士象征着这种不稳定：美国的年轻一代正在被扭曲的思想引入歧途。因此，那些呼吁恢复法律和秩序的人，经过阿尔塔蒙特事件，对地狱天使有了不同的印象：摩托车手可能是暴力的，但在某种程度上也是爱国和保守的，因为他们更愿意捍卫国家的历史价值。

地狱天使越来越懂得如何利用媒体。他们为媒体上演反和平运动的滑稽行为。于是，经过媒体的广泛报道，阿尔塔蒙特事件的影响力越来越大。

与此同时，和平运动开始产生影响，尼克松和阿格纽恳求"沉默的大多数"——主要是居住在美国内陆、支持战争的工人阶层白人男性，表达他们对战争的支持。尽管地狱天使对政客们（包括尼克松政府）并无好感，但他们对嬉皮士明显缺乏对他们的同胞的尊重感到不满。地狱天使在反战集会上进行反抗议，嘲弄和平抗议者，偶尔还会煽动暴力。

美国国旗成为这场角力战的标志。当抗议者焚烧美国国旗时，摩托车手自豪地挥舞国旗，并把国旗插在他们的摩托车上。哈雷 – 戴维森公司最终追随摩托车手的脚步，模仿他们对哈雷的改装，推出了一款新摩托车。此外，公司还在哈雷的标志中加入了星条旗。

《逍遥骑士》电影

彼得·方达（Peter Fonda）和丹尼斯·霍珀（Dennis Hopper）1969 年的电影《逍遥骑士》是最具标志性的描述越南战争时代的电影之一。《逍遥骑士》有意识地拍成西部片的模样，其影响力来自混搭风格：同《飞车党》一样，这部电影颂扬男性的自主权。但是该片没有采用成群的飞车党，而是描绘了独自穿越美国西部边疆的摩托车骑手，电影充斥着嬉皮士服饰和行话。就像 20 世纪 50 年代到 60 年代的西部片一样，方达和霍珀用他们的电影来对抗他们认为由于窃取了男性的自主权而变得病态的社会。在摇滚乐队荒原狼（Steppenwolf）的《天生狂野》（*Born to Be Wild*）的背景音乐的伴奏下，《逍遥骑士》的主角们骑着哈雷摩托车穿越沙漠，油箱涂成了美国国旗。

电影中有一个片段：方达和霍珀骑进一个小镇，开玩笑似的加入了镇上的游行队伍，这正是对《飞车党》的致敬。他们被关进了监狱，在那里他们遇到了由杰克·尼科尔森（Jack Nicholson）扮演的一位酗酒的美国公民自由联盟（ACLU）的律师。尼科尔森扮演了一个配角，但是该角色让他一举成名。影片里，他穿着精致的白色亚麻衣服，显然过着中产阶层舒适的生活。但是，他无法抗拒对无拘无束生活的渴望，于是决定加入方达和霍珀的摩托车行列。在解释为什么他们俩被遵纪守法的小镇的长辈们赶出小镇时，尼科尔森告诉霍珀：

> "这曾经是一个非常美好的国家。他们并不怕你，他们怕的是你所代表的东西。对他们来说，你代表着自由。但谈论自由和真正拥有自由是两回事。当自由能够在市场上被买卖时，真正的自由就很难获得了。"[10]

《逍遥骑士》将当时迷恋嬉皮士理想的美国年轻人，引导向了那个时期西部片所展现的新边疆价值观。这部电影告诉年轻人，追求自由是为了发掘美国边疆地区所能给予的个人自由，而不是为了辩论存在主义哲学或过公共生活。除了一次新奥尔良的迷幻之旅，影片的大部分情节都是在美国西部的乡间展开的。主角们骑摩托车、露营，沿途遇到了牧场主和嬉皮士。

方达、霍珀和尼科尔森强调美国男子气概根植于一个纯粹自治的自由世界，这正是他们曾经在西部找到的。方达和霍珀与一个牧场家庭共进午餐，这个家庭的生活方式相当保守，与嬉皮士的生活方式完全相反。然而方达赞扬了牧场主的生活："并不是每个男人都能靠土地过活，在自己的时间做自己想做的事情。你该为此感到自豪。"后来，尼科尔森在篝火旁还有一段醉醺醺的独白，他描述了来自另一个星球的高级物种："每个人都是领袖。那里没有政府，没有货币体系。"

《逍遥骑士》把摩托车手描绘成边疆的业余哲学家。男人的男子气概在弱化，因为美国的大型机构迫使他们遵从"不自然的"角色和规范。因此，为了恢复一个人的男子气概和自由，他必须放弃城市生活，选择只有在乡村才能体验到的粗犷的和独立的生活，当然，还要骑着哈雷摩托车。

阿尔塔蒙特事件和《逍遥骑士》共同重新包装了哈雷之前的"亡命之徒"神话。如今，哈雷的神话展现了这些危险的、享乐主义至上的男人也是这个国家传统的男子气概和自由主义价值观的捍卫者。哈雷摩托车手扮演了美国历史上的枪战能手的角色：他们是危险的硬汉，会不惜一切代价恢复这个国家传统的、粗犷的个人主义精神，这个国家会再度颂扬白人男子的自主和权力。

哈雷的枪战能手神话，吸引了一群正在等待的受众。那些被中产阶层男性更和善、更温柔的男子气质困扰的白人工人阶层，正是该神话的完美受众。这些人中的许多人成为哈雷的狂热爱好者，并形成了一种反主流文化，对抗当时的时代精神。

哈雷变成偶像

哈雷远远超出了亡命飞车党的圈子，成为白人工人阶层的偶像。由于制造业工作开始消失，美国进入了一个痛苦的去工业化时代，这些人面临着某种"大势已去"危机。日本公司开始主宰消费电子、运输、工业机械和钢铁市场。同时，美国中产阶层开始尝试一种进步的意识形态，设想了一个以生态、女权主义、公民权利和嬉皮士的存在主义为基础的新未来。艾伦·阿尔达（Alan Alda）代替约翰·韦恩，成了新的男性榜样。

对于年轻的工人阶层白人男性来说，这是一个充满焦虑的时期。在他们的经济前景受到威胁的同时，国家正在抛弃他们所信奉的父权。他们被地狱天使的故事吸引，因为他们仍然像美国过去的拓荒者那样崇尚男子气概。他们赞同亡命飞车党，坚定地反对中产阶层嬉皮士，因为他们认为嬉皮士是享受过多特权的"娘娘腔"。跟着飞车党骑哈雷的想法成为男子气概的最后堡垒：保卫美国的拓荒者价值观，对抗住在东西海岸的中产阶层提出的异类理想。这些男人将仇恨转向新的敌人——入侵美国市场的日本摩托车。早在密歇根州的汽车工人用棒球棍猛砸本田和达特桑（Datsun）汽车之前，哈雷飞车党就自豪地穿着印有野蛮攻击日本摩托车口号的 T 恤。作为这波运动的集结点，骑哈雷成了一种团结运动，让同样心怀不满的男性聚集在了一起，共同反对当代美国各处的自由主义邪恶势力和偷走他们工作的外国人。

一个非正式的哈雷骑手网络发展成为一个全国性的哈雷骑手组织——改装摩托车协会，它赞助摩托车骑行和集会。摩托车手们最喜欢的读物《逍遥骑士》（Easyriders）杂志成立了一个名为 ABATE 的政治行动组织。最初，ABATE 这一名字的含义是"反对极权法令的兄弟会"（A Brotherhood Against Totalitarian Enactments），但最后改成了政治上更容易被接受的"争取教育的兄弟会"（A Brotherhood Aimed Toward Education）。ABATE 反对当时美国各州推行的头盔法，认为这些法规是强烈的象征，象征着刚愎自用的、自由派的政府思想侵蚀了美国男人的个人生活。

《逍遥骑士》刊登了许多改装后的哈雷摩托车的照片和摩托车手集会的抓拍照片，颂扬亡命飞车党的生活方式。杂志的社论方向透露出它是哈雷的追随者。杂志清晰地宣扬了一种与亡命飞车党俱乐部高度一致的精神：反独裁、反精英、反对任何形式的社会规范。

《逍遥骑士》杂志获得了极大的成功，于是模仿者纷纷出现，如《亡命飞车党》（Outlaw Biker）和《自由奔跑》（Runnin' Free）。20 世纪 70 年代末，排名前五的出版物的总发行量超过了 100 万册。哈雷已经成为美国社会经济地位最低的白人的标志性品牌，成为一个有力的载体，承载着枪战能手精神。这些人紧密团结在兄弟会里，颂扬阳刚、父权的男子气概，他们模糊地认为这种男子气概在前工业化的美国存在过。

因此，20 世纪 70 年代的美国中产阶层男性绝对不能接受哈雷，因为它是一种落后的标志，与当时进步的时代精神背道而驰。对于当时收购了哈雷–戴维森公司的 AMF 来说，拥有哈雷这一标志性品牌算不上是一场胜利。这些工人阶层的顾客直接模仿亡命飞车党的品位，他们喜欢修理二手摩托车，根据自己的喜好进行改装。他们认为旧的在 AMF 收购哈雷–戴维森之前出厂的摩托车更为纯正。这些偏好与工人阶层的经济状况相契合——许多人无论如何都负担不起一辆新摩托车。

阶段 3：把枪战能手重新包装为行动派男人

穷困潦倒的年轻白人男性被深深植入摩托车的父权理想所吸引。他们非常珍视哈雷摩托车。但对于中产阶层中年白人男性来说，哈雷摩托车却绝对不是什么值得拥有的东西（尽管在 20 世纪 90 年代，他们成为哈雷的追随者）。哈雷的枪战能手神话是如何改头换面，吸引那些年薪 10 万美元、从事办公室工作的男性的呢？罗纳德·里根和他的枪战能手朋友在 20 世纪 80 年代对哈雷神话进行了重新包装，为在 90 年代初蓬勃发展的反政治正确（anti-PC）神话市场奠定了基础。

里根把枪战能手包装为行动派男人

里根成为美国最具影响力的文化偶像，以及他对哈雷的战略性运用是哈雷重整旗鼓的最重要原因。为了重振美国经济和政治，里根重拾了西奥多·罗斯福在 19 世纪末使用的枪战能手神话。里根利用他出演 20 世纪 40 年代和 50 年代的西部片而获得的文化权威，重新塑造了这个神话。他编造了一个关于美国精神复兴的平民神话。他发誓要对抗美国的敌人，他把创业者和小企业描绘成推进美国成功的动力。为了让自己对官僚机构和精英的批判更为有力，里根将美国历史上的枪战能手包装成一个行动派男人：一个可以单枪匹马对付腐败机构，挽救国家传统价值观的英雄人物。

美西战争后，罗斯福曾使用枪战能手这个形象，象征美国作为新兴大国的野心。里根呼吁恢复罗斯福的枪战能手理想，推翻他眼中病态的体制，改变衰弱的民族精神。他借用西尔维斯特·史泰龙在《第一滴血》中扮演的兰博作为典型的枪战能手形象。他经常把最杰出的枪战能手型演员，尤其是约翰·韦恩和克林特·伊斯特伍德，作为他的思想革命的象征。里根鼓励美国人将这些人物视为英雄。

里根号召，要复兴美国，让美国成为由"枪战能手"组成的国家，这一极富感染力的号召激发了各阶层男性的热情。1984 年他成功连任时，之前的党派联盟已经分崩离析。里根没有延续自罗斯福新政以来一直存在的基于阶层和种族的联盟，而是组织了一种受他的男子气概理念强烈影响的新联盟。

在经济方面，里根利用了工人阶层的情绪。日本人已经"攻击"了美国，所以美国除了反击别无选择。美国政府把日本描绘成头号公敌，是对美国权力和威望的经济威胁。日本凭借其卓越的商业实践和长期渗透出口市场的决心，在经济上似乎势不可挡。20 世纪 80 年代初，反对日本投资美国地产（如曼哈顿洛克菲勒中心）和反对日本资本进入美国文化（电影、音乐）领域的抗议十分常见。

在文化方面，里根打磨了 20 世纪 70 年代新保守主义知识分子的说辞，严厉指责"自由派精英"，因为他们把美国英雄赶下了台，并把反美思想强制加入了课程和媒体，败坏了国家。他攻击了 20 世纪 60 年代以来的社会议程，称它是反宗教的和不爱国的，不是道德上更优越的自由放任式个人主义。里根认为文化精英羸弱无力，美国主流社会也认同他的观点。

三个关键的文化文本重新包装了哈雷，以唤起行动派的枪战能手理想。这些文本改变了哈雷未经修饰的枪战能手的形象。新的枪战能手仍然是暴力的和父权的，但也是一个行动派英雄，他有能力拯救国家。事实证明，这个行动派人物形象的复兴对保守的中产阶层男性极具吸引力。

马尔科姆·福布斯与哈雷

20 世纪 70 年代末，里根还在构建他的政治基础时，他的关键盟友之一马尔科姆·福布斯（Malcolm Forbes）就已经在标榜哈雷作为枪战能手神话象征的有效性了。福布斯是同名刊物《福布斯》杂志的出版人，因其右翼理论而闻名。他总是在寻求公众的关注，当然，他也有实力得到关注。他安排了一场骑哈雷摩托车的冒险之旅，媒体对此进行了广泛报道。他和他的骑手们，骑着哈雷摩托车"飞"到政治敏感的"边疆之地"，比如阿富汗，然后去兜风，并送给当局一件礼物：一辆哈雷摩托车。他还骑着哈雷摩托车引领了一场自由主义事业的"自由之旅"。福布斯把自己的名字写在了他拥有的哈雷摩托车经销店的招牌上。福布斯还经常安排一辆豪华轿车在曼哈顿开道，他自己则骑着哈雷摩托车去上班。

哈雷骑手有能力用自由主义价值观重振社会。对福布斯来说，与之前的工人阶层摩托车手不同，哈雷在商界象征着一种强有力的男子气概。作为一个男人，意味着要追求顽强的个人主义管理者的生活，成为一名愿意在职业生涯和个人生活中冒生命危险的企业家。举止要有男子气概，在政治和社会习俗方面则应保守。在福布斯看来，那些敢于挑战的创业者能在竞争激烈的世界中取得成就。

里根加持哈雷成为行动派男人的标志

20 世纪 80 年代初，哈雷－戴维森公司仍然饱受管理不善（AMF 扩张过快，质量控制不佳）、经济衰退以及管理层主导的杠杆收购带来的债务的困扰。里根政府非常清楚哈雷－戴维森公司岌岌可危的财务状况，担心如果像哈雷这样拥有历史传统和象征意义的公司破产，会引发的政治后果。1983 年 4 月，里根来解救哈雷。他对进口重型摩托车和动力总成子组件大幅提高关税（从 4.4% 提高到 49.4%），以保护哈雷的生意。其政治任务是将纾困计划包装得与政府的自由放任言论不相抵触，使这一明显的保护主义政策被公众接受。

里根再度展现他的言辞魅力，巧妙地把哈雷植入他试图复活的枪战能手的神话中。他告诉美国人，哈雷被美国的经济敌人（日本）坑了，美国应该团结起来支持哈雷，尤其是因为哈雷是美国最后一家摩托车公司。

尽管里根有效地将哈雷以及他那些神话般的枪战能手朋友，如史泰龙、韦恩和伊斯特伍德等，一起纳入他的边疆愿景，但哈雷品牌最初并没有从这些意识形态的加持中得到什么好处。首先，商界真正的枪战能手主要出现在华尔街，从事投资银行家和企业掠夺者这样的工作。在这种环境下，哈雷和美国乡间工人阶层的联结毫无意义。其次，这个故事完全是错的。美国迫切需要的是能够有效推翻旧的资本主义模式，征服美国咄咄逼人的新对手的强人。华尔街银行家就是美国需要的，而哈雷－戴维森公司却不是。哈雷似乎是旧经济体制下一家步履蹒跚的公司，被日本人打得已招架不住，而且有着攻击而非支持摩托车手的历史。它并非美国社会想要团结在其周围的拓荒者形象。相比之下，兰博的形象更合适。

不过，随着为期五年的关税保护政策在 1987 年即将到期，里根政府与哈雷－戴维森公司管理层一起策划了一场非同寻常的公关政变。3 月 19 日，哈雷－戴维森公司首席执行官沃恩·比尔斯（Vaughn Beals）要求国际贸易委员会（ITC）取消给予哈雷的关税保护——这纯粹是象征性的举动，因为本田和川崎已经将生产转移到美国以规避关税。不仅如此，起初为批发价格 45% 的关税已经在最后一年降至 10%。5 月 6 日，里根在宾夕法尼亚州约克市（York）哈雷的工厂车间发表演讲，宣称"美国工人不需要躲避任何人"。美国各大报纸都报道了这一事件。《今日美国》和其他主要报纸甚至刊登了里根骑着哈雷摩托车的照片。[11] 7 月 1 日，在广告公司的安排下，比尔斯和福布斯带领着 20 辆哈雷摩托车，从美国证券交易所游行到纽约证券交易所，并把一辆哈雷摩托车停在交易大厅展示了一天。10 月 9 日，关税保护失效前 6 个月，里根取消了这项关税。里根称赞哈雷的重整旗鼓是对抗日本人的胜利，并进一步将哈雷的复苏归功于他在总统任期所倡导的西部边疆精神。哈雷象征着美国经济的复苏，而这一成就是通过里根式的枪战能手神话实现的。

这一事件的宣传效果惊人。媒体对里根的表现赞不绝口，因为这是一个完美撰写的、经典的美国东山再起的故事：一家顾客为典型的美国拓荒勇士的公司，在被一家中央集权的集团公司收购后，迷失了方向。真正的枪战能手兼创业家挽救了这家公司，他们理解公司的本质和精神。在一位叛逆的、对枪战能手友好的总统的帮助下，这家公司扭亏为盈，再次成为一家骄傲的，具有盈利能力的公司。

有了这个故事主线，哈雷很快就成了里根的故事叙述的焦点。里根的纽约演讲后发生的一些事件，让里根对哈雷的加持变得更加有意义。1987 年 10 月的股市崩盘标志着华尔街金融家们作为美国枪战能手英雄的时代的结束。华尔街的象征性是站不住脚的，不仅因为其腐败得离谱，还因为该象征意义缺乏一致性。新的创业者精神不可能集中在"城市"的心脏——大型、官僚的机构中。只有融入某些"新边疆"成分，新神话才会真正有效。

哈雷－戴维森公司是密尔沃基市的一家公司，它与美国内陆和西部地区有着密切的联系，它并没有受到股市崩盘的影响。哈雷赢得了枪战能手的信誉，因为它在被称为"铁锈地带"、遭到严重破坏的北方工业区幸存了下来。随着华尔街和雅皮士们，连同他们的象征，如宝马和劳力士逐渐退出历史舞台，哈雷成了那些信奉里根思想的人最可信的品牌象征。

美国的动作明星助阵哈雷

华尔街崩盘后，哈雷成了里根在好莱坞的亲信的宠儿。不仅史泰龙和伊斯特伍德，就连阿诺德·施瓦辛格和布鲁斯·威利斯也都骑着哈雷摩托车出现在娱乐杂志上。这些名人的代言完美地响应了福布斯在 20 世纪 70 年代末对哈雷的追捧。哈雷与这些富有魅力的演员，以及他们的枪战电影紧密联结在一起，成为里根的枪战能手最有力的象征。

但是对哈雷的终极加持，使其成为美国新一代行动派枪战能手最爱的代步工具的，则是 1991 年大受欢迎的《终结者 2：审判日》。阿诺德·施瓦辛格（在上一部电影中，他扮演的是一个反面角色）在其中扮演了一个典型的行动派枪战能手。他是个机器人，与那个为了杀死约翰·康纳（John Conner）（他在多年后长大成人，领导反抗运动拯救人类）被送来的用合金做的敌人一样。然而，他是好人之一，他使用暴力是为了达到正义的目的。

电影一开始，施瓦辛格与一些地狱天使飞车党打斗。他们大腹便便，明显已经过了鼎盛时期。施瓦辛格偷了他们的一辆哈雷摩托车，骑着它扬长而去，成为一个全新而强大的摩托车手：一个冷酷而有天赋的杀手，一个为了将美国人从极权技术中拯救出来，必须使用暴力的杀手。《终结者 2》是那个时代最具影响力的男子气概神话之一，而所有这一切都发生在一辆哈雷摩托车上！

这些文本结合在一起，重新塑造了哈雷的枪战能手形象，成为重振美国所必需的新型男性的代表。旧时的哈雷讲述一个处于社会边缘的"亡命之徒"的神话，而如今的哈雷传达的神话，帮助男人们与里根的边疆精神建立联结，重振美国的力量。经过这个过程，这些文本切断了哈雷与亡命飞车党世界的联系。不仅这些亡命飞车党消失了，他们不受欢迎的特质——明目张胆的反社会行为和反资产阶级言论也消失了。20 世纪 90 年代初，美国经历了一场重大的文化动荡，哈雷的新神话得到了丰厚的回报。当人们对中产阶层白人男性重获权威的神话的需求大增时，哈雷刚好完美回应了这种需求。

哈雷再一次成为偶像

华尔街主导的美国新经济带来了非同寻常的压力和激励，促使企业管理者拓展市场、降低成本，实现比竞争对手更好的创新。20 世纪 90 年代初，随着这些金融压力蔓延到全球各地，企业管理者依托灵活的网络化组织、知识驱动、赢者通吃的劳动力市场和积极的企业重组开辟了一个新市场。

当里根重振美国的边疆精神意识形态时，一股强大的力量被释放了出来。然而事实证明，美国资本主义的下一个阶段与这一神话结构的某些部分并不相符。里根发誓要推进与基督教右翼一致的社会保守主义。在他的设想中，美国的意识形态要忠于基督教的道德理念，并通过一些象征性的问题传达出来，比如反堕胎和在公立学校里进行祈祷。但是基督教道德理念和枪战能手神话是奇怪的组合，因为枪战能手神话并不受基督教道德理念的约束——不管是在 19 世纪的美国西部，还是在 20 世纪末的"涡轮资本主义"时期。除了一些备受关注的小冲突，比如蒂珀·戈尔家长音乐资源中心（PMRC）游说政府对重金属和说唱专辑中的淫秽歌词进行监管，这些问题都没有什么下文。

相反，里根时期首位的意识形态——自由工作者新边疆，被证明是最有效的，得到了两党大多数人的支持。新经济需要一种新的意识形态，认可社会商业活力、精英竞争和对经济目标的绝对承诺。公司为了追求全球议程而拥抱文化多样性，它们寻找最有才华、最积极的员工，不在意他们的信仰、性别或种族。传统的层级命令观念被更扁平的结构和更灵活的团队与联盟所取代。此外，新的全球自由市场的架构方式旨在迎合和放大每一个消费者的欲望。无论是煽情的电视节目还是嘻哈时装，都以此为目标。共和党中的新保守派联合比尔·克林顿（Bill Clinton）领导的"新民主党人"，拥抱资本和劳动力的自由流动、文化多样性、女权主义、精英政治，并将经济目标置于军事征服之上。

反政治正确的神话市场

随着这种以自由工作者为基础的网络经济的形成，经济不安全感（在过去 20 年里主要是蓝领阶层的问题）延伸到了劳动力市场的其他领域。这种经济创造了高度竞争的劳动力市场，除了高级管理者和高度专业的知识工作者，几乎所有工作领域的工资都面临下行的压力。那把在 20 世纪 70 年代到 80 年代削减过大量蓝领工作的成本效益大刀，现在又挥向了男性曾经赖以获得权威和声望的中产阶层工作岗位。而且，就像以前蓝领工作中发生过的经济混乱一样，这些变化威胁到了男性对自己的认同。

其结果是，在美国生活了几代的欧裔男性领导了平民主义反抗，媒体将这一群体称为"愤怒的白人"。这些人的经济保障和男性地位受到威胁。这种反抗最显著的表现包括震撼电台的流行，约翰·布莱（John Bly）⊖的畅销小说《铁约翰》（*Iron John*）和百万男性大游行（Million Man March）。

平民主义观察家用理论来解释这些问题，用神话来减轻这些愤怒的人的痛苦。以拉什·林博为首的一群社会保守派，利用当时的经济动荡构建了一种文化衰退理论。林博无疑是当时最有影响力的文化领袖，他在电台脱口秀中扮演煽动家般的权威人物，掌控着数百万自称"拉什·林博忠实'信徒'"的追随者。随后加入他的行列的还有奥利弗·诺斯（Oliver North）

⊖ 此处疑似原书有误，《铁约翰》的作者是罗伯特·布莱（Robert Bly）。——编者注

和戈登・利迪（Gordon Liddy）等同样语出惊人的主播。林博的广播节目收听率在美国排名第一，每周有超过 2000 万的听众收听。听众以男性为主，他们每次都听上好几个小时，就像电视还没有被发明出来一样。林博不得不雇用 140 个人来回复他每天收到的成堆的邮件。他的书《事情本该如此》（*The Way Things Ought to Be*）成为头号畅销书，并在《纽约时报》畅销书排行榜上停留了数月。

林博和他的兄弟们有效地将不断变化的经济现实——网络经济、自由工作者赢家通吃的就业市场、日益增强的受过高等教育的知识工作者（通常是移民和美国少数族裔）的力量，编织成一个引人入胜的故事，深深吸引了那些受到新经济打击的男性。林博认为，这场削弱男子气概的灾难是由控制联邦政府、媒体和好莱坞自由精英的意识形态造成的。林博特别挑出了"抱怨者"，他们自私地指责国家是如何亏待了他们，而从来不赞美这个国家的善良。从林博颇具影响力的观点来看，20 世纪 60 年代激进分子的成功引起了心怀不满的美国男性的焦虑。

林博主张回归爱国主义价值观，他认为，二战后美国达到了权力的顶峰，在 20 世纪 60 年代的动荡之前，在美国是可以找到这种爱国主义价值观的。林博对里根敬若神明，他认为里根是美国最伟大的领袖之一。因为里根曾经同 20 世纪 60 年代的"罪犯"战斗，重新点燃了美国的"传统"价值观。

这一反扑的一部分是反对全球化就业竞争的民族主义狂热的蔓延。美国人，尤其是愤怒的白人男性群体，想要封锁国家的边界。杰瑞・布朗、帕特・布坎南和罗斯・佩罗等不同政治背景的政治家都支持保护主义和孤立主义的"美国堡垒"政策。

1992 年比尔・克林顿当选总统，这一事件在这些人中间掀起了一股强大的冲击波。克林顿的经济政策继续推动里根和布什政府的市场自由化政策。更糟糕的是，与他的前任们不同，他没有用文化保守主义来掩盖这些政策。克林顿的意识形态标榜新经济价值观——这与愤怒的白人群体的期望恰好相反。对这些人来说，克林顿是林博口中的自由派精英之一，拥有耶鲁法学院的学位，不但和黑人合得来，还会吹奏还过得去的蓝调萨克斯风。此外，他还有一位自信的自由派精英妻子（希拉里，也有耶鲁法学文凭）。克林顿开始了他的总统任期，与犹太领导人共同寻求"有意义的政治"，针对种族主义举行全国性的辩论，同时扮演国际政治家的角色，一反里根对政治对手的敌对态度。

克林顿的当选激起了林博和其他社会保守派企图煽动的反对力量。里根对男人要像枪战能手一样对抗华盛顿的官僚和自由媒体的呼吁，变得更加令人信服。枪战能手的神话渗透到美国大众文化的方方面面，社区组织、调频广播，等等。哈雷以其资深的枪战能手地位和与里根的关系，完美地成为这批人的核心偶像。

在里根的加持下，哈雷的枪战能手神话成为缓解这些社会张力的良药。哈雷作为兄弟会的核心，倡导保守的愿景，以恢复"传统"保守的男子气概（即白人、父权、基督徒、美国人），对抗以新的全球网络经济为基础的文化自由。

似乎在一夜之间，那些买得起哈雷的男人都蜂拥至哈雷门店。哈雷摩托车在持保守的政治观点的中产阶层中年白人男性中人气飙升，这群人以前从未渴望过哈雷。购买新车的等待名单排到了一年后甚至更久。哈雷摩托车的价格攀升到近 2 万美元，而哈雷摩托车买家的平均年薪为 8 万美元左右，而且大部分买家都是四十多岁，并非二十岁出头。哈雷-戴维森公司股价涨势在 1991 年开始大幅超过标准普尔 500 指数，并且再也没有降过。哈雷在经济上取得了巨大的成功，成为 20 世纪 90 年代反政治正确神话市场的核心偶像。

哈雷学习联合创造神话

几十年来，哈雷-戴维森公司始终刻意忽略它的核心消费者。但是，从 20 世纪 70 年代末开始，公司最终采取了"如果不能打败他们，就加入他们"的策略转变。哈雷开始播放一些广告，希望能展现核心消费者认同的品牌形象——当时的核心消费者是对亡命飞车党有着强烈认同感的白人工人阶层。换句话说，当里根和他的伙伴们忙于重新包装哈雷神话，以吸引更有利可图的消费者时，该公司仍在迎合底层消费者。

哈雷最终开始在《逍遥骑士》杂志上做广告，并很快在主流平面广告中展现了亡命飞车党的形象。1980 年 4 月，哈雷在《逍遥骑士》上刊登了一则长达 5 页的广告。第一页是右页，作为介绍，必须翻过该页，才能看到后面的跨页广告。第一页大部分是黑白的，但顶部巨大的红色日语字符占据了页面的 1/4（谁知道这些日语是什么意思）。在这些字符下面，用商务常用的衬线字体（大约是红色字符的 1/8 大小）写着："他们声音低沉。他们讨论定制。"这页的下半部分是一只鹰的头部阴影，它的钩状喙微微张开，似乎随时准备行动。页底的文字写道："现在，也许他们会停止说话。"接下来的两张折页照片展示了几辆新款哈雷摩托车。这个广告的目的显然是激起当时滋生于哈雷的工人阶层男性消费者心中的反亚洲情绪。哈雷的广告迎合他们的观点，尽力反映他们的看法。但自从 20 世纪 90 年代初许多文化明星开始支持哈雷以来，哈雷在塑造品牌神话方面变得越来越得心应手。

哈雷雇用了反政治正确诗人。哈雷明白，在它的消费者心目中，哈雷神话同 20 世纪 50 年代紧密地联系在一起。在哈雷神话的框架内，50 年代是美国的黄金时代。当时，男性有稳定的工作，是一家之主，人口没有受到移民和女性加入劳动力大军的影响。这一时期也早于 60 年代由所谓的自由主义精英倡导的社会运动。一辆本应代表自由主义理想的摩托车，居然在国家大力倡导遵守传统的时代迎来了它的巅峰时刻！这颇具讽刺意味，同时也展示了神话改写历史的力量。

因为哈雷的神话是关于一群枪战能手兄弟的，所以很多哈雷的神话都是通过群体活动创造的，特别是一年一度的在南达科他州的斯特吉斯、佛罗里达州的代托纳海滩、新罕布什尔州的拉科尼亚等地举行的大型摩托车爱好者集会。哈雷尽其所能地创造出一段丰富多彩的、修正主义的历史，并把哈雷放在故事的中心。

在哈雷所做的所有有创意的品牌塑造工作中，最好的范例是雇用了"圣游骑兵"（the Holy Ranger）马丁·杰克·罗森布鲁姆（Martin Jack Rosenblum）。他是一位民谣音乐家，也是哈雷的铁杆粉丝，他还拥有英语博士学位。罗森布鲁姆以笔名出版了一本诗集，这本诗集在哈雷爱好者中很受欢迎。

哈雷察觉到这是一个巨大的市场机会，于是迅速聘请罗森布鲁姆为公司官方的哈雷历史学家和部落诗人，鼓励他重燃对音乐的兴趣。罗森布鲁姆随后发布了几张音乐专辑。罗森布鲁姆抛弃了民谣音乐（对哈雷来说，民谣音乐充满错误的嬉皮士／"垮掉的一代"的内涵），转向"草根"音乐。罗森布鲁姆的文化任务是为哈雷打造一种契合 20 世纪 50 年代神话的音乐类型。他将电子蓝调和 20 世纪 50 年代受乡村摇滚影响的摇滚乐混合在一起，并将这些风格标榜为"真正的美国音乐流派"。他经常在哈雷的活动上表演这些风格的音乐，歌词是他作为哈雷的部落诗人所写的诗词。

民兵作为隐喻。此外，在广告宣传方面，哈雷能够驾轻就熟地利用影响其消费者的政治潮流，如运用与反政治正确运动呼应的符号，取代过去的迂腐广告。

对哈雷的消费者来说，20 世纪 90 年代早期最有效的原始素材来自另一个与亡命飞车党俱乐部相交叉的平民世界——民兵／爱国者运动。这是一种右翼反文化运动，在太平洋西北岸已经发展到了相当大的规模。这些自由意志主义的"爱国者"反对纳税。除了宪法，他们拒绝服从任何国家制度。"爱国者"成员组织民兵，准备未来的武装斗争，以"拯救"国家。他们经常拥护种族主义立场，通过曲解圣经来支持自己的观点。

为了利用这种象征意义，哈雷制作了一个令人难忘的平面广告，描绘了西部山区一间孤零零的小屋，小屋外停着一辆哈雷摩托车。由于"大学炸弹客"（Unabomber）和"红宝石山脊"（Ruby Ridge）事件，这间小屋成了民兵运动的标志。在这两起事件中，爱国者都藏在山间小屋中。事实上，"大学炸弹客"事件的小屋已经成为主要的旅游景点。哈雷的广告标志着哈雷与爱国者运动的价值观一致，即使公司及其支持者拒绝支持爱国者的策略。

揭开哈雷的秘密

20 世纪 90 年代初，哈雷跟随其他标志性品牌走上了同样的路径，它的认同价值有了惊人的增长。哈雷摩托车成为男子气概神话的令人信服的象征，是对美国枪战能手的当代重新诠释。该品牌之所以获得标志性地位，是因为它的神话预见了 90 年代初美国经济结构调整时期，某一特定阶层男性所经历的巨大焦虑。

哈雷神话之所以被认为是真实的，是因为它扎根于一个支持枪战能手价值观的、最可信的平民世界：亡命飞车党俱乐部。而且，这个神话经过了充满魅力的电影人物、演员和一个演员出身的政治家的大造声势，显得格外令人信服。哈雷拥有合适的神话，具有必要的真实性和魅力，并且抓住了引领文化的时机。

哈雷的神秘感源于这样一个事实——其神话似乎是自然而然地从摩托车发散出来的。神话创作者无法追踪，因为他们太过分散，而通常创造神话的人——品牌所有者，只是外围参与者。其实，哈雷神话是由许多创作者在几十年的时间里共同创造出来的。最初，摩托车俱乐部使用哈雷摩托车作为他们"亡命之徒"价值观的象征。渐渐地，这意外地成为哈雷的神话。后来，电影制作人、记者和政治家把这些摩托车手作为他们各种意识形态的原始文化素材。哈雷的成功尤其依赖马尔科姆·福布斯、罗纳德·里根及其在电影界的枪战能手朋友们的贡献。没有这些联合创作者的帮助，现在哈雷的管理层仍然在艰难地向工人阶层推销摩托车。

联合创造一个标志性品牌

标志性品牌通常是通过广告打造的，即由品牌所有者制作的影片。但另外两个潜在的共同创作者——文化产业和平民世界，也可以为品牌神话做出重大贡献。哈雷的故事是这类合作最重要的美国案例。我们能从哈雷的成功中学到什么呢？品牌本身不能被直接复制，但我们可以通过讨论联合创造是如何起作用的，得到更广泛的推论。

不要模仿哈雷

品牌大师们一直赞扬哈雷成立车友会的做法，主张公司应该模仿哈雷建立品牌社区。这些建议没什么意义。追随者围绕着偶像（品牌或其他）形成社区，因为偶像有助于他们建立身份认同，提供解决社会张力的神话。追随者们有时会聚集在一起，因为这样可以增强神话的仪式感。"社区"本身并不是目的，品牌经理可以自己规划建立。相反，当品牌提供了一个具有信服力的神话，吸引人们聚集在一起时，品牌社区就形成了。然后，人们通过互动将这个神话发扬光大。

哈雷的消费者群体是在 20 世纪 70 年代由哈雷爱好者组织成的，而不是哈雷 – 戴维森公司在 80 年代建立的。公司强行接管摩托车手的组织在当时引起了相当多成员的不满，因为这个组织非常成功，公司意识到它可以成为一个有效的营销工具。同样，另外两个典型代表，大众和苹果的品牌社区是由狂热的消费者组织起来的。他们被品牌神话所吸引，想把它更深入地融入自己的生活。品牌社区本身从来就不是目的。建立品牌社区带来的营销影响再大，也不能弥补缺乏共鸣的认同神话。哈雷成为标志性品牌的道路是不可复制的。大多数标志性品牌都是通过突破性的广告来打造自己的神话的，而哈雷则是一个罕见的、特殊的演变案例：一个由文化产业和平民世界自主打造的品牌。

哈雷的道路无法复制，因为它的偶像力量没有经过刻意管理。这种不可抗拒的真实性来自众多联合创作者。我们必须努力从中学到经验，而不是简单地模仿。

文化文本如何影响品牌神话

随着消费者对公司赞助的传播内容越来越不满意，高级管理人员急切地将注意力转移到其他认同价值系统上：文化产业（通过产品植入）和平民世界（通过病毒式品牌营销）。这种转变是有道理的。社会中最好的"神话创造引擎"在这两个领域，而不是广告中。

但是营销界尚未破解品牌文化文本发展的密码，其中很大的原因是，营销界仍然把传统的品牌塑造模型应用到文化领域。当文化文本仅仅被当作娱乐而非神话时，它们强大的认同价值也隐藏起来。

心智占据品牌塑造模型将文化文本当作构建品牌 DNA 的工具。品牌经理寻求把品牌联想与适当的文本联系起来，以最大限度地提高品牌的共鸣度和曝光率。病毒式品牌塑造模型几乎没有提供什么战略方向，只有老套的公共关系做法，即试图造成轰动，引起大众的讨论。品牌经理追寻他们认为的最受欢迎、最酷的文本，并试图把自己的品牌融入其中。

这些观点忽略了一点：消费者对文本最看重的是这些文本所表现的巩固认同的神话。当文化文本将某个品牌作为中心道具时，它们可以戏剧性地放大和改变品牌的神话。哈雷的品牌谱系揭示了文化文本可以通过两个过程影响品牌神话：缝合和重新包装。

缝合文本。文化文本可以把品牌植入一个现存的神话。"亡命之徒"的神话最初并不属于哈雷。该神话来源于亡命飞车党俱乐部成员，他们骑的几种重型摩托车中包括哈雷。在《生活》杂志的纪实报道以及电影《飞车党》中，与该神话联系在一起的画面主要是衣衫褴褛的摩托车手和他们的装备——皮衣、牛仔裤和重型摩托车，摩托车不一定是哈雷。地狱天使的新闻报道、亨特·汤普森的文章和书，尤其是电影《逍遥骑士》，把"亡命之徒"的神话和哈雷缝合在了一起。

重新包装文本。文化产业也可以重新塑造品牌神话。想了解哈雷成功的秘诀，必须回答的最重要的战略问题，也是许多关于哈雷的管理著作从未提及的问题是：一个颂扬中产阶层厌恶的价值观，为工人阶层年轻男性提供非凡的认同价值的品牌，怎么会在十年后成为中产阶层高管最珍爱的品牌呢？

里根和他的同僚将枪战能手这一受到 20 世纪 70 年代穷困潦倒的男人

喜爱的叛逆形象，变成了一个神话般的英雄：用暴力和勇气拯救国家的行动派枪战能手。神话里的历史人物具有很好的可塑性。优秀的故事讲述者能够塑造这些角色，以适应故事的发展。里根找准枪战能手这个人物，对其重新包装，以达成他的政治目的。哈雷枪战能手的形象和东山再起的故事，成为里根的故事中最完美的符号。在福布斯的自由之旅、里根对哈雷的"拯救"行动以及骑哈雷的动作明星的集体效应下，哈雷骑手被重新诠释为英勇的、行动派的、爱国的枪战能手——他们致力于复兴美国日渐衰微的传统价值观，重振美国的经济（见图 7-2）。

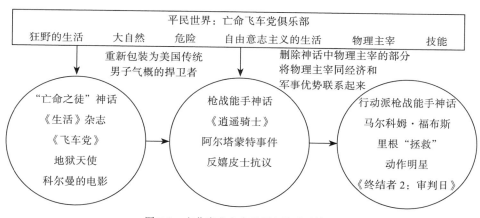

图 7-2　文化产业文本重新包装哈雷神话

　　为了完成这一点石成金的行动，新文本恰巧"忘记"了哈雷"亡命之徒"精神中与新神话相冲突的关键元素，如暴力、懒惰和对权威制度的刻薄攻击。此外，这些文本塑造并重新解释了"亡命之徒"精神的其他元素。自由意志主义、物理主宰和父权制都被完整地保留了下来，并做出了更广义的解释，包括经济和政治主宰。

　　重新包装的文本不仅仅是传播神话，神话的某些特征还被聚焦、重新诠释或者隐藏，从而让神话获得了新生。广告可以翻新一个失去光彩的品牌，解决新的矛盾冲突。我们可以回想 BBDO 的"快喝激浪"、Arnold 的

"驾驶者之选"和 Goodby Silverstein & Partners 的"蜥蜴",这些广告的运作原理基本上是一样的。通过追踪一个品牌的文化文本(包括文化产业和广告)的路径,我们可以解释品牌神话是如何随着时间的推移而演变的。

与联合创作者合作

哈雷最初的"亡命之徒"神话是由 20 世纪 50 年代出现的亡命飞车党俱乐部创造的。然而,尽管哈雷 – 戴维森公司对病毒式品牌塑造寄予厚望,但仅靠平民世界是无法创造品牌神话的。如果文化产业没有把摩托车手当作创造神话的素材,哈雷永远也不会成为偶像。那么,关键问题是,当不受企业控制的文化产业掌控了品牌神话时,企业应该如何管理品牌呢?

在二战后的 20 年里,哈雷 – 戴维森公司是一个活生生的反例。戴维森家族竭尽全力划清品牌与那些亡命飞车党及其同类之间的界线。公司对与品牌关联的"亡命之徒"的故事感到担忧,不希望品牌与这些故事有任何关系。戴维森家族认为哈雷是为绅士和爱冒险的赛车手设计的豪华旅行摩托车,并为哈雷在战争中发挥的作用感到自豪。在车主看来,媒体对"亡命之徒"摩托车手的关注玷污了哈雷的形象。因此,哈雷的广告以核心家庭所在的郊区为背景,而哈雷的新产品,如高尔夫球车和三轮摩托车,都是面向体面的中产阶层家庭的。哈雷甚至在广告中抨击摩托车手使用"未经授权"的定制部件。这些错误的行动导致哈雷错过了 20 世纪 60 年代文化品牌塑造的黄金机会。如果管理得当,哈雷本可以轻松加入李维斯和大众汽车的行列,成为一个对中产阶层具有广泛吸引力的标志性品牌。

当哈雷 – 戴维森公司最终决定同文化产业联合时,它仅仅是缺乏想象力地模仿文化产业创造的神话,所作所为显得乏善可陈。这样的政策基本上把品牌的控制权拱手让给了文化产业。但哈雷很幸运,放弃控制权的结果反而很好,但这纯粹是运气。文化产业也很容易对某品牌失去兴趣,或者编造一些与品牌神话相悖的故事。

然而,在 20 世纪 90 年代,哈雷 – 戴维森公司在文化品牌塑造方面变得更加老练。公司不再对抗或者模仿有影响力的文化文本，而是开始对有影响力的文化文本进行详细的阐述和调整，以创造最对顾客口味的神话。例如，孤零零的小屋的广告将相关时事与哈雷神话联系在一起，报纸的摄影记者可捕捉不到这种场面。同样地，哈雷在活动中使用"圣游骑兵"，延伸了这样一种理念——哈雷正在积极地为"传统的"美国的复兴而战，而不仅仅是模仿文化产业的做法（例如，为参加活动的人放映《逍遥骑士》）。

第 8 章 chapter 8

推进神话

　　品牌神话的确立通常依靠突破性的广告，那么接下来会发生什么？如果神话市场可以持续十年甚至更长时间，那么一个品牌如何能在如此长的时间内保持标志性地位呢？品牌经理如何才能保持品牌神话与品牌的相关性，并保持品牌神话引人入胜、鼓舞人心呢？创造一个强有力的品牌神话不是一件容易的事情，长时间维持品牌神话的活力也同样困难。在这一点上，即使是最成功的标志性品牌也经常会栽跟头，例如激浪、大众汽车和百威都曾在延续品牌神话时遇到过重重困难。

　　为了延续一个强大的品牌神话，品牌的传播必须在两个陷阱之间找到一条路。陷阱之一是过度榨取、利用品牌神话的人气；陷阱之二是完全放弃该品牌神话，转而追逐下一个主要潮流。让我们先检查一下这两个陷阱，然后再看一看使最成功的标志性品牌取得成功的原则。

榨取神话的人气

　　标志性品牌必须有诚信，证明它坚定地推崇其品牌神话所倡导的价值观。当一个品牌想要利用其追随者对品牌神话的忠诚快速获取商业利益时，品牌的信誉就会受损，并丧失原本的有效性。因此，对于一个品牌来说，摧毁其神话的有效方法之一就是过度榨取它，像推销员一样行事，就像好莱坞电影公司对待一部热门电影一样。公司通常通过两种方法过度榨取神话的价值：照葫芦画瓢和炒作。

照葫芦画瓢

激浪的广告《做过了》引起轰动后，品牌团队迅速照葫芦画瓢，利用原广告中最引人注目的元素，制作了三个续集。每个续集的结构都像《做过了》一样——爱喝激浪的家伙们以不友好的方式评论令人难以置信的特技，最终都被激浪的力量征服。续集中出现了更离奇、更荒诞的特技：在北极，跟在直升机后面滑水穿越冰山；在埃及，穿着直排轮滑滑过狮身人面像；在亚马孙河，与鳄鱼摔跤；在伦敦，从大本钟顶部往下跳。但其余部分基本没有什么变化。

为了维持其魅力，一个品牌必须不断地用独特和原创的信息刺激追随者的想象力。然而，激浪的品牌团队试图从大热的广告中榨干所有人气。结果，消费者厌倦了激浪公式化的广告。这些重复的广告持续播放了一年多，几乎扼杀了整个系列广告的成果。

炒作

另外一个扼杀品牌神话的做法是沿用好莱坞的方法——宣传神话最有记忆点的部分来制造热门话题。安海斯 – 布希以"干吗呢？！"系列广告实行该战略，在推广了一年半该系列广告后，百威的品牌团队改变了推广战略。[1]

该品牌团队为2001年"超级碗"的电视转播制作了广告《回家》(Come Home)。这部科幻恶搞片的开头是一只金毛猎犬在晚上走出房子，被一艘宇宙飞船用光束吸上了天。飞船内看起来像一个挤满了外星生物的足球场，金毛犬按了一下项圈上的按钮，脱掉了原来是衣服的皮毛。它的老板坐在宝座上，戴着皇冠，问刚刚从皮毛衣服里出来的稍具人形的小怪物间谍，它在地球上学到了什么。一阵耐人寻味的沉默之后，小怪物尽最大努力模仿："干吗呢？！"又是一阵沉默后，飞船里成千上万的外星生物也跟着一起模仿。接着广告画面从电脑动画的宇宙飞船切换到真人实地场景，画面中出现了一个巨大的天文望远镜。在天文观测站里，一名年轻男子戴着耳机，显然是在监听宇宙电磁波。他仰靠在椅子上说道："我们并不孤单。"他的科学家同事们看着他。

《回家》的广告制作水平与"超级碗"的影响力和吸引力相匹配。这个精心制作的广告在《今日美国》的广告民意调查中得分很高。这个广告非常有趣，广告评论家也纷纷称赞这个广告。但对短期掌声的追求牺牲了最初的"干吗呢？！"所创造的品牌神话，因为这个广告把"干吗呢？！"从原始语境中剥离出来，剔除了其强大的意义。广告把"干吗呢？！"变成了空洞的流行语。

在第6章中我们看到，当一个像ESPN这样的品牌塑造了一个伟大的神话时，它就像磁铁一样吸引着追随者，引来大批的消费者（投机者），他们从品牌的超高人气中寻求价值。投机式消费者的主要关注点是流行，他们并不是特别认同某个品牌神话。相反，他们消费标志性品牌的原因是其他人在这么做。同样，"干吗呢？！"流行的原因是美国各地追求时尚的男士们互相用"干吗呢？！"大声打招呼。他们参与了当时最流行的事情，尽管很多人并没有和"干吗呢？！"神话产生共鸣。对他们来说，这只是一个时髦的短语，如果他们的朋友不再这么说，这句话也就不再流行了。

为了避免品牌神话遭到流行一时的风潮的影响，品牌团队必须强迫自己做一些反直觉的事情。他们必须抑制住用具有强烈目的性或者自鸣得意的方式进行沟通的冲动。标志性品牌必须忽视追随潮流的消费者，继续创造具有创造性的新版本品牌神话。

后来的广告仅仅把"干吗呢？！"当作一时的流行语，实际上贬低了这个系列广告所带来的价值。尽管这样的广告会让人兴奋一时，但它对百威品牌神话的核心组成部分——百威的追随者和圈内人，却产生了截然相反的影响。对于品牌的核心消费者来说，试图利用神话的热度来牟取商业利益的行为传达了这样的信息：该品牌更看重金钱，而非忠于其价值。这种缺乏忠诚度的做法会让这个品牌失去可信度。像《回家》这样的广告加速了百威品牌神话的终结，而这个品牌神话本来很可能会再延续多年。

追逐流行

同样，在努力延续一个强有力的品牌神话时，品牌团队也可能犯下另一个完全不同的错误。常见的是，有潜力的标志性品牌抛弃自己的神话，转而去追逐流行文化的风潮。

自 20 世纪 80 年代初以来，激浪的品牌团队曾三次被嘻哈这一平民世界的超高人气吸引。到了 80 年代中期，非裔美国人的城市文化逐渐成为美国年轻人心目中最有影响力的文化中心。激浪的品牌经理认为，品牌要想在大都市区有所发展，就必须与嘻哈相结合。团队每次都押下了巨大的赌注，改变了品牌战略，努力将激浪推向大都市区，但每次都以失败告终。

第一幕：激浪模仿 MTV

1981 年之前，除了《滚石》和其他几家音乐杂志，美国文化产业缺少一个能够组织全国性青年文化的机构。MTV 建立了一个统一的、全国性的平台来推广音乐和生活方式，这改变了公司面向年轻人营销的策略。百事公司比任何人都更早地意识到 MTV 的力量，并签下了 MTV 的第一批超级明星之一迈克尔·杰克逊（Michael Jackson），为百事品牌做了大为轰动的广告。有了这一成功案例，百事公司的管理层相信，MTV 为激浪铺设了一条最终可以从纳斯卡赛车带进入美国各个城市的道路。百事公司放弃了非常成功的"乡巴佬神话"广告，尝试在当时 MTV 正在创造的城市文化世界中重塑激浪。

新的系列广告的焦点是霹雳舞和自由式小轮车（BMX）骑行。越来越多的青少年对创造性的个人运动表演而非组织性的团队运动更感兴趣，而这两项运动正处于前者的前沿。这些活动源于贫穷的城区非裔和西班牙裔社区的新兴文化，这种文化很快就被称为嘻哈。MTV诞生后不久，就开始将嘻哈亚文化的许多方面，包括其对时尚和音乐的影响，整合到MTV给人的整体视觉、听觉和其他感官体验中。许多MTV的早期明星，如麦当娜（Madonna）和比利·爱多尔（Billy Idol），都穿着嘻哈风格的服饰。

激浪的第一个受MTV影响的广告《霹雳舞》（*Breakdance*）展示了一群在公园里表演杂技般舞蹈、肤色不同的年轻人。他们互相炫耀各自的舞技：一个人像体操运动员一样从野餐桌上弹起，另一个人从树干上翻了一个跟头下来。《霹雳舞》显然利用了年轻人正热衷的潮流，品牌团队知道这个国家的年轻人肯定会如饥似渴地收看MTV频道播出的霹雳舞，或者买电影票去看《霹雳舞》或《霹雳舞2》这样的好莱坞电影。

1985年，激浪制作了广告《单车舞》（*Bikedance*），它的风格与《霹雳舞》相似，不同的是，还包含了小轮车特技。男孩们穿着新潮的服饰，比如黑白格子运动鞋，模仿英国朋克和牙买加斯卡乐（SKA）的场景。广告一开始，一个男孩骑着他的小轮车转着圈，他从前轮跳到后轮，飞快地经过一群欢呼的同学。下一个镜头中，另一个年轻人在车把上旋转，好像玩鞍马一样。几幕之后，一个骑手从人群后面出现，在众人的欢呼中，他骑着单车越过了男孩伸出的双腿。这些男孩们抓起罐装冰镇激浪大口喝着。快速播放的单车特技画面和大口喝激浪的声音被一个乡村池塘的木制小码头的镜头打断了。以郁郁葱葱的山丘为背景，一个男孩骑着单车从一群朋友中间疾驰而过，冲上码头尽头的斜坡，加速起飞。他在空中转了一个大圈，然后一头扎进了池塘。

当然，我们可以质疑这些广告的创意。例如，"城市加乡村等于一个郊区公园"的刻意合成，广告最后池塘溅起的水花肯定是不真实的，等等。但是，其中最大的问题是战略意图，而非创意执行。在几十年的历史里，激浪一直扎根于乡间工人阶层所崇拜的乡巴佬和红脖子的平民世界，所以根本不适合使用嘻哈素材和 MTV 来讲故事。

这些广告播出之后，激浪的销量大幅下跌。品牌团队瞄准的城市郊区青少年无法理解这些广告，而激浪位于乡村的核心消费者受到了冒犯：他们信赖的品牌为了城市，抛弃了他们。在销量暴跌两年之后，品牌团队放弃了 MTV 战略，并通过更多的红脖子神话广告回到了纳斯卡赛车带。激浪的销量随之迅速恢复，并开始攀升。

第二幕：激浪模仿耐克

20 世纪 80 年代末，当转型中的华尔街新边疆意识形态土崩瓦解时，激浪的红脖子神话广告也遭遇了挫折，品牌团队开始尝试新的传播方式。团队发现，那些展示户外极限运动、配有快节奏摇滚音乐的广告很有吸引力，于是品牌引入了后来的"快喝激浪"系列广告的某些关键元素。但百事管理层仍渴望增加激浪在主要的乡村地区的销售量。在审视了各种流行文化之后，品牌团队再次发现了一个可以用来向更广范围的年轻消费者群体传播品牌信息的载体：已达到鼎盛的嘻哈平民世界。

20 世纪 90 年代初，说唱音乐成为美国郊区白人男性青少年的首选叛逆音乐风格。NWA 和 2 Live Crew 是所谓的帮派说唱歌手，他们卖给韦斯特切斯特县（Westchester County）和艾奥瓦的青少年的唱片数量，与卖给市中心贫民区穷小子的唱片数量一样多。到了 1992 年，一种更温和的说唱形式出现了，被恰当地称为"轻帮派"（gangsta lite），这些新一代说唱歌手让说唱深入到郊区的中产阶层家庭。同样，职业运动员也给中产阶层带来了都市嘻哈。NBA 球员穿的短裤又长又宽松，就像说唱歌手穿的一样。突然间，人们几乎再也想不起来魔术师约翰逊（Magic Johnson）等非裔美国英雄几年前穿的紧身球服了。

同样，这个时代最显著的超级男子气概形象——挑衅式强力灌篮，源于受嘻哈风格影响的 NBA。尽管灌篮和其他任何方式的扣篮一样都得两分，但这个动作向对手和观众传达了一个信息：主导。尽管球员们已经玩了多年的灌篮，但他们之前从未在灌篮之后停下来奚落对手或者向观众炫耀。在过去，球迷和对手认为这种行为是不符合体育精神的。在极为罕见的情况下，如果有球员做出这样的举动，通常会招致对手的攻击和观众愤怒的嘘声。

然而，在 20 世纪 90 年代早期，许多球员已经吸收了说唱的傲慢自负风格，习惯性地将灌篮作为谢幕，炫耀他们取得暂时主导权。此外，那个时代最流行的表达之一——当着你的面上篮，直接源于这种充满阳刚之气的炫耀。文化的因果纠缠在一起，球员和歌手之间的界限也变得模糊。说唱歌手穿篮球衫，NBA 球员录制自己的说唱专辑。篮球表演和充满阳刚之气的帮派说唱表演结合在一起，传达了一种新的男子气概：肆无忌惮、争强好胜的战士。

激浪的品牌经理努力将品牌与城市文化结合的行为，肯定受到了同行的影响。当时，耐克正处于辉煌的五年广告期，耐克将非裔贫民区的平民世界与 NBA 结合起来，将耐克的体育哲学升华为品牌神话。激浪的劲敌雪碧刚刚签约成为 NBA 的赞助商。贫民区与 NBA 结合，成了主要的文化领域，耐克在那里挖到金子之后，一场城市文化领地的争夺战随之爆发。

不幸的是，激浪品牌团队再次发现，通往城市的道路布满地雷。品牌团队抓住城区最显著的两个文化现象——NBA 和说唱音乐，试图通过构建相关的传播内容，把品牌融入这一环境。不幸的是，就像之前的广告一样，新广告被认为只是参照、挪用、堆砌了一堆文化元素，与激浪之前的品牌神话风马不接。

1993 年，品牌团队推出新广告《超级激浪仔》（*Super Dewd*），这是激浪第一个以非裔美国人为主角的广告（尽管激浪仔是个卡通人物）。广告将激浪仔的动画世界与实景相结合，打造了一种快节奏的电影拼贴画的效果。广告的配乐非常有活力，类似红辣椒乐队（Red Hot Chili Peppers）的音乐风格。

　　激浪仔是一个令人生畏的卡通人物，像是服用了类固醇增肌的大块头。激浪广告里一个常用的元素——太阳，从他的脑袋后面出现，形成巨大的、脉冲跳动的、黑白相间的一团，就像过去的激浪广告中经常出现的光晕。激浪仔反戴着他的红色棒球帽，就像说唱歌手一样。在发出狮子般的巨吼后，他压扁了空的激浪罐，跳上他的滑板，滑进动画版本的都市丛林。广告接下来的画面加入真人动作镜头，比如一个滑板手在远处的曼哈顿天际线上翻跟头，另一个滑板手从巨大的像从消防栓中喷出的水花中滑过。从一个极低的角度，激浪仔仰头灌下一罐激浪。而在拳击馆里，一个皮肤黝黑的女人在击打沙袋。

　　然后，这个广告迅速地穿插了许多画面（包括真人实景和动画）：非裔美国人奋力举重、打篮球和打拳击。白人孩子玩小轮车，展示滑板特技。在激浪仔回来灌下他的最后一罐激浪并用他有力的拳头压扁罐子前，已经有很多角色咕咚咕咚灌下了许多罐激浪。

　　也许是受到了《宇宙的巨人希曼》（*He-Man, Master of the Universe*）这类动画片的启发，激浪仔似乎是对城市年轻黑人男性最突出的媒体刻板印象的一种模拟。他是一个虚拟的超级掠食者。他不仅在表面上和象征意义上是个卡通角色，而且在任何方面似乎都无法与点缀在广告中的实景特技可信地联系在一起。经过仔细观察，观众可以发现，广告里所有做出扭转和翻滚动作的特技运动员都不是非裔美国人。广告中出现的黑人要么在扣篮，要么在打斗，要么在举重。这半分钟的广告里充斥着如此多的刻板形象，几乎要碰触种族偏见的红线。

　　就像百事公司进军 MTV 一样，品牌团队把品牌押在了激浪仔系列广告上。公司计划将 1993 年和 1994 年的广告预算用于该系列广告。当然，就像早期受 MTV 启发而制作的广告一样，这些广告也惨遭"滑铁卢"。到了第二年，整个系列广告被下架，取而代之的是对平民世界的赞歌——极限运动和"快喝激浪"的懒汉理念，因为激浪能够令人信服地存在于这个世界。

第三幕：激浪利用嘻哈文化

到了 1998 年，嘻哈文化对美国年轻人来说变得更加重要，而激浪一直用来表达其平民主义声音的极限运动文化却失去了人气。和耐克一样，可口可乐公司的雪碧凭借与嘻哈文化和 NBA 的结合获得了巨大的成功。1996 年，雪碧经历了辉煌的一年，市场份额增长了近一个百分点，这在一个通常以 1/10 个百分点为标准衡量增长的品类中是前所未闻的。

激浪的品牌团队再次尝试进入城市文化领域。这一次，营销人员使出浑身解数，采用了近年来较为先进的游击营销策略。他们不再简单地借用城市文化线索，为大都市区的白人观众制作广告，而是为非裔美国人制作广告。

为了获得他们认为的品牌所需要的圈内人的信任，百事公司的品牌经理聘请了嘻哈杂志 *The Source* 的编辑作为关键信息提供者。*The Source* 是两家最具影响力的将嘻哈文化作为一种反主流文化的生活方式进行报道和推广的全国性杂志之一。除了为激浪的广告和推广活动提供建议，*The Source* 的主管还把品牌带进了嘻哈的内部圈子。该杂志帮助激浪打入嘻哈世界的内部，并指导激浪为在非裔美国人娱乐文化中流行的地下派对和活动提供赞助。此外，品牌团队还进行了实地派发样品的操作：他们派遣年轻的销售代表驾驶荧光绿的悍马（Hummers）到市中心社区播放音乐并分发激浪样品。

品牌团队最大胆的举动是赞助了 20 世纪 90 年代最激进的帮派饶舌乐团之一：武当帮（Wu-Tang Clan）。武当帮不仅以表演闻名，也以其激进的行为而知名。他们经常因为与当权派对抗而陷入麻烦。在推出第一张畅销专辑之后，武当帮花了四年时间才推出了他们的第二张专辑，该专辑迅速登上了排行榜首位。激浪似乎站在了最合适的位置上，因为激浪曾经许诺，赞助武当帮的巡回演出。

尽管武当帮的音乐很受欢迎，又能吸引观众的注意力，但激浪仍然没能在大都市站住脚。百事公司担忧武当帮一些剑走偏锋的行为可能会成为公关噩梦，于是起用了一个更主流的说唱歌手布斯塔·莱姆斯（Busta

Rhymes）来代替他们。莱姆斯没有武当帮那么招摇，但是他在非裔美国人中广受欢迎，更重要的是，他同说唱音乐和嘻哈文化一直联结紧密。

BBDO 制作了第一个广告，把莱姆斯放在了激浪的极限运动世界里，这看起来很不协调。在广告中，这位说唱歌手顶着一头脏辫，一路破冰而行，最终爬上山顶。就像 15 年前的 MTV 广告一样，这个广告试图将大家熟知的激浪平民世界（如今是懒汉和极限运动）与城市嘻哈文化结合起来。这个广告似乎在取笑激浪目前的文化根基，同时也没有公正地对待嘻哈族，这造成了意料之外的糟糕结果。

百事公司意识到了这个广告创意的局限性，于是雇用了全美最大的非裔美国人广告公司 Uniworld。Uniworld 接手后，制作了几个看起来就像是莱姆斯的音乐录影带的广告。唯一的不同之处就是宣传内容：莱姆斯开着一辆荧光绿的悍马，他一边唱着以激浪为灵感的说唱音乐，一边大口喝着激浪，撞上了其他车。

虽然 Uniworld 的广告并不是特别有创意，但至少符合当时嘻哈音乐视频的传统，是可信的。但是在这么做的同时，广告抛弃了激浪的品牌神话。从 Uniworld 的广告中，看不出他们做了任何努力，在嘻哈世界中重新塑造激浪的野人形象。

品牌试图将激浪融入大都市文化的努力再一次徒劳无功。激浪在大都市区的品牌发展指数只上升了一点点，略显惨淡。激浪的销量仍然不成比例地倾向非都市区的工人阶层白人消费者。

为了充分利用嘻哈平民世界巨大的文化吸引力，品牌团队三次彻底改变激浪的品牌战略。每一次，嘻哈文化的诱惑都让品牌经理抛弃了激浪几十年来积累的宝贵文化权威。乍一看，激浪支持野人，反对美国理想的立场似乎与贫民区的黑人精神有相似之处，但是激浪一直把它的野人神话定位在非专业人士的白人平民世界：乡巴佬、红脖子和懒汉。品牌的文化资产扎根于乡巴佬白人，缺乏使用嘻哈文化的可信度。激浪在嘻哈平民世界里，有严重的可信度问题，即使是最激进的草根系列广告也无法解决这个问题。

　　当一个品牌追求的是与其文化权威和政治权威不协调的平民世界时，这个品牌就会被视为投机的文化寄生虫。为了适应新的平民世界，品牌不断地进行调整，不可避免地显得生硬甚至愚蠢。

推进品牌神话的四个原则

　　尽管之前失误连连，但激浪很快地从过于公式化的《做过了》广告续集中恢复过来，制作了许多成功的广告，让"快喝激浪"系列广告延续了十多年。激浪并不是唯一这样做的品牌，耐克和大众汽车等其他品牌多年来也一直在延续自己的神话。这些品牌遵循了四个原则，使它们的品牌神话都在占据神话市场时，保持了重要的地位。

发展剧情和角色

　　神话就是故事，一个能在社会中发挥重要的文化作用的故事。就像在电视、电影和小说等其他媒介中找到的故事一样，广告编写的品牌神话依赖于情节和人物的发展。[2]标志性品牌要想维系其神话，就必须把讲故事的艺术运用到广告这种商业化形式中。

　　广告公司的创意人员比大多数品牌经理更懂得如何传播神话。与通常拥有文科艺术背景的创意人员不同，品牌经理往往接受的是务实的商业技能培训。当未来的文案人员和艺术总监在读唐·德里罗（Don DeLillo）的作品、欣赏德·库宁（De Kooning）的画作、听晦涩的独立摇滚乐时，未来的品牌经理正在学习如何使用电子表格、计算债务比率和进行回归分析。工商管理硕士课程让品牌经理用机械的方式来思考广告，而不是从讲故事的角度来思考。结果是，讲故事对创意人员来说可能是一种灵活的工具，但品牌经理却往往发现叙事创作是个不透明的过程。标志性品牌通常采用两种方式将神话发展为故事：续集模式和短电影模式。

　　把神话延伸为续集式系列广告。品牌经理可以对神话进行扩展，把故事拍成连续剧（就像电视节目或系列图书），保留最初的角色和情节，但是随着每一集剧情的发展对其进行扩充。百威的系列广告"蜥蜴"就是运用这种技巧的一个典型例子。第一个广告介绍了弗兰基和路易两个角色（弗兰基是一个厌世的愤世嫉俗者，路易是一个野心勃勃、总在发牢骚的废物）、故事场景（住着各种不同动物的沼泽、卖百威啤酒的小木屋酒吧）和最初的故事线（路易想出演百威的广告好一炮走红，他不惜一切手段达到此目的，他非常嫉妒沼泽里的青蛙）。之后的每一个广告续集都基于这些前提发展角色并扩充剧情。路易为实现野心不罢休的行为上演了一出出悲喜剧，弗兰基冷眼看世界的态度也非常鲜明。后续广告还引入了新的角色，如黄鼠狼和乌龟。可以发挥创意自由地替换情节和情境，比如路易试图暗杀青蛙，路易竞选沼泽总统。同样，角色也会适应这些新环境，比如青蛙突然开始跟路易说话，用它们的长舌头抽打它；路易对黄鼠狼悄悄进行侦查，发现黄鼠狼的私生活放荡不羁。百威的粉丝热切地期待着每一个新广告播出，这简直成了他们最喜欢的电视节目。

将神话延伸为一组短电影。还有一种做法是，通过一组略有关联的"电影"来演绎神话，这些"电影"把品牌正在探索的主题和沟通代码结合在一起。这种将神话延伸为电影的方法最初是恒美在 20 世纪 60 年代采用的。恒美使用这种方法创作了大众汽车的广告，该方法由此一炮走红。后来，韦柯广告（Wieden and Kennedy）在 20 世纪 80 年代为耐克设计的作品，Goodby Silverstein & Partners 的《有没有牛奶？》（*Got Milk?*）广告以及 Arnold 在 20 世纪 90 年代推出的"驾驶者之选"系列广告都用到了这一方法。

采用这种方法，品牌就像创作者或电影制作人一样，通过改变演员阵容和剧情来探索神话。除了神话本身，一套独特的沟通代码也将这些广告串联在一起。随着时间的推移，观众渐渐学会如何通过广告的创作方式来识别这是耐克的广告还是大众汽车的广告。

短电影式系列广告比续集式系列广告更具挑战性，因为每个广告都需要百分之百的原创性。但如果做得好，这种方法取得的成功将是无与伦比的，因为它极具说服力地展现了品牌文化领导力。

采样新文化

一方面，标志性品牌不能像激浪追逐嘻哈文化那样，表现得像一只文化寄生虫；另一方面，标志性品牌必须处理消费者面临的问题，而且，由于流行文化提供了许多创造神话的原始素材，这些品牌必须在新的文化刚开始流行时，就融入其中。对于品牌团队来说，成功的关键在于仔细选择一种新文化，令人信服地把这种新文化带进品牌的世界，然后对该文化的元素进行调整，以品牌的视角重新塑造它们，推进品牌的神话。例如，让我们看看激浪是如何从过于公式化的广告续集《做过了》中恢复过来的。

在广告《梅尔·托梅》（*Mel Torme*）中，这位上了年纪的低吟歌手与激浪家伙们一起在拉斯维加斯的赌场闲逛，高唱着酒吧经典曲目。他打着黑领带，穿着燕尾服，站在灯火辉煌的拉斯维加斯赌场前，在钢琴旁唱歌，而激浪家伙们几乎像伴唱团一样。他把歌词改成了《不要激动》，以反映那些家伙们对一切见怪不怪的玩世不恭的态度。托梅唱道："跌落一千英尺根本不会让他们心惊，所以告诉我为什么这是真的？激浪给了他们刺激，激浪啊激浪！"激浪家伙们不屑一顾地挥了挥手。下一幕，托梅突然出现在赌场的屋顶上，从 12 层楼高的地方跳下来，仰面降落在一个用于拍电影特技的巨大气垫上。激浪家伙们终于被折服了。他们喊道："好样的，梅尔！"

这种文化采样是让品牌走出死胡同的正确举措。到了 1995 年，一场在懒汉中崛起的反主流休闲场景出现了，他们利用那些赶时髦的人和他们的行头营造了一种充满讽刺意味的氛围。城市俱乐部的老板们用 20 世纪 50 年代和 60 年代的废弃家具来装饰他们的营业场所。鸡尾酒取代了啤酒，马提尼被重新调成上千种口味，以适应年轻人的偏好。那个年代还未被淘汰的歌手，如托尼·班奈特（Tony Bennett）、弗兰克·辛纳屈（Frank Sinatra）和梅尔·托梅，看到人们对他们的作品重燃兴趣，感到十分欣慰。

在所有摇摆歌手中，选择老托梅——唯一一个扎根于爵士乐而不是流行音乐的人，来拍广告，说明激浪拥有相当的自信。大多数广告商对于如何为受众量身定做恰当的传播内容，都十分谨慎。它们痴迷于捕捉目标人群的生活方式和品位。虽然激浪的目标人群是青少年和年轻人，但他们中的大多数人可能从未听说过托梅。然而在这个例子中，激浪所依赖的人，表面上看似乎是激浪的对立面。他年纪大了，跟另类摇滚音乐和极限运动毫无关系。此外，与激浪家伙们相比，托梅显然身材走样了，他虽然不是詹姆斯·邦德，但他穿着燕尾服。

通过愚蠢的恶搞，托梅的广告表明，这个看似局外人的人实际上是一个让人意想不到的、典型的激浪人。通过这样一个出乎意料的声明，并从当时的流行文化中汲取灵感，激浪表明自己是一位文化创新者，与许多消费者眼中的城市青年文化的前沿保持着联系。另外，托梅的广告使激浪的品牌神话摆脱了对日渐衰落的另类摇滚和极限运动的依赖，后者当时已经完全商业化了。

两年后，品牌团队推出了成龙出演的广告，再次取得了成功。当时，成龙的功夫喜剧片已经非常受欢迎。中国香港电影制作人将两个形成强烈对比的元素——巴斯特·基顿（Buster Keaton）标新立异的、有人情味的肢体幽默与李小龙的功夫打斗，融合在一起。在李小龙去世后的 20 世纪 70 年代，他的星光只增不减，仍然在各种亚文化中闪耀。他的儿子成为动作明星，崭露头角，后来却死于片场意外。这一事件再次将功夫推上了风口浪尖。年轻人被成龙有着自我意识觉醒的电影所吸引，因为除了电影本身明显的嘲讽意味，电影中的功夫特技也创意非凡。成龙的标志性特征——即兴的、充满男子气概的特技加上一点儿戏谑的讽刺，再适合激浪不过了。

这两个广告都是从新兴流行文化中选取恰当却出人意料的文化元素，对它们进行重新塑造，创造性地讲述激浪的神话，而获得成功。这样的广告将神话注入新兴流行文化，让神话重新焕发活力。

从新的平民世界发声

标志性品牌从平民世界中汲取原始素材，但是这些世界有兴有衰，其文化影响力有时增强，有时减弱。品牌经理可以通过融入一个适合品牌的新的平民世界来唤醒品牌神话。但要想让这一战略奏效，品牌经理必须找到合适的平民世界，而不仅仅是追逐最有人气的平民世界。激浪对嘻哈的追逐，就是这样的例子。

激浪很早就热情地投入到了极限运动最激进的项目中，所以能在极限运动的平民世界建立桥头堡。通过这样的做法，激浪在这些运动的精英运动员中建立了可信度。很重要的一点是，品牌并不仅仅是撒钱赞助这些运动而已。

到 20 世纪 80 年代末，滑雪和滑板爱好者有了他们自己的英雄和明星，比如，很多板类运动爱好者非常崇拜地下表演者 / 运动员。在各自的亚文化中，这些受欢迎的运动员的名人地位基于他们的可信度和运动技能。像其他的平民世界一样，大家期望体育明星能够全身心投入运动，并一直保有非商业的运动精神。因此，当这些杰出的运动员权衡是否接受制造商赠送的设备，即自己是否为滑雪板或滑板背书时，他们关心的不仅是产品的质量，还有品牌对该运动的投入。

所以，如果一个品牌从一项运动诞生那天起，就深深根植于该运动，如伯顿滑雪板，那么接受它的设备或者资金赞助是完全可以接受的。但是，如果接受 K2（一家拥有众多滑雪设备品牌的跨国公司）赠予的东西，就是一种投靠商业界的背叛。为纯商业的公司背书是对独立自主的价值观的背叛，这种价值观是平民世界最珍视的东西。

明星运动员的声誉通过一种不同寻常的媒介传播。滑雪者和滑冰者互相分享自制的录像，这些录像展示了令人难以置信的特技和技巧。其中最受欢迎的一种新流派，也是大多数极限运动爱好者认为属于自己的流派，将纪录片和音乐视频风格融合在一起，经过精心剪辑，同摇滚乐搭配在一起。这些录像和配乐，就像设备和服装一样，是亚文化的重要组成部分。

板类运动爱好者像崇拜运动员一样，崇拜电影制作人和音乐人。因此，通过聘请这些电影制作人和表演特技的真正运动员，并设计挑战危险和创造力极限的特技，激浪赢得了变化无常的体育圈内人的极大信任。

但是，正如众多青年亚文化一样，另类运动注定渐渐衰败或者被主流文化吸收。到了 20 世纪 90 年代中期，原本是圈外人的运动员成了明星，另类运动也成长为具有商业可行性的产品，拥有自己的专业管理机构、巡回赛、ESPN 报道和各种赞助商。在计算机时代，某元素不再属于地下文化的信号就是它出现在电子游戏中，就像另类运动一样。

大多数成功的标志性品牌都必须保护自己不被其他品牌模仿。当耐克展现了如何将 NBA 和大都市区的嘻哈文化结合在一起时，其他数十家营销机构也在追赶同样的潮流。当大众汽车证明了其奇特的创意结合独立摇滚可以创造出一个汽车品牌时，起亚（KIA）、三菱（Mitsubishi）和福特很快就尝试了同样的策略。同样，激浪的懒汉神话也吸引了各种各样的模仿者，包括可口可乐命运多舛的子品牌 Surge。

但那些蜂拥挤入极限运动领域的商业赞助商或许是激浪面对的最棘手的问题。这些赞助商不仅充斥了整个领域，它们的存在还造成了累积效应，让以前的亚文化看起来已被商业利益完全侵蚀。ESPN 通过它的极限运动会"X Games"控制一部分年轻人市场，NBC 对此很不满，于是也跟着推出了自己的"重力游戏"（Gravity Games）。此外，顶级的另类体育运动员成了收入不菲的明星，为从止汗剂到汽车等一系列产品代言。到 20 世纪 90 年代末，另类体育运动的"另类"程度已经和滚石乐队差不多了。激浪需要一个新的平民世界。

激浪品牌团队下一则成功的广告，最初看起来似乎只是又一个关于滑雪运动员的广告，但随后《感谢上天》（*Thank Heaven*）被证明是一个不错的创新。这个广告的导演是山姆·拜尔（Sam Bayer），他也曾执导过涅槃乐队的《少年心气》（*Smells Like Teen Spirit*）的 MV。《感谢上天》的主演是莱斯利·兰金（Leslie Rankine），她是西雅图一个不知名的独立乐队 Ruby 的主唱。

　　这则广告的开头是一组特写镜头，一群登山者用冰镐紧紧抓住遭受风暴袭击的垂直冰面。当背景音乐响起时，女性登山者们通过她们的护目镜抬头向上看，看到一个女滑雪运动员滑过一个雪堆。在接近登山者上方的雪檐时，她发出了一声极限运动所特有的尖叫（此处为特写镜头，确保观众不会误解她的性别），她踩着滑雪板冲下雪檐，从登山者身边越了过去。

　　在城市的一个屋顶上，Ruby 乐队的歌手出现在特写镜头中，她穿着铁锈红的长毛绒大衣，奋力咆哮着。她把大衣翻领拉到脸颊上，演唱了 1961 年莫里斯·舍瓦利耶（Maurice Chevalier）在电影《金粉世界》（*Gigi*）中演唱的流行歌曲《感谢上天创造了小女孩》（*Thank Heaven for Little Girls*）。传统上，这首歌是父亲在女儿婚礼上唱的，但是被她全盘改造了。

　　　感谢上天保佑小女孩，保佑她们一天天长大！
　　　感谢上天保佑小女孩，保佑她们天真快乐地成长！
　　　那些小眼睛如此天真无邪，
　　　总有一天，她们眨一下眼睛便会让你冲破房顶。

　　兰金醇厚的女低音更突出了她大胆的风格。她长得很像比约克（Bjork），但在广告中，她展示出了一种"当面挑衅你"的形象，这种形象在当时崭露头角的女性叛逆摇滚乐手，如柯特妮·洛夫（Courtney Love）、P. J. 哈维（P. J. Harvey）和利兹·菲尔（Liz Phair）的身上也能看到。

　　几个滑雪者在陡峭山坡上飞行的广角镜头快速闪过后，四个女孩——女性版本的激浪家伙们——激浪女孩们，俯身对着镜头冷笑起来，同那些男性版本的激浪家伙如出一辙。然后是一个女人双手放飞一只白色鸽子的特写——这是和平的象征，也可能是女性气质的象征。她发出一声激浪式的尖叫，从高高的天线塔上一跃而下。歌手和激浪女孩们迅速相继出现在镜头前，她们用带有攻击性的肢体语言表明她们对女运动员无畏精神的赞许。画面随后被切换到一个苗条的时尚模特，她穿着黑色紧身衣、直排轮滑鞋和防护装备，被连接在直升机上的绳索拖过城市屋顶。她像玩滑水一样抓紧绳索，撞到护墙外的斜坡，然后飞过马路，飞到另一座建筑物的顶部，她在那里骤然止步，轮滑鞋下火花四溅。

那四个身材苗条得可以去《飞越比弗利》试镜的激浪女孩抓住飞舞的激浪罐，对着镜头尖叫，并以激浪的经典方式猛灌饮料。然后，一个女孩在镜头上亲了一下，留下了口红的痕迹，读起来是"快喝激浪"，这可是男性版本的激浪家伙们不可能做到的动作。这个广告的结尾是男性版本的激浪家伙们，他们被刚刚看到的一切惊呆了，瞠目结舌。其中一个俯身对着镜头，结结巴巴地说："我想我坠入爱河了。"

《感谢上天》颂扬了一个新的平民世界，后来被称为"暴动女孩"（riot girl）和"女孩力量"（girl power）。《感谢上天》以激浪惯用的方式，真实地捕捉了暴动女孩的精神。再一次，品牌把平民世界带入了激浪的轨道，告诉大众激浪女孩可以同激浪男孩一样无所畏惧、有创意和性感。

拓展神话的边界

随着神话市场日渐成熟，无论品牌团队如何别出心裁地对故事进行润色，品牌神话仍然不可避免地变得更加容易预测，吸引力也随之减弱。激浪的品牌团队努力地推广从《梅尔·托梅》广告中发掘出来的沟通代码，制作了类似的广告，以詹姆斯·邦德、网球明星安德烈·阿加西（Andre Agassi）、摇滚乐队皇后乐队（Queen）和电影《卧虎藏龙》为主题。到这波操作结束时，拙劣的模仿已经成了一种定式。观众在广告开始前就知道他们会看到什么。如果品牌想要避免扼杀神话，就必须找到新的创意点子。

在神话生命周期的这一节点上，品牌团队可以利用观众对神话的熟悉度，对剧情和角色进行更具创新性的探索。在广告活动早期显得不太协调的广告，后来可能被视为品牌依然具有说服力的证据。

品牌团队开始尝试对"快喝激浪"进行更自由的全新诠释，不再局限于简单的角色和剧情发展。在之前的几十个广告中，各种各样的极限运动——定点跳伞、惊险的山地自行车、从飞机上跳伞、陆地雪橇,为广告提供了框架。从 2000 年开始,品牌团队将另类体育的概念精简到了核心——任何一种允许男性表达他们男性本能的大胆活动。(自 20 世纪 90 年代中期以来,耐克也在广告中做了同样的事情,将任何准体育活动都容纳进来,放进自己的神话宇宙。)激浪团队发现了两种新的冒险活动——人兽搏斗和汽车特技,它们都被验证是滋养激浪"懒散野人"神话的沃土。

广告《猎豹》(cheetah)的开头是一片广阔且色彩浓郁的非洲平原,任何看过自然节目的人都对这样的画面很熟悉。镜头拉近,一只动物在平原上奔跑,身后卷起滚滚尘土。镜头拉得更近,原来这是一头猎豹。在一组快速播放的摇晃的镜头中,一名山地自行车骑手全力追逐那头猎豹。骑手疯狂地蹬着车,脸上满是汗水,显露出好似警察追捕凶手的决心。猎豹尝试了几次躲避动作,结果都是徒劳。骑手停住了车,跳过车头,把猎豹扭倒在地。接着,骑手放开了这头大惑不解的猎豹,以武林高手的架势围着它转了一圈,然后猛冲过去撬开猎豹的嘴。他把整只胳膊都伸进猎豹的喉咙,伴随着黏腻、古怪的配乐摸索着。终于,骑手找到了他要找的东西,把它从猎豹的胃里拉了出来。猎豹对这种非法入侵行为发出一声令人不安的吼叫。骑手举着一个激浪罐子,已经空了,上面还留着牙印。"坏猎豹!"他责骂猎豹。猎豹舔着自己的下巴,就像一只偷吃生日蛋糕后假装懊悔的小狗。

在一块远处的台地上,另外三个骑手沮丧地面面相觑。其中一个骑手对其他人说:"这就是我不喜欢猎豹的原因。"交替的特写镜头中,他们都在烈日下把激浪倒进嘴里。高潮镜头出现:长焦镜头下,猎豹在阳光下昂首阔步,它身上的斑点重新排列,拼出了"快喝激浪"的字样。

在《公羊》(Ram)广告中,一个激浪家伙为了一瓶激浪和一只大角公羊发生了冲突。在山的高处,大角公羊像守护年轻母羊一样守护着激浪。激浪家伙与大角公羊互相喷鼻,决定通过撞头来一较高下。在两个激烈得能把头颅撞碎的回合之后,大角公羊撤退了。另外三个激浪家伙问他们的朋友感觉如何，他的回答是："还行吧……"

这些人兽相搏的恶搞为激浪有效地提供了新养分。事实证明，人类在野外与动物搏斗的原始戏剧性，是激浪在其野人神话中所推崇的刺激肾上腺素分泌的高危险戏剧的恰当和富有创造性的延伸。这两个广告不但在神话创造方面符合战略，而且也来自平民世界——狩猎和捕鱼，这恰好契合了激浪在乡村工人阶层文化中的历史地位。

通过讲故事来塑造品牌

心智占据品牌塑造模型的支持者热衷于重复重点，而非讲故事。他们会检查自家品牌"圣经"中的关键词列表，并观看广告，以确保两者一致。在心智占据的世界里，没有角色和剧情发展的概念。相反，故事是不必要的创意材料，如果故事能让人记住品牌的 DNA，那就是好的；如果不能，就弃之如敝屣。广告的目的是让人们留意到定位陈述中的概念。

对于标志性品牌来说，这种做法是完全错误的。"快喝激浪"系列广告播放了十年，耐克、百威淡啤和其他一些品牌也创下了类似的纪录。品牌团队通过运用四个延伸神话的原则，让激浪神话保持活力。为了维持神话的活力，品牌经理必须不断丰富神话的表现，也要允许品牌对新的流行文化做出创造性的回应。

第 9 章　chapter 9

视品牌塑造为文化活动

　　标志性品牌是由文化活动家打造的。然而，尽管许多公司都想创建出耐克、百威或激浪这样的标志性品牌，但大多数公司的组织方式却让它们成了文化反动派，它们的做法与所需的行动主义背道而驰。品牌经理通常通过心智占据品牌塑造模型的棱镜来看待识别品牌。心智占据品牌塑造模型就像给品牌的当前状况拍了一张快照，这张快照蒙蔽了品牌经理，让他们对新出现的文化机遇视而不见。心智占据品牌塑造模型的原则是抽象化——将品牌从其文化背景中剥离出来，这使得品牌经理为那些在很大程度上没有战略意义的形容词争论不休。品牌经理通常会忽视品牌神话中的文化内容，把这些内容视为一个战术上的"执行"问题。结果，他们把最关键的品牌战略决策外包给了广告公司、公关公司和设计公司的创意人员。

　　为了系统地创建标志性品牌，公司必须重新设计其营销功能。它们必须整合文化知识，而不是关于个体消费者的知识。它们必须根据文化品牌塑造原则制定战略，而不是采用抽象的、基于当前状况的心智占据品牌塑造模型。它们必须雇用和培训文化活动家，而不是品牌精髓的守护者。

四种文化知识

品牌经理需要了解他们的品牌和消费者来制定战略。对于文化品牌塑造而言，这种知识大大有别于如今的品牌经理赖以指导品牌工作的那些标准的品牌和消费者知识。

- 文化知识关注的是影响国家而非某个群体的重大社会变革。
- 文化知识考察阶层、性别和种族等主要社会类别在身份认同构建中的作用，而不是按照"心理变数"来给人群分类，从而混淆了各类别的区别。
- 文化知识将品牌视为社会的历史演员。
- 文化知识全面地看待人，试图了解是什么给他们的生活带来意义，并非仅仅将人视为品类利益的消费者。
- 文化知识试图理解大众文化文本的认同价值，而不是简单地把大众文化当作潮流和娱乐。

具体来说，要创建一个标志性品牌，品牌经理必须具备四种文化知识（见图 9-1）。

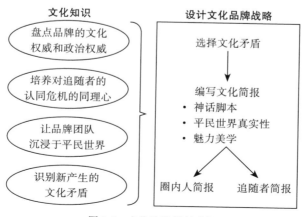

图 9-1　文化品牌管理过程

盘点品牌的文化权威和政治权威

识别品牌是可塑资产。它们的成长，在很大程度上取决于品牌经理是否足够了解品牌的历史资产，从而将品牌引导到未来最有优势的位置上。在心智占据品牌塑造模型中，品牌被理解为一系列永恒的概念，因此，解释其过去的努力和未来的方向成了一件简单的事情。一旦品牌赢得了有价值的联想——品牌精髓，就不要改变任何东西！"始终保持一致"是它们的口号，守护品牌就是它们的管理模式。

对于识别品牌，方法就不一样了。我们需要问：品牌通过其历史活动积累了什么资产，从而增强（或限制）了其未来神话创造的能力？

标志性品牌会建立声誉，但并非典型的经济意义上的声誉。成功的品牌是通过讲述一个能够满足特定群体认同需求的故事来建立声誉的。换句话说，标志性品牌积累了两种互补的资产：文化权威和政治权威。当一个品牌创造了人们认为有价值的神话时，它就获得了讲述类似神话的权威（文化权威），以解决相似的消费者未来的认同诉求（政治权威）。

明确品牌的文化权威和政治权威可以为品牌经理提供方向去发展合适的神话，并排除不合适的神话。如果大众汽车的品牌经理在 20 世纪 90 年代能够认识到，该品牌在 60 年代就已经赢得了重要的文化权威，可以用来演绎个人创造力的神话，也获得了政治权威，可以解决那些困扰受过良好教育的城市中产阶层的文化矛盾，那么他们就可以引导创意伙伴去寻找那些能够满足波波族认同渴望的新神话类型。

培养对追随者的认同危机的同理心

在传统的品牌塑造模型中，消费者研究试图挖掘出关于消费者想法和行为的深刻见解。研究人员观察人们的消费行为，并对他们进行深入的采访，挖掘他们内心的想法和感受，这一切都是为了揭示品牌所能依靠的"消费者真相"。鉴于品牌塑造对这类品牌研究的巨大关注，值得一提的是，我尚未找到一个案例，显示传统的消费者研究有助于创建标志性品牌。

由于标志性品牌创造价值的方式不同于心智占据品牌，它们需要对消费者有不同的理解。伟大的神话建立在对人们最迫切的欲望和焦虑感同身受的基础上，因为这些欲望和焦虑来源于社会压力，涉及的人群非常广泛。人们对工作的野心、对孩子的期望、对科技的恐惧、在建立友谊方面的困难……只有对上述种种有了理解，才可能创造出伟大的神话。请注意，我们不是在谈论消费者行为的"真相"或情感热键——消费者研究常用的行话。的确，创造认同价值所需要的理解，不允许将顾客仅仅看作消费者。标志性品牌解决的存在性问题远远超出了与产品类别相关的利益和行为的范畴。因此，消费者研究必须找出现有和潜在客户中最重要的认同问题，并确定造成这些问题的最尖锐的社会矛盾。

此外，这种理解远远不止对人们的态度和情绪进行记录，这里所需要的是一种置身其中的感知，即如果你是他们，你会有什么感觉。创建一个标志性品牌所需要的知识更像一个作家写一部杰出的小说或剧本所需要的知识。杰出的作家对他们周围的世界有敏锐的感知，所以他们可以通过别人的视角看世界。人类学和社会学中最优秀的民族志也取得了类似的结果。同样地，最成功的标志性品牌塑造者都有共情的触角，能触碰到最关键的、影响他们所遇到的人的生活的认同问题。因此，这些塑造者所创造的文化文本反映了社会的特定存在主义问题。

像这样的共情理解不能被提炼，正式生成一份研究报告。品牌经理也不能间接获得这种理解。这种理解不能外包给研究公司或品牌咨询公司，也不能转移到研究部门，进而提炼给那些正在撰写品牌战略或创建品牌材料的人。标志性品牌塑造者拒绝传统的市场研究。这是正确的，因为市场研究提供的理解缺乏所需的广度和深度。品牌经理要么获得第一手的资料，要么必须收集并沉浸于那些展示消费者丰富生活的研究，而不是草草浏览一份总结关键发现的 PPT。

对于拥有有效神话的品牌，品牌经理需要培养对追随者和圈内人认同问题的共情理解。对于那些正在寻找新神话的品牌，品牌经理应该深入研究那些同品牌的文化权威和政治权威最为契合的认同问题。

忽略品牌的投机者！大多数标志性品牌的消费者既不是该品牌神话的忠实追随者，也不是该品牌平民世界的圈内人，而是投机者，他们是文化寄生虫，渗透进品牌的核心，利用品牌提升其时尚感、社会地位和社区归属感。位于品牌核心的追随者和圈内人所激发的品牌渴望度直接影响到他们的偏好，所以他们的偏好在引导品牌战略方面用处不大。此外，由于投机者通常对品牌有一种模糊和特殊的理解，把他们涵盖在内的研究将对品牌战略产生严重的误导。尽管如此，由于投机者通常能对品牌销售量产生直接影响，品牌经理往往基于对投机者如何理解和看待品牌的研究来制定战略。但像 ESPN、耐克和巴塔哥尼亚这样的标志性品牌的品牌经理，从不把他们的战略瞄准这些外围客户。相反，他们致力于为核心的追随者和圈内人创造最理想的神话，并利用这种吸引力将其他人吸引至品牌。

让品牌团队沉浸于平民世界

标志性品牌从平民世界获取其神话的素材。平民世界通常远离品牌的大多数消费者的生活体验。因此，仅以单一的消费者世界观为导向的品牌战略，永远无法实现从认同渴望到认同神话的必要的创造性飞跃。

标志性品牌通常是由深深沉浸在平民世界中的人打造的。在耐克及其广告公司韦柯，你会发现视运动为生命的运动员。在大众甲壳虫广告的鼎盛时期，恒美的创意人员从他们所接触的纽约知识分子获取灵感。30 年后，兰斯·詹森创作了"驾驶者之选"，他的灵感来自独立的波希米亚世界，他在这个世界里生活了一辈子。激浪广告的主创比尔·布鲁斯是一个典型的懒汉，转行做广告之前，他在一家唱片公司工作。

同样，安海斯–布希和芝加哥恒美在百威上也取得了巨大的成功，这在很大程度上是因为双方的工作人员中有很多是来自美国中西部的男性，他们和他们的目标消费者群体有着相同的幽默感，因为他们在相似的文化环境中长大。然而,"干吗呢?!"外包给了布鲁克林的一位非裔美国导演,所以,当恒美试图接管该创意内容时,这个系列广告失去了它的活力。

识别新产生的文化矛盾

文化行动主义的核心是识别和应对新产生的文化矛盾以及围绕这些矛盾形成的神话市场。现任品牌经理必须监控其品牌神话在文化中是如何发挥作用的,跟踪社会的变化是如何影响品牌神话有效性的。同样,寻求发展新的标志性品牌的品牌经理必须精准把握新出现的文化机遇。

为了发现社会矛盾,并弄清楚神话市场是如何解决这些矛盾的,品牌经理需要采用谱系学方法。谱系学研究记录了新的社会经济矛盾,然后审视文化产业的文本(电影、广告、书籍、电视节目等)如何用新的神话回应这些矛盾。谱系学不是静态的、微观的、提供单个消费者快照的研究,它是宏观的、辩证的。

因为现今大多数品牌经理都依赖于基于当前状况的品牌塑造模型,除了紧跟潮流和预测下一个流行趋势,这些模型对如何推动品牌走向未来几乎提供不了任何指导。这里的错误假设源于病毒式品牌塑造模型的流行,即品牌必须在对新文化进行商品化的竞赛中跑第一名,品牌才能受欢迎。在我研究过的案例中,这种假设很少成立。相反,标志性品牌利用的是其他文化产业已经投入使用的文化文本。换言之,标志性品牌通常借用现有的神话市场,而不是自己创造新的神话市场。

品牌经理变身为谱系学者

在心智占据品牌塑造模型中,品牌经理被指定为品牌永恒身份的守护者。品牌经理的职责是识别出品牌的核心,在组织面临尝试新事物的压力时坚守这个核心。在文化品牌塑造模型中,品牌经理成为谱系学家。品牌经理必须能够发现新出现的文化机遇,并理解它们不易觉察的特征。要做到这一点，品牌经理必须磨炼自己的能力，将品牌视为一种穿越历史的文化产物。他们必须发展敏锐的触角，捕捉激发新的认同渴望的社会结构性变化。他们必须把自己的品牌视为一个文化平台，就像一部好莱坞电影或一场新的社会运动一样，以有效的神话回应这些渴望。

文化知识对于打造标志性品牌至关重要，但它在大多数品牌经理的"武器库"中却是缺货状态。这种知识并非简单地出现在焦点小组报告、民族志或趋势报告等营销人员赖以了解消费者的资料中。这些知识要求品牌经理培养新的技能：他们需要像文化历史学家那样理解意识形态的兴衰，像社会学家那样描绘社会矛盾，以及对同矛盾息息相关的流行文化进行文学探索。为了创造新的神话，品牌经理必须深入了解这个民族——社会和文化的转变以及随之产生的渴望和焦虑。这意味着他们需要了解的绝不仅仅是今天的消费者。

文化品牌塑造战略

文化品牌塑造战略是一套计划，它把品牌导向某种特定的神话，并规定了神话应该如何构建。文化战略必然不同于传统的品牌塑造战略，后者强调品牌的功能、情感利益和品牌个性等。让我们简要回顾一下之前研究过的两个标志性品牌（大众汽车和激浪）来找出原因。

大众汽车的品牌塑造战略

在 20 世纪 90 年代早期，大众汽车在美国市场挣扎求生时，大众汽车北美分公司给了长期合作的广告代理公司恒美最后一次机会，看它是否能够恢复其一度拥有的巨大品牌资产。恒美研究发现，大众汽车作为一个性能优越且价格合理的品牌，在汽车市场上有独特的地位。在 20 世纪 80 年代，大众汽车开发了新的车型——高尔夫、捷达和 GTI，它们的性能更像它们的德国兄弟（宝马、奔驰和奥迪），而不是丰田和福特。自 80 年代中期以来，大众汽车的广告一直强调其优良的工程技术，并发展出了"德国工艺的大众"的广告标语。

　　新战略将传播内容从产品特性（例如转弯半径小）转向产品利益（大众汽车为真正喜欢驾驶、享受汽车在路上飞驰的人提供了很棒的驾驶体验）。在经过数月的深思熟虑制定了战略，然后根据战略开发出最佳创意理念后，大众汽车和恒美制作了前文提到过的灾难性的"驾驶的乐趣"系列广告。该系列广告准确地传达了大众汽车的战略，表达了大众汽车是为了真正喜欢驾驶和欣赏其性能的人制造汽车这一讯息。尽管这些奇怪的广告从心智占据的角度看起来很不错，但广告传达的生活态度（感官贫乏、机械、孤立）实际上与大众汽车一贯颂扬的神话背道而驰。

　　在炒了恒美之后，大众汽车的一个新的营销团队雇用了 Arnold 一试身手。和恒美一样，Arnold 也花了几个月的时间研究和制定战略。Arnold 的战略受到了君迪（J. D. Power）的调研的启发（毫无疑问，恒美也参考了同样的调研）。调研将大众汽车的车主描述为将驾驶视为一种体验，而并非把他们从 A 地带到 B 地的交通工具。根据调研，大众汽车的车主喜欢开快车，并能够欣赏汽车更优越的性能。于是，Arnold 发展了一个广告战略，告诉观众，大众汽车是为喜爱驾驶的人打造的车。斟酌数月后，Arnold 制定了一套心智占据战略，几乎与恒美用来制作"驾驶的乐趣"的战略相同。

　　然而，Arnold 根据这一战略，精心制作了一个完全不同的系列广告——"驾驶者之选"，最终取得了巨大而持久的成功。与"驾驶的乐趣"一样，"驾驶者之选"也传达了大众汽车在驾驶方面的功能利益。但除此之外，该系列广告与前者完全不同。在同样的产品利益平台上，Arnold 创造了一个神话，这个神话是关于那些敢于打破常规的人能够在日常生活中找到创意，并进行自发的表达。这个神话之所以成功，是因为 Arnold 找到了一种方式更新恒美关于创造力的甲壳虫神话，这种方式完美地匹配了 90 年代末的美国社会。

激浪的品牌塑造战略

再看看百事在 1993 年的激浪战略。该战略强调的是消费该品牌的体验，即振奋和提神，这是由其甜味和咖啡因成分带来的："你可以拥有最刺激、最兴奋、最大胆的体验，但它永远无法与激浪令人振奋的体验相比拟。"

在这一战略的指引下，百事和 BBDO 把品牌押在了灾难性的《超级激浪仔》上。在广告中，一个典型的非裔美国人卡通人物在市中心行走，咕咚咕咚地喝着激浪，玩滑板的人和摩托车手在一旁疾行。诚然，这一情节是令人兴奋的。但这个故事与激浪的文化权威和政治权威完全不符，激浪的两种权威所颂扬的是从事非专业工作的乡村白人男性的野人理想。

与此同时，营销人员还根据同样的战略为健怡激浪（Diet Mountain Dew）创造了系列广告，后来成为"快喝激浪"，并增加了额外指引，鼓励尝试这种低热量饮料。与《超级激浪仔》不同，"快喝激浪"系列广告在 20 世纪 90 年代初为激浪提供了最具可行性的文化机会：一个新的野人神话，它结合了新兴的极限运动平民世界的文化素材与好莱坞的懒汉神话的理念。

就像大众汽车一样，相同的战略产生了大相径庭的系列广告及完全相反的效果。激浪的战略并没能排除完全无效的广告，同样地，也没有为 BBDO 的创意人员在设计一个成功的系列广告时提供方向。在 1993 年，美国文化中有成百上千种"拥有刺激、兴奋、大胆的体验"的表达方式。BBDO 的创意人员本可以借鉴其中的任何一种表达方式来制作激浪的广告，但战略文件没有给出任何线索，说明哪种表达方式更好。

百事和大众汽车花了好几个月的时间与它们的广告公司讨论哪些形容词应该和它们的品牌联系起来，这些形容词必须能够将它们的品牌与其他软饮料和汽车品牌区分开来。然而，最终选中的概念提供的指导方针模糊不清，从最出色到最平庸的系列广告都可以被评估为符合战略需要。几十年来，营销人员一直所称的品牌战略并没有发挥战略应有的作用：通过明确区分好选择和坏选择的标准，促使品牌经理做出艰难的决定。

在识别品牌的长期健康发展方面，品牌经理可能犯的最严重的错误是制定一种过于抽象的战略，将品牌从其社会和文化背景中剥离出来，将产品设计和产品利益作为构建神话的基础。在任何产品利益的平台上都可以创造出各种各样的神话，但是其中大多数对消费者而言毫无价值。

战略对识别品牌意味着什么呢？文化品牌战略必须识别出品牌在特定历史节点上最具价值的神话类型，然后为创意伙伴提供创造神话的具体方向。根据以上所述文化知识，文化品牌战略应包括以下组成部分：

- **瞄准最合适的神话市场**。当拥有了关于国家最重要的现有和新兴神话市场的知识，品牌也拥有文化权威和政治权威时，品牌经理就需要开始寻找最佳搭配。品牌最能展现其权威的神话市场就是最合适的。激浪的品牌资产使得懒汉神话市场成为一个完美的选择，而独立神话市场则是大众汽车的自然选择，因为它在该神话市场里具有文化权威和政治权威。[1]

- **构建认同神话**。品牌经理不应该做创意人员的工作，但为了发挥重要的战略作用，他们必须为创意内容指明方向。创造神话的第一步是准备神话脚本，即神话的概要，描述神话应该解决的认同焦虑，以及神话解决这些焦虑的方式。第二步，品牌经理必须描述这个神话所处的平民世界，以及品牌使用什么战略在这个世界中发出真实的声音。为了维持品牌在该平民世界的合法地位，神话的执行在一定程度上必须指向控制着该品牌的所在平民世界的圈内人。品牌如果能够表达对该平民世界的了解，以及对其价值观的忠诚，就赢得了真实性。第三步，品牌经理需要与他们的创意伙伴合作，来发展品牌的魅力美学，即发展一套源于该平民世界的原创沟通代码。

- **扩展认同神话**。当一个品牌向正确的神话市场展示恰当的神话时，消费者就会立即加入，使用该品牌来满足他们的认同渴望。他们把品牌当作偶像来依赖，并保持极高的忠诚度，但前提是该品牌需要保持神话的新鲜感和历史相关性。神话一旦建立，就必须进行具有创造性的演化，不断将新的流行文化融入其中，以保持生命力。

- **重塑认同神话**。即使是最动人的认同神话最终也会褪色，这并不是因为竞争对手的攻击，而是因为社会的变化耗竭了它们的价值。今年看起来坚不可摧的品牌神话价值，明年就可能分崩离析。随着社会经济和意识形态的变化，人们的认同渴望也在改变，这驱使他们去寻找新的神话。这些文化干扰为创新型的新识别品牌创造了非凡的机遇，同时也让现有品牌陷入变幻莫测的险境。

即使是最成功的品牌也时常难以理解将其推入困境的文化干扰。看看大众汽车挣扎了 20 年才重获其标志性地位；百威的"此路不通"的实验几乎让它在 20 世纪 90 年代的大部分时间里止步不前；米勒、李维斯和凯迪拉克等品牌至今也没有恢复元气。

品牌经理成为神话的创作者

品牌经理必须充当品牌神话的创作者，然而，他们的工作常常沦为对形容词的选择——管理毫无意义的抽象概念。作为文化活动家的品牌经理把他们的品牌当作一种媒介（与小说或电影无异）传递启发性的创意素材，以回应社会新的文化需求。品牌经理可以把神话的实际构建和魅力美学的工作留给创意人员，但是他们必须直接参与神话的编写，否则他们就放弃了对品牌的战略方向的控制。[2]

文化活动家组织

如今，市场营销公司被电子表格、利润表、大量的市场数据和可行性报告所主导。日常营销的理性和实用主义扼杀了文化行动主义。不但如此，品牌经理的培养基地（商学院的 MBA 项目）刻意地向他们灌输一种心理经济学世界观，而这种世界观与识别品牌所需要的文化观点南辕北辙。许多商学院将社会问题边缘化，认为那是非营利性组织应该涉及的领域，并对文化产业的文本进行肤浅的处理，甚至根本不加考虑。大多数 MBA 在完成学业时，甚至没有从文化角度评估广告的基本能力。

标志性品牌已经打破了这种理性的思维模式，并与本土文化建立联系。它们是规则中的例外，产生于广告公司创意人员的直觉，以及偶尔出现的打破常规的营销行为。因为公司没有培养文化视角及其相关人才，标志性品牌的主要架构师一直是文案人员和艺术总监。不出所料，拥有最强文化能力的品牌团队成员扮演主导角色。因此，文化战略的演化充满偶然性，它是由品牌碰到的有才华的创意人员决定的，而不是按照持续的品牌战略进行部署的。

对于试图创建标志性品牌的品牌所有者来说，最大的挑战在于发展一个文化活动家组织：一个围绕认同神话的发展来解决新的社会矛盾的公司；与创意伙伴合作，展现神话（该神话必须具有魅力和可信度，才能吸引追随者）的公司；一个目的在于了解社会和文化，而不仅仅是了解消费者的公司；一个品牌经理在这些领域具备相关能力并接受过培训的公司。

如今，即使在最忠实的支持者中，心智占据品牌塑造模型也开始失宠。将品牌与文化融合似乎成为一种趋势。宝洁、可口可乐和联合利华最近都表示要向新方向进军，它们通常提到好莱坞是最有可能的目的地。

时任联合利华董事长的尼尔·菲茨杰拉德（Niall Fitzgerald）在伦敦公关俱乐部（Publicity Club of London）的一次演讲中宣称，"打断和重复"的广告模式正在走向衰落，因此营销人员不能再将"信息和记忆"强塞于观众的头脑中。[3] 在菲茨杰拉德看来，广告正逐渐进入电影等其他文化产业产品所占据的领域，心智占据品牌塑造模型已被替代："今天，我们应该把我们的品牌传播视为一种内容来构思和评估——因为事实上，今天的广告就是这样。我们从事的是品牌内容业务。"

菲茨杰拉德当然是对的。市场营销公司不能再忽视消费者对广告的极度不满，现在他们可以利用 TiVo 等技术来解决这种不满，这种技术可以让他们移除广告。与之前的广告相比，现在的广告看起来越来越像娱乐节目。

麦迪逊大道和好莱坞正在成为密不可分的合作伙伴。

但是，长期迷恋心智占据品牌塑造模型的公司该如何应对这一变化呢？菲茨杰拉德似乎在暗示，品牌内容是一个全新的命题。但是，正如本书所阐明的，最成功的识别品牌长期以来一直专注于传递品牌内容，至少从 20 世纪 50 年代中期电视时代开始以来就是这样的。60 年代的万宝路和大众汽车，70 年代的可口可乐和麦当劳，80 年代的耐克、百威和绝对伏特加（Absolut），90 年代的激浪和 Snapple，它们的非凡成功都是品牌内容的产物。因此，对新的品牌塑造模型感兴趣的品牌经理最好从前辈那里吸取一些经验教训，而不必从头做起。

菲茨杰拉德迫使我们面对一个问题：需要什么样的品牌内容？如果品牌仅仅像大多数文化产业产品一样提供娱乐，那么从一开始就会处于不利地位。我们生活在一个文化内容过度饱和的世界，这些内容不仅通过传统文化产业（电影、电视、杂志、书籍等）传播，而且越来越多地通过电子游戏和互联网传播。就娱乐价值而言，一个 30 秒的广告怎么能和一部电影或摇滚音乐会相媲美呢？或者，如果电影情节受到商业赞助的影响，为什么消费者还会去看这部电影呢？

如今，品牌最大的机遇不是提供娱乐，而是提供神话，让消费者可以利用这些神话，来应对这个日益威胁他们认同感的世界中的种种紧急情况。要做到这一点，公司最好采用过去半个世纪以来最成功的品牌的做法，而不是盲目地把营销预算扔给好莱坞。品牌之所以能够成为文化偶像，就是因为它们能够通过演绎神话，解决社会上最令人烦恼的矛盾。

研究方法

以案例构建理论

在管理圈子里，"理论"有时是一个不受欢迎的词，它通常与实际业务决策毫不相关，反而同晦涩的抽象概念联系在一起。但是管理者确实需要理论（指导决策的简化模型）来进行管理。这里的挑战在于，建立直接针对管理问题的理论，而不是学术界关心的抽象概念。在本书中，我的目标是建立一个理论，解释品牌如何成为标志性品牌，这是许多品牌经理关注的焦点。为此，我遵循了组织研究和其他社会科学中经常使用的、久经考验的方法：通过案例构建理论。我首先借鉴了以文化为重点的学术领域中现有的理论，以明确标志性品牌的基本特征。然后，我选择了标志性品牌的案例，让我能够建立一个新的品牌战略模型。我发现有必要设计一种新的实证方法来研究这些品牌——我称之为品牌谱系学，因为之前的研究从来没有从文化的角度来审视品牌。

构建一个新的理论需要在案例和启发研究的一般文化理论之间进行多

次迭代，以寻找固定模式。经过这个比较的过程，我建立了一个我称为文化品牌战略的新模型。在这个过程中，我放弃了几十个实验性模型，要么是因为它们与案例数据不匹配，要么是因为它们与现有文化理论的关系不明确。以下是这一过程的细节。

案例选择：美国标志性品牌

我通过对过去半个世纪最成功的识别品牌进行案例研究，发展了这一理论。我所研究的品牌都是标志性品牌，或者说，这些品牌的认同价值极高，它们成为美国文化中被广泛接受的共识代表。

我首先找到了那些价值主要来自故事叙述而非产品功能的品牌。我将那些同时由品牌故事和其他因素（如卓越的产品性能、创新的产品设计、先进的技术或卓越的商业模式）驱动的品牌剔除出我的样本库，比如苹果、Polo 和宝马都是我剔除的品牌。要弄清文化品牌塑造的运作方式，很重要的一点是研究那些将文化品牌塑造作为最主要的品牌塑造工具的品牌，因为很难有其他理论解释这些品牌所取得的成功。

我对研究那些随着时间的推移，品牌价值起起落落的品牌尤其感兴趣。这样的差异给了我更多有趣和难以解释的数据，并要求我密切关注品牌的历史变化。我深入研究的品牌包括激浪、大众汽车、百威、哈雷、ESPN 和耐克（由于篇幅限制，我没有在本书中介绍耐克）。这些品牌来自六个行业，有大相径庭的历史、竞争环境和消费者群体。然而，历史调查显示，这些品牌具有引领它们成功的决定性的共通点——隐性文化品牌塑造战略，构成了本书的核心。

虽然文化品牌塑造原则的适用范围很广（针对不同国家的文化差异需要进行必要的调整），但我基于两个原因，将研究重点放在美国品牌上。首先，从研究的角度来看，品牌谱系学研究方法需要研究者深入地沉浸在社会和文化历史中。如果将其他国家的品牌纳入其中，那么研究势必延长数年。

其次，从讲解的角度来看，在说明每个案例时，使用类似的历史素材引导读者了解文化品牌的塑造原则，对我来说要容易得多。这些重复，让我可以展示这些品牌之间的共通模式，因为这些品牌曾以不同的方式利用相同的历史力量，创造了有价值的神话。

数据：影片

当一个品牌的故事与美国社会的特定矛盾紧密地联结在一起时，文化品牌塑造原则就起作用了。因此，研究文化品牌的唯一方法是研究品牌在一段时间内讲述的故事。[1] 正如前文所述，电视广告为本书提供了核心实证数据，对我广泛分析的六个品牌中的四个产生了主导影响。乍一看，这样强调电视广告似乎有些片面，毕竟大多数公司都在产品、客户服务、分销等方面全面执行自己的品牌战略，绝不仅仅是在广告层面。但这个选择是有意义的，因为我关注的重点是认同价值，而认同价值主要是通过故事的讲述来创造的。

赞助影片——在电视、影院以及近年来在互联网播放的广告，已经成为打造标志性品牌最有效的途径。文化品牌塑造战略若想奏效的话，品牌必须呈现自己的故事。50 年来，电视广告一直是最好的讲故事的媒介。当然也有例外的情况——服务提供商和零售商（例如星巴克）可以有效地利用其商店空间和顾客互动，达到讲故事的目的。但是，所有我研究过的文化品牌，它们之所以如此受欢迎，关键在于影片，这些影片通常以电视广告的形式呈现。识别品牌必须在产品质量、分销、促销、定价和顾客服务方面表现出色。但是，这些特质仅仅是品牌为了保持竞争力而必须具备的基础条件，并不是品牌成功的驱动力。识别品牌的成功与否取决于其沟通质量。

这种观点与当前流行的营销思想背道而驰，而后者已经再次预言了广告的消亡。当然，传统的广告——企图说服人们从不同的角度看待产品利益的广告，正变得越来越低效，原因是如今的媒体变得越来越碎片化，并且观众对营销人员的说法越来越持怀疑态度。

但文化品牌塑造不同。标志性品牌呈现人们喜欢看的广告。随着网络的出现，顾客在网站上搜索这些广告，下载它们，然后通过电子邮件把它们发送到世界各地，一遍又一遍地观看。这些广告不会过时，至少不容易过时。我研究过的一些公司甚至重新推出了它们最受欢迎的广告，就像一部广受欢迎的电影重新上映一样。

此外，广告商现在正积极地为它们的影片开发替代媒体：电影院、互联网、专用有线电视频道，以及零售商店。即使网络电视在媒体碎片化和TiVo的影响下失去光环，标志性品牌也会找到其他场所，通过影片来讲述它们的故事。媒体可能会改变，但构建有价值的神话的原则不会改变。

为了研究这六个品牌，我收集了几十年前的旧广告。它们都是完整的广告，而非精彩片段。我分析的每个品牌的广告数量从 60 个到几百个不等。我详细阐述了这些广告与美国文化和社会之间的文化契合度，试图解释这些品牌在其历史进程中的起起伏伏。尽管我在本书中展示的是经过编辑的重点分析内容，但每个品牌谱系都需要更详细的分析。完整的分析包括大部分制作出来的广告，而不仅仅是最具影响力的广告。正因为如此注重细节，研究人员才能够比较战略的细微差别，从而解释广告成功或平庸的原因。若数据流于表面，这些细微的差别将无法看到。[2]

方法：品牌谱系学

我运用各门文化学科中，对大众文化产品最具影响力的分析，开发了一种研究品牌的新方法。[3]这种方法通过跟踪文化文本和美国社会文化的变化之间的契合度，并追溯这种契合度如何随着时间的推移而消逝，分析解释了为什么重要的文化产品（如西方电影、浪漫小说、猫王和奥普拉·温弗瑞）在特定的历史时期引起了文化共鸣。

　　品牌谱系学方法首先对品牌的广告内容进行详细的编年史式解读。我特别关注了品牌经理（偶尔还有行业出版物）告诉我的那些特别成功的广告和有严重缺陷的广告。在大多数情况下，我必须推断是哪些元素使得广告大获成功。为了做到这一点，我观察了广告元素随着时间的推移演化的模式。成功的广告元素就是广告创作者始终保留在不同的组合中，并试图不断加以发展的元素。随着系列广告的发展，不重要的或作用微弱的元素最终会被剔除。[4]

　　我将品牌广告的编年史同品牌认同价值的变化叠加在一起，后者是我基于档案报告和品牌经理对销售额、股价和溢价的回忆估算出来的（见图 A-1）。我想用我的分析来解释的历史是：为什么某些特定的广告能在美国文化中引起完美的共鸣，从而使品牌资产大幅增长，而其他广告却造成品牌的失控和混乱？

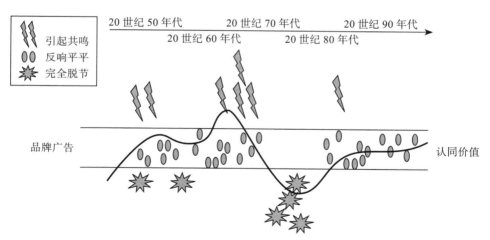

图 A-1　需要解释的数据：为什么有些广告引起共鸣，而有些广告与观众完全脱节

　　随同广告的模式分析，我还追溯了同品牌传播有关的、最具影响力的大众文化产品的历史。我同时审视了可能影响品牌故事共鸣度的相关社会、政治和经济历史（见图 A-2）。

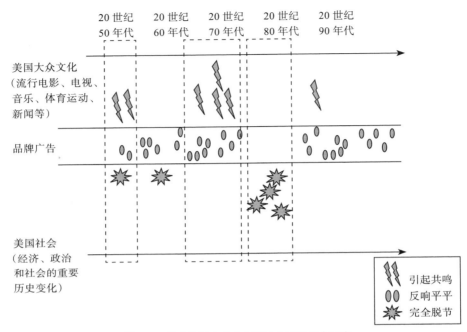

图 A-2　将广告同大众文化和社会变化结合起来

　　品牌谱系学方法就是在三个层次来回切换分析：对历年来品牌广告的文本进行细致分析，对其他相关的大众文化产品随着时间的演变做话语分析，以及对美国社会发生重大变化的社会和经济原因进行跟踪。我的目标是解释为什么一些特定的故事能引起强烈的共鸣，而绝大多数故事都反响平平，还有一些则是绝对的灾难。对于每个重要的广告或相关系列广告，我都在广告、流行文化和社会之间来回追踪，以构建能够描绘它们之间契合度的解释。我一直进行这一过程，直到构建了一个足以诠释所有数据的解释。

系统性比较

　　强大的理论是通过对案例的系统比较来建立的，目的是找到其中的固定模式。任何个案都可以有多种解释方式，基于现有数据，每种解释都同样令人信服。然而，建立一个能够在多个案例中都适用的解释则困难得多。因此，分析人员可以很容易地排除替代性解释。近年来，在管理学研究领域，一些最具影响力的著作都是基于比较案例研究法，包括《基业长青》（*Built to Last*）和《创新者的困境》（*The Innovator's Dilemma*）。在构建品牌理论方面，同样可以采用类似严谨的方法。

依赖著名个案的另一个问题是，任何特定的案例都有一些独有的特质，只有通过与其他案例比较才能识别出来。以哈雷－戴维森为例，已经有一大堆书拿它当案例。我通过研究发现，之前的分析严重误解了哈雷成功的原因。我发现大家对哈雷进行广泛的模仿是毫无根据的，因为哈雷品牌的演变过程是独一无二、不可复制的。当与其他案例相比较时，哈雷显然是最不适合品牌经理拿来做典范的品牌之一（见第 7 章）。

学术理论的建立基于系统的怀疑论。研究人员用数据挑战结论，直到理论证明它能处理各种挑战。研究人员不是推销自己偏好的理论，而是寻找强有力的挑战者，并基于足够详细的数据对这些理论进行实证测试。然后，最优秀的理论获胜。在本书中，我将文化战略与两个最重要的挑战者（心智占据品牌塑造模型和病毒式品牌塑造模式）进行了比较，以证明我的理论为我研究的标志性品牌的成功提供了更优的解释。我从耐克、激浪、大众汽车和百威开始。然后，为了拓展理论的边界，我添加了两个案例（哈雷和 ESPN），这两个品牌在建设过程中并没有得到太多广告的帮助。文化品牌塑造模型能够解释这些品牌如何变得如此受欢迎，这增强了我对该理论的信心。图 A-3 显示了理论构建过程的简化版本。

从一般的文化理论演绎

市场营销是一门应用学科。在过去的一个世纪里，它是在伟大的学术传统的羽翼下发展的——从经济学和心理学到社会学和人类学，以及近年的人文学科，它把这些领域的知识运用到市场营销的特殊任务上。好的应用理论很少源于突发奇想。它们受到了来自该学科所涉及领域的一般理论的影响。这些一般理论就如灵活的工具箱，可以从中提取合适的想法，并进行修正和组合，以解决手头的问题。

为了建立一个文化品牌塑造理论，我有选择地从文化分析的各个领域中汲取知识：文化社会学、文化人类学、文化史和通常被称为文化研究的其他各种人文学科。它们已经发展出强大的概念工具，经过一些修改，可以有效地说明文化品牌是如何运作的。我将相关内容放在书后的注释中，以方便读者阅读。

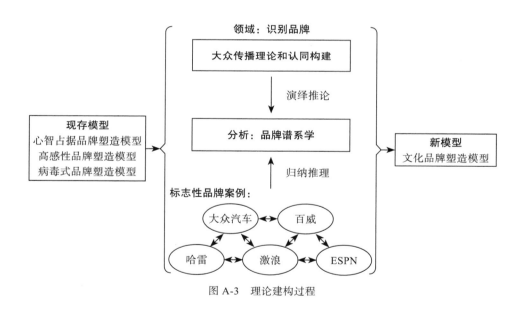

图 A-3　理论建构过程

本书注释请扫下面的二维码。

参考文献

本书参考文献请扫下面的二维码。

推荐阅读

品牌经典系列

"品牌资产鼻祖"戴维·阿克"品牌三部曲"

管理品牌资产

"品牌三部曲"之一,"品牌资产"思想的奠基之作,被翻译成8种语言畅销全球

创建强势品牌

"品牌三部曲"之二,理解品牌资产要素,打造强势品牌地位,跨越品牌战略陷阱

品牌领导

"品牌三部曲"之三,重压之下冲出藩篱,超越同类竞争成为领导品牌

用故事的方法论打造品牌最强的生存法则

品牌组合战略

用品牌战略的20个生存法则,打造1+1>2的品牌组合战略

品牌标签故事:用故事打造企业竞争力

一击制胜的品牌故事方法论,用故事传递战略信息,建立认知标签

品牌大师数智时代的品牌管理战略

开创新品类:赢得品牌相关性之战

首次提出新细分品类的战略概念,用品类创新使品牌突出重围

创建颠覆性细分品类:在数智时代实现非凡增长

数智时代的品牌管理之作,用数字的力量改变品牌的战略创新

品牌的未来:塑造使命价值型品牌

直面ESG挑战,创建差异化使命,塑造基业长青的价值品牌

书名	书号	定价
管理品牌资产	978-7-111-61518-7	79
创建强势品牌	978-7-111-61051-9	79
品牌领导	978-7-111-61531-6	79
品牌组合战略	978-7-111-66327-0	79
品牌标签故事:用故事打造企业竞争力	978-7-111-66653-0	69
开创新品类:赢得品牌相关性之战	978-7-111-63379-2	79
创建颠覆性细分品类:在数智时代实现非凡增长	978-7-111-73024-8	79
品牌的未来:塑造使命价值型品牌	978-7-111-76231-7	79